아동복지론

CHILD WELFARE

아동복지론

임정문 · 김예경 · 김지은 · 이은성 · 전은주 공저

동문사

머리말

사회가 변화하면서 여성의 사회진출은 증가하고 출산율은 낮아지며, 아동 양육의 보금자리인 가족의 기능이 약화되어 빠른 속도로 가족이 해체되고 있다. 또한 다양한 가족형태가 나타나고 있는 현실에서 아동복지는 이러한 문제를 극복해야 하는 과제를 안게 되었다. 더욱이 아동정책과 서비스는 과거의 요보호대상 아동중심의 단계에서 일반아동까지 폭넓게 보호해야 하는 넓은 의미의 사회복지체계로 전환되어 가고 있다. 이러한 시기에 저자들은 그동안 강의해 온 강의안과 현 복지정책을 중심으로 아동복지 전문가에게 꼭 필요한 책을 만들고 계속 보완해 가며 아동복지 발전을 위해 역할을 감당해야 한다는 신념으로 이 책을 기술하였다.

이 책은 아동복지의 다양한 이론과 실제를 결합하여 최근의 변화에 따른 아동 관련 이슈의 실태 파악과 현재의 개입현황, 미래의 방향을 살펴봄으로써 우리가 접하는 아동문제의 예방과 개입방안 등의 기초를 제공하고, 아동복지 관련 종사자로서 전문적인 실천을 위해 필요한 지식과 기술을 담고자 노력하였다. 이 책은 총 3부로 구성되어 있다.

제1부 아동복지 개관에서는 기본적인 아동 개념과 욕구 그리고 아동의 권리 등을 제1장 아동과 아동복지의 기초에 대한 이해, 제2장 아동의 욕구와 환경의 역할, 제3장 아동의 권리, 제4장 아동복지의 역사를 통해 살펴보았다.

제2부 아동복지 실천기술에서는 제5장 아동복지의 실천원리와 실천방법, 제6장 아동복지정책과 전달체계를 살펴봄으로써 아동복지 전문가로서 아동복지현장에서 실천기술과 서비스를 제공하는 과정과 현재 시행 중인 아동복지와 관련한 정책과 관련 법을 통해 앞으로 나아갈 방향성을 찾고자 하였다.

제3부 아동복지 실천의 대상과 영역에서는 제7장 아동보육, 제8장 가정위탁과 입양, 제9장 아동학대와 아동보호, 제10장 빈곤가족 아동, 제11장 한부모가족 아동, 제12장 다문화가족 아동, 제13장 시설보호아동, 제14장 아동복지의 과제와 전망에 대해 살펴봄으로써, 우리 사회에 나타나고 있는 다양한 아동 관련 문제와 그에 따른 현황과 대책방안 등을 제시하여 아동복지를 위한

과제와 전망을 제시하였다.

마지막으로 이 책이 나오기까지 도움을 주신 동문사 이중수 사장님과 짧은 시간에도 불구하고 꼼꼼히 편집을 해주신 관계자께 감사드리며, 이 책이 아동복지를 공부하는 많은 이들에게 조금이나마 도움이 되기를 바란다.

2025년 8월

저자 일동

차 례

CONTENTS

PART 03 아동복지 실천의 대상과 영역

차 례

PART 1

아동복지 개관

CHAPTER 01

아동과 아동복지의 기초에 대한 이해

1. 아동복지와 사회복지

1) 아동의 연령

아동의 용어와 개념은 통일되게 정의되지 않고 시대 혹은 사회·문화적인 관점에 따라 다양하게 사용되고 있다. 먼저 연령과 관련된 부분을 살펴보면 다음과 같다.

(1) 생물학

출생한 이후 신체적 성숙이 마무리되는 기간 사이의 생애주기 내에 있는 연령층의 집단으로 아동기에 해당하는 인구 집단의 보편적인 특성과 욕구를 중심으로 정의 내리기도 한다.

(2) 발달심리학

보편적인 욕구와 특성을 중심으로 정의 내리는데, 육체적, 인지적, 사회적, 도덕적 발달 과정까지 포함되는 보편적인 욕구와 특성을 가진 존재로서 5~12세로 규정하고 있다.

(3) 교육학

교육의 대상으로서 아동의 개념을 정의하는데, 초등 교육과정에 해당되는 시기로서 6~12세로 본다.

(4) 관련 법

- 민법: 19세 미만
- 아동복지법: 18세 미만
- 소년법: 19세 미만
- 형법: 14세 미만
- 청소년기본법: 9~24세 이하

표 1-1 아동의 유사 개념과 연령 구분

영역		아동의 유사 개념	연령 구분
발달심리학		아동기	5~12세
교육학		초등교육 대상자	6~12세
법률	민법	미성년자	19세 미만
	형법	형사 미성년자	14세 미만
	아동복지법	아동	18세 미만
	청소년기본법	청소년	9세 이상 24세 이하
	청소년보호법/ 아동청소년의 성보호에 관한 법률	청소년	19세 미만
	소년법	소년	19세 미만
	영유아보육법	영유아	7세 이하의 취학전 아동
	모자보건법	영유아	출생 후 6년 미만의 자
	한부모가족지원법	아동	18세 미만의 자(취학 중인 경우 22세 미만)

출처 : 국가법령정보센터(https://www.law.go.kr).

정리하면 아동이란 대체로 "출생~18세까지의 신체적, 정서적, 정신적, 사회적, 인지적으로 미성숙한 단계의 인간"이라고 간단하게 정의할 수 있다.

2) 아동과 사회환경의 변화

(1) 정치

고아, 미아, 부랑아만이 아동복지의 대상이라고 1960년대 생각했기에 사회적 책임으로서 아동복지에 대한 입법 활동은 지연되었다(1962년 「아동복리법」 제정). 1981년 「아동복지법」으로 개정되고 소년소녀가장이란 용어가 사용되기 시작하였으며, 정당들은 아동복지의 책임을 가족에게 전가하였다. 이는 결국 투표권이 없는 아동의 위치는 여전히 취약하며 또한 보건복지부가 담당하던 영유아 업무의 여성부로의 이관과 교육 현장의 높은 담은 학교 사회복지사업의 발전에 장애물이 되었다.

(2) 경제

우리 경제의 밑거름은 인적 자원으로 산업화가 확산되면서 생산직 요원의 증가로 인하여 많은 인구가 도시로 몰려들었다. 이 시기를 통하여 미혼모라는 새로운 문제가 발생하여 많은 아동이 해외 입양될 수밖에 없는 상황이 되었다. 또한, 1997년 말 경제위기로 인하여 노숙자 양산, 조기유학 등으로 기러기 아빠 등장, 경제상황 악화 등 가정해체의 급격한 증가로 결식아동의 수가 증가되었다.

(3) 과학의 발달

첨단과학의 발전에 따른 문제점이 등장하였는데, 성별 감식에 따른 성비불균형 심화와 컴퓨터 게임 중독, 가출 청소년 문제(인터넷)가 등장하였다. 또한 급변하는 환경 속에서 사회복지 대상자의 계층 이동이 더욱더 심화되고 있다.

(4) 한국인의 의식

남아선호사상과 2000년대 급격한 이혼율 증가로 가정해체 문제를 넘어, 저출산으로 인한 인구 고령화 문제가 심화되고 있다. 또한 비혼 선언과 1인 가구 증가 그리고 혼인 후에도 무자녀를 하겠다는 인식이 증가하고 있어 저출산으로 인한 사회문제가 심화되고 있다.

(5) 가치관의 변화

전통사상의 변화로 인하여 부모-자녀 관계, 효, 경로사상 상실, 순결과 성문화, 결혼 형태가 급변하고 있다.

3) 아동복지와 사회복지

(1) 아동복지의 개념

아동복지의 개념은 아동복지(Child Welfare)란 무엇인가?, 아동과 복지를 어떻게 보느냐에 따라 달라진다.

- **좁은 의미**: 특별한 문제나 욕구가 있는 아동(종전의 요보호 아동)을 중심으로 한 복지 활동을 말하며, 비교적 개인이나 민간단체를 중심으로 이루어진 활동
- **넓은 의미**: 일반아동과 그 가족을 대상으로 다양한 복지 주체들이 서로 유기적 관리하에 체계적으로 복지 활동을 전개하는 것

우리나라의 아동복지법[1] 제1조에 의하면 "이 법은 아동이 건강하게 출생하여 행복하고 안전하게 자랄 수 있도록 아동의 복지를 보장하는 것을 목적으로 한다"고 규정하고 있다. 아동복지법 제3조에서 아동을 18세 미만의 사람으로 정의하고, 아동의 영양·교육·보호의 과정을 통하여 적절한 신체적·정신적 및 도덕적인 발전을 기하도록 하는 데 있다. 좁은 의미에서 아동복지의 개념은 빈곤, 방치, 질병, 결함 등으로부터 해방하는 것이라 할 수 있고, 넓은 의미에서는 모든 아동의 신체적, 지적, 정서적 발달에 안전과 행복을 추구하는 것이다(김귀환·나직균, 2008: 63-64).

카두신(Kadushin, 1984)이라는 학자는 아동복지를 "부모가 자녀양육의 책임을 완수하지 못하거나 지역사회가 아동과 가족이 필요로 하는 보호와 자원을 제공하지 못하는 경우 아동에게 제공하는 서비스"라고 규정하였는데, 이는 가정과 부모의 양육기능을 지지·보충·대리하며 학대·방임의 경우에는 강제 보호를 통해서라도 "모든 아동의 행복과 사회적응을 위해 심리적·사회적 및 타고난 잠재 능력을 길러주는 각종의 활동"이 바로 아동복지라고 정의하였다. 또한, 마틴(Martin, 1988)은 아동복지를 좁은 의미로 특수한 욕구를 가진 아동과 가족을 대상으로 특정 기관에서 제공하는 서비스로 보았으며, 넓은 의미로는 모든 아동들의 행복을

1) 아동복지법은 ① 일제 식민지정책의 일환으로 등장, ② 아동을 치안과 사회통제의 대상으로 간주, ③ 미군정에 의해 14세 미만 아동고용 금지, ④ 6·25 전쟁 이후 전쟁고아들이 속출하면서 아동복지에 대한 전기 마련, ⑤ 1961년 「아동복리법」을 제정하여 1981년 「아동복지법」으로 개정되었다.

위해 신체적, 사회적, 심리적 발달을 보호하고 촉진하기 위한 대책이라고 정의하였다.

아동복지의 개념을 정리하면 다음과 같다.
① 국가와 지방자치단체의 책임[2]이다.
② 대상은 전체 국민으로서 모든 성인을 포함[3]한다.
③ 1차적 책임은 가족, 보호자, 친권자 혹은 후견인[4]이다.
④ 아동복지의 대상은 보호가 필요한 아동은 물론이며, 모든 아동이 우리가 보호해야 할 대상인 것이다.

(2) 사회복지의 개념

사회복지의 개념은 사회복지(Social Welfare)란 무엇인가?, 사회복지를 어떻게 보느냐에 따라 달라진다.

① 협의의 사회복지

개인과 가족의 삶에 대한 책임은 개인이며, 시장경제의 원칙과 자유주의의 사상을 기초로 한다. 이는 최소한의 복지를 지향하며, 일시적·대체적·보충적 사회복지를 제공하게 된다. 복지 수급권자는 요보호대상자이며, 비정상적 상황으로 인식하고, 클라이언트의 낙인화의 단점이 있다.

② 광의의 사회복지

사회복지의 대상이 국민 또는 사회 구성원, 즉 일반 전체가 대상이며, 전 인류적으로 갖는 항구적·제도적·보편적인 개념으로 사회복지를 제공하게 된다. 생애 전 과정을 통해서 언제, 어디서나 국가와 사회가 복지의 책임을 갖고 공공정책과 사회보장제도를 제공하게 된다.

---

2) 민주국가로서 국가와 지방자치단체는 그 지역에 현재 거주하는 모든 국민의 복지에 대한 책임이 있다(아동복지법 제4조제4항). 그러므로 아동복지의 수행기관으로서 그리고 아동의 복지나 안전이 위협받을 때 이를 보호할 수 있는 책임이 국가와 지방자치단체에 있다.

3) 아동복지를 수행하는 기관, 시설, 전문가에 의하여서 이루어지는 것이 아니라 모든 국가의 구성원이 다음 세대의 책임을 질 시민을 성장시켜야 하기 때문에 그리고 아동의 안전, 안녕, 권익, 복지 등이 일차적으로 모든 성인에 의하여 좌우되므로 이들이 그 대상이다.

4) 아동은 적절한 보호, 사랑, 훈육, 교육, 안전을 통하여 성장할 수 있으며, 이러한 환경의 제공자는 가족을 비롯한 보호자 혹은 지도 감독자이다.

2. 아동복지의 이념과 가치

1) 아동복지의 이념

이념(ideology)이란 한 개인, 또는 한 집단이나 계층의 성원들에 의해서 공통으로 소유되는 신념의 일체이다. 그것은 소유 집단의 사회적 위치나 상황, 집단이 지향하는 목표나 미래상 또는 가져야 할 이미지에 관한 신념 체계이며, 집단성원들은 이것을 모든 행동의 근거로서 받아들이게 된다. 아동복지 이념 역시 아동과 관련된 사회의 가치나 신념 체계를 일컫는 것으로 한 사회의 아동복지를 이해하는 기준이 될 수 있다. 한 국가의 아동복지는 그 사회가 아동과 가족의 역할에 대해 어떠한 가치체계를 공유하고 있는지에 영향을 받는다(배은영 외, 2022: 15).

(1) 인식

우리의 인식 속의 아동은 부정적인 관점과 긍정적인 관점으로 살펴보면 다음과 같다.

표 1-2 인식 속의 아동 관점 1

부정적 관점 (아동이 무시되어 왔다)	긍정적 관점 (아동이 존중되어 왔다)
• 가부장적 유교 전통하에서 자식이 부모의 소유물로 인식 • 아동은 독자적 인격체가 아닌 불완전하고 미숙한 존재로서 성인의 보호와 지도를 받아야 하는 대상 • 아동들의 놀이는 선비가 되기 위한 공부에 방해가 되는 비교육적이며 게으른 활동으로 인식 • 아동은 경솔하고, 놀기 좋아하고, 물건을 탐내고, 성인을 속이는 부정적 존재로 인식 • 장차 성인으로서 갖춰야 할 자질을 쌓는다는 명분하에 사회인으로 필요하다고 생각되는 것을 훈련받는 무의미한 아동기라는 인식	• 생명이 잉태되는 즉시부터 인격을 가진 존재로 인정(나이계산법, 태교중시사상) • 아동의 권리를 인정해야 한다. ① 생존의 권리: 적절한 생활수준을 누릴 권리, 의료서비스를 받을 수 있는 권리 ② 발달의 권리: 교육, 놀이, 여가, 정보, 권리, 문화활동, 사상, 양심, 종교의 자유를 누릴 권리 ③ 보호의 권리: 각종 착취와 학대, 가족과의 인위적인 분리, 형법 등의 폐습으로부터 보호받을 권리 ④ 참여의 권리: 자신의 의사를 표현할 자유와 자기 생활에 영향을 주는 일에 대하여 말할 수 있는 권리, 책임감 있는 어른이 되기 위해 아동 자신의 능력에 부응하여 적절한 사회활동에 참여할 기회를 가질 권리

또 다른 시각을 살펴보면 다음과 같다.

표 1-3 인식 속의 아동 관점 2

구분	특징	제한점
마음이 없는 존재	• 인간보다는 동물에 가까운 존재 • 사물을 인지하거나 지각할 수 없는 존재	• 학습, 교육 등은 의미 없는 행위 • 기본적이고 생리적인 필요 충족 • 신체적 안전 보장: 질병, 기아, 추위 등 위해로부터 보호
작은 성인	• 성인에 비해 덩치가 작은 존재 • 성인과 똑같은 특징을 갖는 존재 • 성인보다 지식·경험 면에서 용량이 작을 뿐인 존재 • 성인과 사고 과정이 근본적으로 동일한 존재 ※ 아동에게 상당한 멍에와 고통을 부과하는 관점	• 성인의 과업을 당연히 수행할 수 있음 ↓ 성인의 능력에 미치지 못하는 것은 아동 본성이 아닌 아동의 게으름 또는 노력 부족의 결과임 ↓ 과업 실패 시 '벌(처벌)'이 합리화되며, '벌'이 학습이나 행동을 동기화시키는 주요 요인임
주조될 수 있는 존재	• 영혼을 가진 찰흙 같은 존재 → 주조 가능 ※ 아동을 수동적 존재일 뿐 아니라, 성인의 조작 대상으로 인식하는 관점	• 생을 결정하는 아동의 모습을 아동의 견해와는 관계없이 성인이 결정하고 형성한다고 인식함 ↓ 문제 1: 그릇된 결과의 1차적 책임은 성인에게 있으나, 의사결정에 아동 '참여'가 배제됨 문제 2: 아동이 성인이 형성한 틀에 부합하지 않을 경우 제재 수단으로 '벌'이 합리화되고, 이러한 벌을 잘 사용하는 성인은 '훌륭한 존재'로 인식됨
성장하는 존재	• 스스로 개성을 끊임없이 추구하는 역동적 존재 • 자연적 존재, 고상한 영혼을 가진 존재 • 자연적 성장의 존재	• 아동의 세계가 성인 세계와는 별도로 존재한다는 사실의 발견 ↓ 아동을 이해하는 별도의 설명기제가 요구됨 아동의 발달단계별로 별도의 조치가 필요함 → 개인차 존중

이렇듯 우리는 아동을 대할 때 어떤 시각으로 보느냐에 따라 아동을 부정 또는 긍정의 대상으로 바라보았다.

(2) 기본 이념

우리나라 아동복지법 제2조 기본 이념

① 아동은 자신 또는 부모의 성별, 연령, 종교, 사회적 신분, 재산, 장애유무, 출생지역, 인종 등에 따른 어떠한 종류의 차별도 받지 아니하고 자라나야 한다.
② 아동은 완전하고 조화로운 인격 발달을 위하여 안정된 가정환경에서 행복하게 자라나야 한다.
③ 아동에 관한 모든 활동에 있어서 아동의 이익이 최우선적으로 고려되어야 한다.
④ 아동은 아동의 권리보장과 복지증진을 위하여 이 법에 따른 보호와 지원을 받을 권리를 가진다.

2) 아동복지의 가치

가치의 사전적 정의는 한 사람이나 집단이 어떤 대상 및 인간관계에 의미를 부여한 것을 말한다. 그러므로 가치는 동일하거나, 크고 작은 차이가 있을 수 있다. 이를 한마디로 '가치관'의 차이라고 말한다. 아동에게 부여하는 가치는 시대와 사회에 따라 차이가 있었으나, 아동 연구의 발달과 정치·경제·교육·문화의 발달에 따라 아동의 가치는 '성인 위주'에서 '아동 중심'으로 변화되었으며, 아동복지를 견인하는 힘이 되고 있다(배은영 외, 2022: 20-21).

Plus TIP 현대사회에서 아동을 위한 복지가 필요한 이유

① 기본적 생활 보장이 필요하기 때문[5]이다.
② 사회와 국가의 인력 개발과 육성이 필요[6]하다.
③ 사회문제 발생을 사전 예방하는 측면[7]이다.

---

5) 인간은 태어나서 성인이 되기까지 보호와 양육 등, 긴 준비 기간이 필요한 존재이다. 따라서 인간적인 성장과 성숙을 위하여 준비 기간 동안 적절한 타인의 도움이 절대적으로 필요하다. 그러나 부모나 가족이 어려움으로 인하여, 아동을 위한 보호와 양육 등 필요한 기능을 하지 못할 경우 아동이 기본적 생활을 유지하며 건강하게 성장·발달할 수 있도록 사회가 보장해 주어야 한다.
6) 아동은 한 사회와 국가의 미래에 큰 영향을 미치는 존재이다. 그 사회의 미래와 직결되기 때문에 아동의 보호와 육성이 필요하다.
7) 아동들이 가지고 있는 발달적 욕구를 충족시켜 줌으로써 사회문제를 미연에 예방하거나 해결하기 위한 다양한 활동이 필요한 것이다. 가정이 빈곤하거나 기능이 결손될 경우 아동의 기본적 욕구와 발달적 욕구가 적절하게 충족되지 못할 경우가 발생하며, 아동이 이러한 가족에서 성장할 경우 성인이 되어 일으킬 수 있는 문제 발생을 미연에 방지하기 위하여 아동복지가 필요하고 그 가치가 있는 것이다.

02 CHAPTER

아동의 욕구와 환경의 역할

1. 아동발달

1) 아동기의 특성과 발달과업

(1) 아동발달[1)] 과정의 일반원칙

① 발달에는 일정한 유형이 있다.

② 발달은 분화와 통합의 과정이다.

③ 발달은 점진적이며 영속적 과정을 보인다.

④ 성장률은 출생 초기일수록 높다.

⑤ 신체 각 부분은 각기 독자적 발달 속도를 보인다.

⑥ 발달의 모든 측면은 서로 관련된다.

⑦ 발달은 개인적 차이가 존재한다.

(2) 운동 및 신체의 발달

① 신체적 성장

아동기는 신체적 성장과 발달이 비교적 완만하게 진행되는 시기로서, 즉 전체적인 신체의 체계가 안정되는 시기이다.

② 운동기능의 발달

아동기에는 체계적 학습 과정을 통해 여러 가지 복잡한 운동기능을 익힌다. 아동은 놀잇감보다 자신의 신체를 이용한 스포츠와 조직적 단체놀이에 능숙

1) 아동발달이란 신체 및 신경구조 사고과정과 행동이 질서 있게 비교적 지속적으로 변화하는 것인데, 이러한 변화는 보통은 20세까지 이루어진다.

해지며, 따라서 12세가 되면 성인이 하는 운동은 대부분 할 수 있다. 이러한 아동기의 운동능력은 신체적 성숙과 학습의 상호작용에 의해 결정된다.

(3) 인지 및 지적 발달

① 인지발달

인지란 일정한 자극을 조직하여 지식을 얻는 심리적 과정이다. 아동은 부모 및 여러 사람과 상호작용하고, 다양한 대상을 경험하면서 세상을 이해하는 방법을 학습하면서 인지의 발달을 경험한다.

표 2-1 피아제의 인지발달이론

발달 시기	특성
감각기 운동기 (출생~2세)	• 자신의 감각과 운동을 조절하면서 세상 지식을 습득
전조작기 (2~7세)	• 언어와 같은 상징적 매체를 사용, 아직은 효율적 논리는 할 수 없음 • 상징적 사고, 직관적 사고, 자아중심성, 물활론적 사고, 도덕적 실재론, 꿈의 실재론, 보존개념
구체적 조작기 (7~12세)	• 취학 전 연령 • 지적 조작이 가능해 보다 논리적 사고를 함 • 전조작적 사고의 제한된 특성에 구애를 받지 않게 됨
형식적 조작기 (12세 이후)	• 12세경 사춘기 시작과 함께 현실적 세계를 넘어서 추상적 사고, 완전한 상징적 추론 가능, 가설을 세우고 그 가설을 체계적으로 검증 **조합적 사고와 연역적 사고** • 조합적 사고: 하나의 문제에 직면 시 모든 가능한 해결책을 논리적인 생각으로 풀어 문제해결을 하는 사고 • 연역적 사고: 일반적 사실에서 출발하여 특정한 사고에 도달하는 사고 예 만약...이면...이다

② 지각 성장

지각이란 감각기관을 통해 사물이나 현상을 식별하는 과정으로, 아동기의 지각 활동은 연령이 증가함에 따라 더욱 체계적이 되고 융통성을 가지며 상황에 더 적응적이 되며, 선택적, 목적적으로 변화해 간다.

예 영아가 폭신한 공을 보고 둥근 모양과 부드럽다는 촉감을 지각했다면, 유아는 그 공이 부드러워 쉽게 손에 잡고 던질 수 있다는 것을 간파한다. 즉, 영아기에 비해 자극물이 가진 세부적 항목, 깊이 파묻혀 있는 구조 등 보다 상위적인 개념을 간파한다.

③ 기억력 발달

기억이란 선행 경험을 파지하는 기능이다. 즉, 과거 경험한 일들이 대뇌피질에 흔적으로 남아 있는 의식이 되살아나는 작용, 학습의 본체이다.

Plus TIP

❖ 기억의 유형
- 재인: 현재 지각되는 어떤 것을 친숙한 것이라고 기억하는 것
- 회상: 현재 존재하지 않는 어떤 것에 대한 자발적인 정신적인 표상

❖ 기억에서의 발달적 변화
- 어릴수록 재인이 더 잘 되고, 나이가 들을수록 회상이 더 잘 된다.
- 작용 기억의 속도와 용량이 향상된다. 따라서 아동은 나이가 들수록 정보에 대한 기억을 빨리 더듬을 수 있다.
- 아동은 나이가 들어감에 따라, 기억한 중요항목을 선택한다. 즉, 지엽적 정보와 중요한 정보를 구분하는 데 보다 능숙해진다.

④ 지능 발달

지능이란 지적 발달의 중심을 이루는 것이다. 지능은 가설적 개념으로 유목적적 행동, 합리적 사고, 능률적 환경에 대처할 수 있는 총체적 능력을 의미한다. 이 지능은 유전, 가정 내 사회적 지위, 지역 등의 환경과 어느 정도 상관관계가 있다. 지능은 출생 후 약 10세까지는 직선적으로 급격하게 발달하고, 20세를 전후로 정체 현상을 보이다가, 50세경에 하강 곡선을 그리면서 10~20세의 지능이 된다. 따라서 아동기와 청소년기가 지능 발달에 중요한 시기이다.

(4) 정서적 발달

어떤 자극에 대하여 동요되고 흥분될 때에 경험하는 심리 상태나 감동이다. 정서는 감정보다는 더욱 격화된 상태이며, 포괄적인 정서적 경험을 말한다. 아동기는 비교적 정서적으로 안정된 시기로서, 정서적으로 혼란이나 흥분은 비교적 적은 편이고 정서적 통제와 분화된 정서 표현이 가능하다. 아동기 빈번하게 나타나는 정서는 <표 2-2>와 같다.

표 2-2 아동기 정서의 특성

정서	특성
공포감	상상적이고 가상적인 것이다. 비현실적이고 초자연적인 것에 대한 극도의 두려워하는 정서(예 아동들은 괴물, 유령, 죽음 등에 대한 공포감이 많다)
불안	미래의 위험을 예상할 때 생기는 약한 공포반응이다. 주로 부모와 선생님의 기대를 충족시키지 못할 때 따르는 질책이나 벌, 성적 하락이나 운동능력 미발달에 대한 친구들의 조롱 등에 대한 불안이 특히 많고, 가정이나 학교생활 사이에 조화가 이루어지지 못할 경우 불안정서가 강해져 공포증이란 정서장애로 나타나게 되며 증세로 등교거부증 또는 학교공포증이 나타난다.
분노	아동기에 접어들면서 사회적 관계 범위가 가정에서 학교로 확대되면서, 욕구가 좌절되고, 행동에 방해를 받고, 놀림을 당하거나 꾸중을 듣는 경우가 많아지며, 다른 아동과 비교를 당하거나 무시를 당할 때 많은 분노의 감정이 빈번하게 발생한다. 하지만 나이가 들면서 분노의 감정이 발생하는 빈도는 높아지지만, 스스로 분노 감정을 잘 통제하고, 보다 간접적 방식으로 분노 감정을 표현할 수 있게 된다.

(5) 언어 및 사회성의 발달

① 언어능력 발달

아동(2~5세)의 언어는 점차 성인의 것과 유사해지는 방향으로 발달한다. 아동기에 사용하는 어휘의 수는 이해하고 있는 어휘 수보다 사용하는 어휘 수가 적은 것이 일반적이며, 기억력이나 주의력이 향상됨에 따라 사용하는 어휘 수의 증가와 함께 언어적 표현력도 증가하게 된다. 아동의 언어 습득의 성향은 타고나지만 아동에게 부담을 주지 않으면서 자연스럽게 아동의 말을 도와주고 언어적 자극을 충분히 마련해 주는 환경은 언어발달에 중요한 측면이며, 부모가 다양하고 풍부한 언어를 사용하고 아동이 하는 말에 반응을 잘 해 주며, 스스로 말하도록 격려하고, 사물과 일어난 일 사이의 관계를 설명해 주는 것이 아동의 언어능력을 향상해 준다.

② 사회성 발달

사회성이란 사회적 환경에 적응하여 타인과 더불어 공동생활을 하려는 성향을 말한다. 아동기의 사회화는 가장 중요한 발달과제 중의 하나로서, 또래 간 상호작용과 놀이활동을 통해서 다양한 역할을 경험하면서 사회성이 발달한다. 놀이를 하는 동안 또래 간 갈등이 야기될 수도 있고, 놀이를 하기 위해 자신의 입장과 친구의 입장을 조절하는 것을 학습한다. 이와 같이 동등한 위치에서 경험하는 또래 간 접촉이 대인 간 이해 능력발달에 중요하게 영향을 미친다. 이처럼 사회성 발달은 아동의 활동 영역이 넓어져서 대인관계가 형성되는 것과 많은 연관이 있다.

(6) 아동의 발달과업

아동의 정상적 발달과 사회생활에 필요한 건전한 인격을 형성하기 위해서는 일정한 시기별로 나타나며 발달단계마다 나타나는 발달과업을 학습해야 한다. 발달과업을 훌륭하게 수행하면 행복하게 되고 후의 과업도 성공하지만, 실패하면 불행해지며 사회적으로 인정되지 않으며 다음 단계의 과제 수행을 어렵게 한다. 각 단계별 발달과업을 요약하면 <표 2-3>과 같다.

표 2-3 아동의 발달단계별 발달과업

발달단계	발달과업
신생아기~유아기 (0~5세)	• 걷기 배우기 • 고체 음식 먹기 배우기 • 말하기 배우기 • 배설 작용의 통제 및 처리 • 성의 차이와 예절 배우기 • 생리적 안정의 유지 • 사회적 환경에 대한 개념 형성 • 부모, 형제자매, 타인과의 정서적 관계 형성 • 선악의 구별과 양심의 발달
아동기 (6~12세)	• 일상적 놀이에 필요한 신체 기능 습득 • 성장하는 신체에 따른 자의식 형성 • 같은 나이의 친구와의 교우관계 형성 • 성의 구분에 따른 사회적 역할 구별 • 읽기, 쓰기, 셈하기의 기본적 기술의 학습 • 일상생활에 필요한 개념 형성 • 양심, 도덕, 가치 기준의 발달 • 개인적 독립성 성취 • 사회집단과 제도에 대한 태도의 발달
청년기 (13~18세)	• 자기 체격의 이해와 성의 인정 • 남녀 동년배 간의 보다 새로운 관계 형성 • 부모나 다른 성인으로부터의 정서적 독립 • 경제적 독립의 필요성에 대한 자각 • 직업의 선택 및 그에 대한 준비 • 시민적 자질에 필요한 지식과 태도의 발달 • 사회적으로 책임 있는 행동을 원하고 또 이를 성취하기 • 결혼과 가정생활의 준비 • 적절한 과학적 지식에 맞는 인생관 수립

2. 아동발달이론

아동발달의 유형별 특성을 총체적으로 설명할 수 있으며, 일반인이나 전문가들에 의해 받아들여지고 있는 이론으로 정신분석이론, 자아심리이론, 인지이론, 인본주의 이론 등이 있다. 이러한 제 이론은 아동의 성격과 발달을 중심으로 다루며 신체적 발달에 대해서는 초점을 두지 않는 제한점이 있다. 정신분석이론을 대표하는 프로이트의 심리성적이론과 에릭슨의 심리사회적 이론을 살펴보고자 한다.

1) 프로이트의 정신분석이론

프로이트(Freud)의 정신분석이론은 인간발달의 단계를 1차적 성적 만족을 주는 성감대가 옮겨가는 단계에 따라 전개하였다. 구강기 → 항문기 → 남근기 → 잠복기 → 생식기의 5단계로 구체적인 내용은 <표 2-4>와 같다.

표 2-4 프로이트의 정신분석이론 인간발달단계

발달단계	특징
구강기(구순기) 0~1세	• 구강(입, 입술, 혀) 빨고 먹고 마시는 것 • 손가락이나 젖꼭지를 빠는 것과 같은 구강 활동을 통해 쾌락 추구 • 고착화(좌절이나 과다한 만족) → 성인이 되어 나타남 (예 과식, 과음, 흡연, 수다 등)
항문기 1~3세	• 항문 주위 대·소변 훈련을 통해 쾌락 추구 • 고착화: 지나친 청결이나 지저분하고 낭비벽이 심한 사람
남근기 3~5세	• 男: 거세불안(오이디푸스 콤플렉스[2]) ┐ → 동성 부모와 경쟁자 관계 형성 • 女: 선망(엘렉트라 콤플렉스[3]) ┘ • 고착화: 성적 역할의 동일시, 성적 정체감 형성

2) 오이디푸스 콤플렉스(Oedipus complex)는 이성인 부모에 대한 사랑과 동성인 부모에 대한 적대시라고 할 수 있다. 오이디푸스 콤플렉스는 남자아이에게 분명하게 드러나게 되는데, 특히 어머니의 애정을 독차지하려는 열망과 아버지에 대한 원망은 아버지와의 갈등을 초래하게 된다. 남자아이는 그의 강력한 경쟁자인 아버지가 그를 해치려고 한다는 생각에 두려움에 싸인다. 그의 두려움의 초점은 성기에 집중되는데 그것은 성기가 성적 쾌락 감정의 원천이 되기 때문이다. 그는 아버지가 자기의 성기를 제거시킬까 봐 두려워한다. 이러한 거세에 대한 두려움을 거세불안(castration anxiety)이라고 한다. 이 거세불안은 어머니에 대한 성적 욕망과 아버지에 대한 적개심을 억제한다.

3) 여자아이가 아버지를 좋아하고 어머니를 싫어하는 경향을 엘렉트라 콤플렉스(Electra complex)라고 부른다. 여자아이의 경우에는 남근선망(penis envy)으로, 이 시기의 발달을 설명하나 남자아이에 비해 그 설

잠복기(잠재기) 6~12세(초등학교)	• 무의식 속으로 잠복하는 성적 성숙기 → 부모에 대한 애정 발달시키고 동성 친구와의 강한 사회적 유대 확립 • 이 시기에 시작되는 학교 교육은 기본적인 사회적 기술의 습득 촉진
생식기(사춘기) 12세~	• 2차적 성적 특징 발달 • 생산적 활동, 깊은 사랑 • 고착화: 청소년 자살, 비행 청소년, 정신 이상

2) 에릭슨의 자아심리이론

에릭슨(Erikson)은 각각의 발달단계에서 그 나름의 중심적인 과제가 존재하기 때문에 다음 단계로 잘 진행되기 위해서는 각 단계마다 잘 해결되어야 한다고 보고 있다. 모든 단계는 위기를 어떻게 극복하고 해소하느냐에 따라 긍정적인 측면과 부정적인 측면을 가지고 있다. 에릭슨이 제시한 발달의 8단계는 <표 2-5>와 같다.

표 2-5 에릭슨의 자아심리이론 인간발달단계

발달단계	긍정 대 부정	특징
유아기 (출생~1세)	신뢰감 VS 불신감	• 엄마의 일관된 양육 태도는 아이에게 신뢰감 형성 • 프로이트의 구강기
아동초기 (1~3세)	자율 VS 수치심	• 대·소변 훈련을 통해 자기 통제력 형성 → 자기 행동에 책임을 진다 → 긍정적 자아 형성 • 프로이트의 항문기
놀이기 (3~6세)	주도성 VS 죄의식	• 아동이 과제를 계획, 수행, 처리하는 능력을 갖게 되면서 주도성 형성
학령기 (6~11세)	근면성 VS 열등감	• 칭찬과 격려를 통해 능력 향상
청소년기 (11~15세)	자아정체 VS 역할혼미	• 이 시기의 발달 위기를 극복하게 되면 충성심을 유지하는 능력 형성 • 유아기에 형성된 신뢰감과 불신감이 아주 큰 영향을 미침 → 비행청소년
성인기 (20~24세)	친밀감 VS 고립감	• 타인과의 관계에서 친밀감을 형성하는 일(사랑하는 사람을 만드는 것)

명이 불분명하다. 남근선망이란 여아가 자신의 성기에 대해 만족하지 못하고 남근에 대해 적극적인 소망을 갖는 것을 말한다. 이러한 거세불안과 남근선망과의 차이가 양성 간의 여러 가지 심리적 차이의 기본이 되는 것으로 알려져 있다.

중년기	생산성 VS 침체성	• 2세가 태어나거나 사회생활에 있어서의 생산 활동(아내, 직장 동료 등 타인에 대한 배려 필요)
노년기	자아통합감 VS 절망감	• 자식의 부모님에 대한 마음이 중요(지혜로워짐)

3) 행동주의 이론과 사회학습이론

행동주의에서는 어떤 특정한 행동이 어떤 특정 단계에 이르러 갑자기 나타나는 것이 아니라 경험과 훈련에 의해 점진적으로 형성된다고 보았다. 즉, 인간의 행동이 경험의 산물이라고 보았고 이러한 행동주의를 근거로 발달한 이론이 사회학습이론이다.

(1) 파블로프의 고전적 조건형성 이론

고전적 조건형성 이론이란 처음에는 반사작용과 아무런 관련이 없던 자극을 반사작용과 연관 있도록 '조건형성'을 시켜 반사작용과 관련이 있는 자극이 없이 다른 조건에도 반사작용을 유발케 하는 것을 말한다. 이러한 고전적 조건화는 파블로프(Pavlov)의 개의 타액 분비에 관한 실험을 통해 널리 알려졌다. 파블로프는 개가 음식(무조건 자극)을 먹기 전부터 타액을 분비(무조건 반응)한다는 사실을 발견하고 이러한 반응은 학습된 것이라고 보았다. 그리고 파블로프는 이러한 무조건 반응이 나타난 후에 음식을 주기 전에 종을 울렸다. 이 과정을 몇 번 반복했더니 개는 종소리만 듣고서도 침을 흘렸다. 이때 종소리는 조건 자극이 되고, 이에 따른 타액 분비는 조건 반응이 된다.

(2) 스키너의 조작적 조건형성 이론

스키너(Skinner)는 인간의 행동은 그 행동의 결과에 의해 결정된다고 보았다. 즉, 아동의 어떤 행동이 강화(보상)를 받게 되면, 그 행동의 발생 확률은 높아지고 처벌을 받게 되면 그 행동의 발생 확률은 낮아진다는 것이다. 이렇듯 조작적 조건형성 이론에서는 강화와 처벌의 역할을 중요하게 보았고, 아동의 발달 역시 생물학적인 내적 요인보다는 강화인(강화를 증가시키는 자극)과 처벌인(감소시키는 자극)이라는 외부 자극에 달려 있다고 보았다.

(3) 관찰학습과 사회학습이론

관찰학습이란 모델의 행동을 관찰하여 이를 모방함으로써 직접적인 강화 없이도 새로운 행동을 학습하게 된다는 것으로, 흔히 사회적 학습 또는 모방이라 부른다. 대표 이론으로 시어즈(Sears)와 반두라(Bandura)의 사회학습이론이 있다.

- **시어즈(Sears)**: 아동의 의존성과 부모에의 애착을 연구하였는데, 그에 이론에 따르면 의존성을 부모와 아동의 상호작용을 통해 학습된 특성이라고 보았으며, 그 때문에 의존성이 독자성으로 가는 데는 부모의 책임이 크다고 주장하였다.
- **반두라(Bandura)**: 다른 사람의 행동을 관찰하는 것만으로도 학습이 일어날 수 있다고 보았으며 그 때문에 관찰학습의 역할을 강조하였다. 아동은 다른 사람을 관찰하고, 주변사람 특히 부모를 모방함으로써 그 사람과 비슷한 어휘나 억양, 성역할, 동일시 등의 중요한 사회적 행동을 습득한다고 보았다. 그리고 이때 모방을 촉진하는 특성은 모델의 애정, 관찰자와의 유사성, 모델의 사회적 힘이라고 하였다.

4) 피아제의 인지이론

아동의 의식적인 사고와 합리적인 사고 과정을 중요시하는 이론이다. 인지발달은 유기체와 환경과의 상호작용으로 이루어지는 적응 과정이며, 여기에는 질적으로 다른 네 개의 단계가 있다고 보았다.

표 2-6 피아제의 인지이론 발달단계

발달단계	특징
감각운동기 (0~2세)	• 감각과 운동의 협응에 의해 지식을 스스로 형성 • 단순한 반사행동에서 복잡하고 협응된 감각 행동으로 발전
전조작기 (2~7세)	• 전개념적 단계(2~4세) - 현저한 언어 발달, 표상작용, 자기중심적 - 놀이에서 상징적 스키마를 발견 • 직관적 사고 단계(4~7세) - 물활론적 사고 - 전 단계보다 좀 더 논리적 유추와 판단을 함

구체적 조작기 (7~12세)	• 탈중심화, 논리적 사고의 기능으로 유목관계를 이해하고 그로 인해 가역화, 분류, 서열화가 가능
형식적 조작기 (12세 이후)	• 논리적 사고가 가능 • 추상적 개념과 상징의 관련을 대상으로 지적 조작이 가능 • 문제해결에 가설적, 연역적 방법을 사용

5) 인본주의 이론

(1) 매슬로의 이론

최상위의 욕구는 자아실현이다. 인간은 태어날 때부터 생존적 경향과 실현적 경향을 갖고 있다.

① 생존적 경향

기본적 욕구로, 인간의 생존을 단순히 생리적 차원에서 유지하려는 경향으로 본다. 살아가기 위한 수단으로 인간은 생존적 욕구를 충족시키지 못하면 신경증이 생긴다.

- **생리적 욕구**: 인간의 욕구 중 가장 기본적인 것
- **안전 욕구**: 생리적 욕구가 충족된 후 나타나는 욕구, 아동기에는 안전욕구가 성인에 대한 의존으로 나타남
- **소속과 애정의 욕구**: 생리적 욕구와 안전욕구가 충족되면 나타나는 욕구
  모든 개인은 사랑과 포용되는 것을 통해 자신이 가치 있다 생각함
  사랑받지 못할 때 공허감, 무가치감, 적대감 생김
- **자존감 욕구**: 자기존중과 다른 사람으로부터 존중받는 것, 내적 존경과 존중
  자존감의 욕구가 충족되지 않은 아동은 열등감, 자기 자신 비하, 초라한 자아상과 무력감 생김

② 실현적 경향

자신의 잠재 능력, 기능, 재능을 발휘하려는 욕구. 삶의 목적, 삶 자체

- **자아실현 욕구**: 최상위의 욕구, 자신이 원하는 종류의 사람이 되고, 자아 증진 및 잠재적 능력을 실현하려는 성장 욕구 → 아동복지의 목적은 아동의 생존적 경향의 욕구를 충족시켜 아동이 자아실현의 욕구에 이를 수 있도록 원조하며, 서비스를 제공하는 것

(2) 로저스의 이론

인간의 자아 발달로 인간의 발달을 설명한다. 아동은 사회적으로 성숙해 감에 따라 자아개념이 점차적으로 분화되고 복잡해지며, 아동의 자아개념의 내용은 사회적 산물이다.

Plus TIP 자아개념의 중요한 요소들

- **긍정적 대우에 대한 욕구**: 모든 인간은 중요한 사람으로부터 따뜻함, 존경, 숭배, 사랑, 수용과 같은 긍정적 대우를 받고 싶고, 타인뿐만 아니라 자기 자신한테도 긍정적 대우를 요구한다.
- **가치의 조건**: 아동에게 부과된 가치의 조건은 아동이 완전히 기능하는 사람이 되는 데 결정적 영향을 주는데, 주로 타인이 세운 기준에 맞추려고 애쓰기 때문이다.
- **무조건적·긍정적 대우**: 아동의 양육에 대한 이상적 접근법으로 무조건적인 긍정적 대우를 강조한다. 아동은 그 존재 자체로, 한 귀중한 인간으로서 평가받고 사랑받는 분위기를 제공한다. 무조건적·긍정적 자아 대우의 존재는 개인이 완전히 기능하는 사람으로 진보하게 만든다.

3. 아동의 주요 환경

1) 가족

아동 성장에 있어 가족의 가장 중요한 역할은 사회화이다. 부모를 포함한 가족은 아동이 다른 사람들에게 기본적인 신뢰감을 발달시키는 데 필요한 사랑과 지지를 제공하게 된다. 이들은 또 아동의 자율성 획득에 필요한 기술을 가르치며, 아동이 좀 더 자라면, 사회의 중요한 구성원이 되기 위해 필요로 하는 자원과 훈련을 제공하게 된다. 사실 가족은 가장 기본적인 사회화 -아동이 자기가 살고 있는 사회에 대해 배우는 최초의 학습- 의 장인 것이다. 사회화는 또 아동에게 규범과 가치를 가르치는 과정이기도 하다. 규범이란 사람들이 어떻게 행동해야 하는가에 대해 널리 받아들여지는 규칙들이며, 가치란 그 사회에서 높이 평가되는 목적과 원칙들이라 할 수 있다(Cherlin, 1996: 410). 가족이 이 가치와 규범을 가르치는 첫 번째 환경이며, 뒤를 이어 학교, 종교 단체, 또래집단 그리고 현대에 와서는 대중매체가 뒤따른다. 그리고 그 가치의 내용이나 종류는 사회문화가 달라지면 다르게 나타난다. 예를 들어, 미국의 아동들이 개인의 독립성의 중요성에 대해 배울 때, 일본의 아동들은 부모와 가족에 대한 충성심을 배우는 것이다(배은영 외, 2022: 34).

Plus TIP 부모가 아동을 사회화할 때 두 가지 원칙

1. 사랑과 애정, 따뜻함, 양육과 인정 등의 정서적인 지지를 제공한다. 부모의 정서적 지지는 아이에게 부모가 아이의 행동에 관심을 가지고 있음을 보여주는 것이어서 아동은 자기 자신을 보다 긍정적으로 바라보게 된다. 아동은 지속적인 지지를 원하기 때문에 부모를 기쁘게 할 만한 방식으로 계속 행동하게 된다.
2. 부모의 통제이다. 부모는 아동의 행동을 제한하거나 수정하기 위해 한계를 설정하게 된다. 부모의 아동에 대한 양육태도는 바로 이처럼 부모가 아동을 양육할 때 지지와 통제를 어떻게 적절히 조합하여 사용하는가에 의해 결정된다.

2) 학교

가정과 함께 아동에게 큰 영향을 주는 곳이 학교이다. 학교는 가정에 비해 다분히 계획적, 조직적, 합리적, 의도적인 사회화 기관이며, 교사와 학생이 늘 생활하고 경험하는 교육환경의 하나로서 학교뿐만 아니라 학교와 밀접하게 관련된 학교 주변의 상황을 모두 포함한다. 아동은 초등학교 진학에 따라 유아기에 없었던 학급활동 등을 통해 장래 사회인으로서의 준비를 하게 된다. 보다 높은 통제 속에서 학습, 운동, 놀이를 통해 사회화가 진행되는 것이다. 학교교육의 본질적 기능은 새로운 지식을 발견하고 가르치는 기능과 기존의 문화유산을 전달하고 습득시킴으로써 새로운 생활방식을 익히게 하는 사회화 기능 및 개인의 능력과 적성에 맞는 직업과 지위를 선택하고 분류하는 선발 기능을 수행하는 것이다. 그러나 우리나라의 학교교육은 입시 위주의 교육으로 유치원에서 고등학교에 이르기까지 부모의 지나친 경쟁의식과 고학력 사회 풍토로 인하여 진정한 인간 교육을 실현할 수 없는 중요한 조건이 되고 있다(배은영 외, 2022: 40-41).

Plus TIP 입시 위주의 교육으로 인한 교육 병리 현상(이배근, 2003)

- 시험에 대한 중압감, 시험 후의 결과에 대한 불안, 시험 횟수의 과다로 인한 스트레스를 증가시켜 정신질환이나 자살까지 이르고 있다.
- 교사나 친구와의 인간관계에 악영향을 미친다.
- 지식 위주의 교육으로 정서교육이나 의지력 훈련 기회가 부족하게 되어 전인교육에 많은 지장을 초래하고 있다.
- 학교에서의 생활지도교육이 정서적이고 미흡하다.

3) 또래

아동이 성장함에 따라 사회적 환경은 가정의 울타리를 벗어나 연령이 비슷한 또래집단으로 확대되어 나가게 되며, 이러한 변화는 아동의 사회화 과정에 새로운 의미를 부여한다. 특히 최근 들어 맞벌이 부부의 증가, 다산 기피로 인한 외동아의 증가로 인하여 아동발달에 있어 또래는 더욱 중요한 의미와 역할을 지니게 되었다. 이 시기의 아동은 부모의 강력한 영향력에서 벗어나 친구, 또래, 그리고 선생님과의 접촉에 신경을 쓰게 되고, 그들과의 관계에 더 민감해진다(배은영 외, 2022).

아동이 자신을 인식하는 데 있어 또래는 자신을 비춰 주는 거울 역할을 하기 때문에 그들의 의견이나 반응에 매우 민감해진다. 또래 사이에서 인기를 끄는 성격 특성은 나이, 성별, 계층에 따라 다르다. 연구에서 공통적으로 나타나고 있는 것은 우호적이고 사교적이며 참여적인 아동이 인기가 높은 반면, 수줍어하고 소심하고 무관심한 아동은 인기가 적다(배은영 외, 2022). 인기를 좌우하는 요인은 아동의 성격 특성뿐 아니라 그 가정의 사회·경제적 특성도 포함된다.

아동은 연령이 증가함에 따라 점점 주변 세계의 지식을 넓힐 뿐만 아니라 또래를 점점 중요하게 생각하기 시작하고 또래와 관계를 맺고 의사소통하려고 노력한다. 이 시기에 또래집단에 수용된다는 것은 아동의 자아발달에 매우 중요한 역할을 한다. 특히 초등학교에 입학하게 되면 아동의 역량과 독립심은 더욱 발달하면서 부모를 따르는 것이 점차 줄어들고 또래와의 관계가 깊어진다(이재연·김경희, 1990).

이와 같이 또래관계에서 나타날 수 있는 현상 중 한 가지는 또래 괴롭힘이다. 또래 괴롭힘의 방법으로 남학생은 적극적이고 공격적인 방법을 사용하는 반면, 여

학생은 수동적이면서 사회적 고립이나 배척 등 무시하는 방법을 자주 사용한다. 성격에 있어서도 공격자는 충동적이고 지배적이며, 공격적인 것이 가치가 있다고 생각하는 반면, 괴롭힘을 당하는 아동은 수줍어하고 순종하는 것이 가치 있다고 생각하는 등 뚜렷한 차이를 보인다(배은영 외, 2022).

4) 지역사회

아동이 속한 지역사회 환경도 아동의 생활에 영향을 미치게 된다. 지역사회 환경도 아동이 건강하게 성장할 수 있는 환경을 제공하는 중요한 요소이다.

- **지역사회 안전성**: 안전한 지역사회에서 자란 아동은 정서적으로 안정감을 느끼게 되고, 스트레스를 덜 경험할 가능성이 높다. 반면 폭력이나 범죄 그리고 유흥가 밀집지역에서 성장한 아동은 불안과 스트레스를 경험하게 되고 성장에 부정적인 영향을 받게 된다.
- **사회적 지지망**: 지역사회에서 제공되는 심리적, 정서적 지원 서비스는 아동의 성장에 긍정적인 영향을 준다. 또한 아동의 성장 과정에서 문제를 조기에 발견할 수 있으며, 문제가 발견된 아동에게는 해당 문제를 해결할 수 있는 상담, 서비스, 돌봄 프로그램 등이 제공되어 아동의 안정적인 성장을 도울 수 있다.
- **문화적 요인**: 지역사회의 문화적 가치와 규범은 아동이 자신의 사회적 기대를 이해하고 자신을 사회 구성원으로 인식하게 되며 어떤 역할을 감당하는지 이해하게 된다. 이를 통해 아동은 사회구성원으로 바르게 성장을 할 수 있게 된다.

5) 국가

아동이 속한 국가 환경도 아동의 생활에 영향을 미치게 된다. 국가 환경도 아동이 건강하게 성장할 수 있는 환경을 제공하는 중요한 요소이다.

- **국가 정책**: 국가 정책은 아동복지에 직·간접적으로 영향을 미치게 된다. 예를 들어, 교육정책이 아동들의 학습 환경과 권리를 보장하며, 보건의료정책은 아동의 건강하게 성장할 수 있게 한다. 또한 사회복지정책은 가정 내 폭력 및 학대로부터 아동을 보호하고 지원하게 된다. 따라서 국가정책의 효율적인 수립과 시행은 아동의 건강한 성장에 중요한 영향을 준다.
- **국가 환경**: 국가가 안정적인 환경을 갖추고 있어야 아동도 보호를 받을 수 있으며 건강한 성장을 하게 된다. 예를 들어, 전쟁 국가 또는 빈곤 등의 국가에서는 아동에게 안정적인 성장 환경을 제공할 수 없게 된다.

CHAPTER 03

아동의 권리

1. 아동의 권리와 아동복지

1) 아동의 권리 발달사

아동도 성인처럼 권리를 가진 인격체라는 평범한 사실이 국제사회에서 보편적으로 인정된 것은 그리 오래되지 않다. 아동의 권리가 국제협약으로 제정된 것은 1989년 국제연합 총회에서 채택된 「아동의 권리에 관한 협약」(United Nations Convention on the Rights of the Child)에서 비롯된다. 역사적으로 볼 때 시민의 인권이 확인되고 선언된 것은 18세기 후반이었지만, 아동은 시민의 한 사람으로 인식되지 않았다. 아동이 차별받지 않고 평등하게 존중되어야 한다는 사상은 루소에 의해서 전개되었다. 그는 프랑스 사회가 아동을 '어린 인간'으로 보지 않고 '작은 어른' 또는 '어른의 축소판'으로 취급하고 인간성을 무시하며 형식적인 교육을 한 데 대해서 비판하고 인간으로서의 아동의 고유한 가치와 인권을 주장하였다.

아동의 권리가 국제적 문서로 된 것은 1924년 국제연맹 총회에서 「아동의 권리에 관한 제네바 선언」이 채택됨으로써 공식화되었다. 이 선언은 전문과 5개 조의 본문으로 되어 있는데, 그 전문에서 "모든 나라의 남녀와 인류가 아동에 대하여 최선의 것을 주어야 할 의무를 진다는 것"을 기본이념으로 분명히 하였다.

1959년 UN총회에서 채택된 「아동의 권리선언」은 전문과 10개 조의 본문으로 구성되었는데, 이 선언은 아동을 단순한 구제나 보호의 대상으로서 뿐만 아니라 인권이나 자유의 주체로서 파악하였다. 아동의 권리를 '선언'에서 '협약'으로 바꾼 아동의 권리에 관한 국제협약은 오랫동안의 논쟁을 거쳐서 채택되었다. 국제인권규약이 발효된 1976년 UN총회에서는 아동의 권리선언 20주년인 1979년을 '국제 아동의 해'로 결정하였다. 국제 아동의 해는 아동의 인권 실현을 촉진할 목적으로 결정되었고, 아동의 권리협약의 채택에 결정적인 계기가 되었다. 아동의 권리에 관한 국제협약은 그 심의 과정에서 '아동관'에 획기적인 변화를 가져왔다. 아동을 권리 향유의 주체로 파악하는 아동관에서 권리행사의 주체로 인식하는 아동관으로 변화되었다. 그 단적인 예가 아동의 사상 양심 종교의 자유에 관한 조항이고, 또한 매스미디어에 대한 아동의 접근에 관한 조항이다. 이 협약은 1989년 11월 20일 UN총회에서 전원 일치의 찬성으로 채택되었고, 1990년 9월 2일부터 국제법으로 발효되고 있다.

한편, 한국은 아동의 권리에 관한 국제협약을 1990년에 서명하고, 1991년 11월 20일에 비준하였다. 한국 정부는 비준 과정에서 부모와의 면접교섭 유지권, 입양허가, 상소권 보장 등 3개 조항을 유보하였다. 국제조약은 헌법에 의해서 국내법과 동일한 효과가 있다고 할 때, 아동의 권리에 관한 국제협약은 '일반적으로 승인된 국제법규'로서 '국내법과 같은 효력'을 갖는다(헌법 제6조).

2) 아동 권리의 주요 내용

아동의 권리에 관한 국제협약은 무차별의 원칙, 아동의 최선의 이익우선과 함께, 아동의 생존, 보호, 발달과 참여권리라고 하는 4개의 주요 영역을 포함하고 있다.

- **생존의 권리**: 적절한 생활수준을 누릴 권리, 의료서비스를 받을 수 있는 권리
- **발달의 권리**: 교육, 놀이, 여가, 정보를 누릴 권리, 문화활동, 사상, 양심, 종교의 자유를 누릴 권리
- **보호받을 권리**: 각종 착취와 학대, 가족과의 인위적인 분리, 형법 등의 폐습으로부터 보호받을 권리
- **참여의 권리**: 자신의 의사를 표현할 자유와 자기 생활에 영향을 주는 일에 대하여 말할 수 있는 권리, 책임감 있는 어른이 되기 위해 아동 자신의 능력에 부응하여 적절한 사회활동에 참여할 기회를 가질 권리

「아동의 권리에 관한 협약」은 전문과 본문 54개 조로 되어 있으며, 본문 54개 조는 3부로 나뉘어져 있다. 제1부는 협약의 실체인 아동의 권리 조항(제1조~제41조), 제2부는 유엔아동권리위원회와 당사국의 관계 규정(제42조~제45조), 제3부는 협약가입 등 절차와 협약 개정 절차에 관한 규정(제46조~제54조) 등이다. 그중 제1부의 주요 내용을 간추려 보면 다음과 같다.

- 협약의 대상인 아동을 18세 미만의 자(1조)로 정의하고, 출신이나 성별을 포함한 무차별의 원칙(2조), 아동의 최선의 이익 우선(3조)
- 아동을 보호의 대상뿐만 아니라 적극적인 권리의 주체로 규정하며 아동의 생명권(5조), 아동이 국적을 가질 권리(7조), 표현, 종교, 집회의 자유(13~15조), 고문이나 사형 또는 무기형금지(37조) 등의 시민의 권리에 관한 적극적인 보장
- 부모로부터의 분리제한(9조), 불법해외 이송금지(11조), 부모나 보호자의 양육책임(18조), 아동학대로부터의 보호(19조), 요보호 아동에 대한 국가보호(20조), 입양에 있어서의 아동의 최선의 이익 우선(21조) 등 가정환경보호
- 아동의 생존과 발달의 보장(6조), 장애아 보호(23조), 건강관리, 질병과 영양실조 퇴치, 산모보호, 가족계획, 유해한 전통관습의 폐지(24조), 사회보장권(24조), 영유아보육서비스 제공(18조) 등 제반 아동복지 보장
- 의무교육(28조), 여가와 문화적 활동 보장(32조)
- 난민아동(22조), 전쟁 시의 아동(32조) 등 위급한 상황에 처한 아동보호, 체포나 구금(37조)과 형사 피의자(40조)가 된 아동의 권리보호, 아동의 노동력 착취금지(32조), 성적학대(34조), 마약으로부터의 보호(32조) 등 아동학대로부터 보호받을 권리를 규정하고 있다.

3) 아동이 침해받기 쉬운 권리

모든 아동은 아동의 권리에 관한 국제협약에 부응한 적절한 수준의 아동권리를 보장받아야 하지만, 현실 세계에서는 그렇지 못한 경우가 있다. 한국의 아동은 초등학교 입학 전, 초등교육 시기, 중·고등 교육시기 등 단계마다 다음과 같은 권리를 침해받기 쉽다. 따라서 국가와 사회도 아동의 권리를 보장하기 위해서는 보다 섬세한 접근이 필요하다.

(1) 초등학교 입학 전에 침해받기 쉬운 권리

[생존권] • 낙태를 당할 우려가 있다.
[보호권] • 미혼모가 출산할 때 국외로 입양되어 정체성에 혼란을 가질 수 있다.
• 국내에 입양되는 경우에도 자신의 뿌리를 찾기 어렵다.
• 결혼이주가정에서 태어날 때 '혼혈'로 차별을 받을 수 있다.
• 빈곤으로 적절한 양육을 받지 못할 수 있다.
• 맞벌이로 부모의 보살핌을 받지 못할 수 있다.
[발달권] • 빈곤가정의 경우 다양한 교육적 경험을 하기 어렵다.
• 장애아동의 경우 장애의 유형과 특성에 맞는 서비스를 받기 어렵다.
[참여권] • 영유아의 의견은 흔히 무시되기 쉽다.

(2) 초등교육 시기에 침해받기 쉬운 권리

[생존권] • 빈곤가정의 경우에 결식의 우려가 있다.
• 빈곤가정의 경우에 적절한 의료서비스를 받지 못하는 등 건강권을 보장받기 어렵다.
• 통학길 보행 중에 교통사고로 사망할 수 있다.
[보호권] • 신체적 학대와 성추행에 노출될 수 있다.
• 방과후에 방임으로 각종 문화적 경험에서 박탈당할 수 있다.
[발달권] • 적절한 교육을 받지 못한다(교육기회 박탈 - 지적장애 등의 이유).
• 부모의 이혼 시에 적절한 생활지도를 받기 어렵다.
[참여권] • 부모의 이혼 시에 어느 쪽 부모와 살 것인지에 대한 의사표명권이 없다.
• 이혼 시에 부모와의 면접교섭권이 없다.

(3) 중·고등교육 시기에 침해받기 쉬운 권리

[생존권] • 0교시의 강요로 아침식사를 결식하기 쉽다.
• 우울 등으로 자살충동을 가질 때 적절한 보호를 받기 어렵다.
• 패스트푸드 등 몸에 좋지 못한 음식에 노출되기 쉽다.
• 영양실조보다는 비만으로 건강을 해칠 가능성이 매우 높다.
[보호권] • 부모나 보호자가 없을 때 '소년소녀가정'으로 지정되어 방임되기 쉽다.
• 성매수나 성폭력에 노출될 수 있다.
• 약물오남용에 노출될 수 있다.
• 가출청소년의 경우에는 각종 범죄 등에 노출될 수 있다.
• 아르바이트에서 적절한 법적 보호를 받을 수 없다.
• 범죄를 저지를 때 법적 보호를 받지 못할 수 있다.
[발달권] • 적절한 진로지도를 받지 못한다.
• 학교생활에서 다양한 선택을 하기 어렵다.
• 자립능력을 갖추지 못한 채 사회로 방출될 수 있다.
• 흔히 여자의 경우에 성차별 문화를 답습하도록 강요받는다.
• 사생활의 권리가 무시되는 경향이 있다.
• 통신의 자유 등을 제한받기 쉽다.
[참여권] • 가정, 학교, 사회에서 의사결정에 참여하기 어렵다.
• 연령차별로 '참정권'을 보장받기 어렵다.

4) 아동권리 보장 대책 방안

(1) 아동보호전문기관의 운영

아동보호전문기관은 아동복지법상 아동학대에 대한 발견, 예방, 보호, 치료를 위하여 2000년에 전국의 시·도청에 1개소씩 설립되었고, 그 후 소규모 아동학대예방센터가 증설되었다. 2008년 아동학대예방센터는 아동보호전문기관으로 명칭이 변경되어 운영을 시작하였고 2024년 12월 현재 전국에 96개 기관이 운영 중이다. 아동학대예방센터의 주요 업무는 아동학대신고 긴급전화 운영(1391번, 1577-1391번), 아동학대의 예방 및 방지를 위한 홍보, 아동학대행위자를 위한 상담·교육, 아동학대 행위자 및 그 가정에 대한 조사 등이다.

사례 최초의 아동학대 사례

1874년 뉴욕의 공동주택에서 '메리 엘렌'이라는 여자아이가 매일 매를 맞고 몇 시간이고 혼자 내버려진다는 이야기가 나왔다. 이웃집에서는 이러한 사실을 알지만 어떻게 하여야 할지를 몰랐다. 이 아이는 당시 데리고 살던 부부가 '시 자선과'에서 두 살이 안 되었을 때 데리고 왔지만 그에 관한 기록은 전혀 없고 이후 7년 동안 아무런 개입도 하지 않았다고 한다. 이웃에서 많은 우려가 제기되었지만 누구도 직접 개입하려는 의사가 없었고 또 어떻게 법적으로 대처해야 될지도 몰랐다. 아동원호운동가의 한 사람이 이 사건을 뉴욕동물학대방지협의회 책임자인 버그 씨에게 접수를 하였지만 동물만 취급하는 곳에서는 사람에 대한 처치를 할 수가 없다고 하였다. 그러나 사안이 심각하여 그는 개인 자격으로 자기의 변호사를 대동하고 이 사건에 개입하였고 메리 엘렌을 그 집에서 데리고 나와 새로운 환경을 제공해 주었다. 버그 씨와 변호사인 게리 씨는 이 이후에 뉴욕아동학대예방협회를 만들었다. 이 아동학대예방협회는 오늘날 세계의 어느 곳에도 있는 단체이며, 이 최초의 아동학대 사건은 이후에 C. Kempe(켐프, 1968)의 충격적인 '매 맞는 아이 증후군(battered child syndrome, 신체적 학대로 기인한 아동의 상해는 징후적 특성이 있음을 처음 확인하였고 이를 매 맞는 아이 증후군이라고 함)'이 발표되기까지 가장 많이 인용되는 사례이다.

아동보호전문기관이 전국의 모든 시도에 1개소 이상씩 설치되어 있지만, 현재 아동학대를 예방하고 조기에 개입하는 사업은 몇 가지 문제점을 갖고 있다.

- 아동학대예방센터에 신고된 아동학대 사례를 처리할 때 '일시보호시설'이 꼭 필요하지만 서울을 제외한 대부분 지역은 적절한 설비를 갖춘 일시보호시설이 별로 없다.
- 아동학대로 판정된 사례는 대부분 친부모가 지속적으로 아동을 학대한 경우가 많기 때문에 중장기간 보호하면서 아동의 문제행동(예 유사자폐증, 언어장애, 도벽, 허언 등)을 치료해야 하므로 치료형 보호시설이 필요하다.
- 아동학대도 가정폭력의 하나이지만 법 적용을 할 때 남편에 의한 아내 학대는 가정폭력범죄의 처벌 등에 관한 특례법을 적용하고, 부모에 의한 자녀 학대는 아동복지법을 적용하고 있다. 그런데 아내학대에 대해서는 행위자가 피해자에게 접근하는 행위의 제한, 친권자인 행위자의 피해자에 대한 친권행사의 제한, 사회봉사·수강명령, 보호관찰, 보호시설에의 감호위탁, 의료기관에의 치료위탁, 상담소 등에의 상담위탁 등이 아동학대 가해자에게는 별로 활용되지 않고 있다. 따라서 아동학대 가해자와 피해자에 대한 상담과 치료 등이 더욱 제도화되어야 한다.

(2) 인권교육의 강화와 법령의 정비

한국은 아동의 권리에 관한 국제협약의 당사국이기 때문에 이 협약을 성실히 지켜야 할 뿐만 아니라 유엔아동권리위원회가 한국 정부에 요구한 사항을 조속히 이행해야 한다. 유엔아동권리위원회는 한국 정부가 제출한 제1차 국가보고서를 심의하고 한국 정부에게 열네 가지를 '제안과 권고'하였다.

한국 정부가 유엔아동권리위원회의 권고를 성실히 이행하기 위해서는 무엇보다도 학교교육과정에서 인권교육의 강화, 아동인권전담기구의 설치 등을 시도해야 한다. 인권교육은 학교교육에서 인권교육의 체계화, 인권 관련 전문가의 교육과 훈련 등이 필요하다. 인권교육은 아동에게 가르칠 뿐만 아니라, 교사 경찰관 법률가 사회복지사처럼 아동의 인권에 직접적인 영향을 미치는 성인들을 위한 교육이 절실하다. 아동인권전담기구는 아동인권에 대한 전반적인 자료를 수집·정리하고 자료를 발간하며, 아동인권 교육자료를 생산하고 보급하며, 아동인권에 대한 제반 사항을 총괄하는 영향력 있는 기구이다. 국가인권위원회에 아동/청소년인권 소위원회를 설치하는 것도 한 방안이다.

(3) 아동인권 보호를 위한 가정, 학교, 지역사회, 대중매체, 가상공간 실천활동 예

① 가정에서 실천하기

가정은 아동의 일차적인 안식처이지만, 아동학대에서 볼 수 있는 바와 같이 아동에 대한 인권침해가 가장 일상적으로 일어나는 공간이기도 하다. 특히, 성차별과 연령차별이 남녀유별과 장유유서 등 미풍양속으로 인식되는 상황에서 가정은 보다 진보적으로 아동 권리옹호를 위해서 노력해야 한다. 일상생활 속에서 많은 부모들은 자녀를 위한다는 이유로 자신의 결정을 자녀에게 강요하는 경우가 많은데, 자녀도 인격을 가진 인격체라는 점에서 볼 때 반성할 점이 많다. 예컨대, 자녀의 학원 선택, 대학의 학과 선택, 이사할 때 자녀의 의견을 존중하는 것이다.

② 학교에서 실천하기

학교에서 아동의 인권을 옹호하기 위해서는 교육과정에 인권교육을 크게 강화하고, 그 내용을 실천적으로 가르쳐야 한다. 아동권리협약은 아동의 생존권, 보호권, 발전권, 참여권을 강조하고 있는데, 학교에서 학대와 폭력으로부터 보호받을 권리, 아동이 자신의 적성과 특기를 살릴 수 있는 교육을 받을 권리, 그리고 학교운영 전반에 의사를 참여할 권리를 보장받는 것이 중요하다.

③ 지역사회에서 실천하기

지역사회에서 아동의 인권을 보호하기 위해서는 아동인권을 침해하는 유해환경 등을 적극 규제하고, 유익환경을 조성하는 일이다. 아동의 인권을 침해하는 대표적인 유해환경은 아동을 성적으로 유혹하는 성매매업소, 아동에게 성적 자극을 주는 음란물과 공격성을 충동질하는 대중매체, 신체적·정신적으로 황폐시키는 유해한 화학물질과 약물 등이 포함될 수 있다. 따라서 지역사회 단위에 유해환경감시단을 만들어서 유해한 물품, 시설, 매체 등을 감시하고 고발하는 것이 필요하다. 청소년은 절도, 폭력, 성문제 등에 노출되기 쉽기 때문에 청소년이 비행청소년이 되지 않도록 선도하거나 방지하는 활동도 인권옹호 활동의 하나이다. 특히, 청소년이 범죄의 피해자나 가해가 될 경우 법률지식이 낮아서 자신의 권리를 찾지 못하는 경우가 많다. 이들에게 적절한 법률 지식을 알려주고, 상담을 통해서 고충을 해결하도록 돕는 청소년상담사업 혹은 인권상담사업이 필요하다.

④ 대중매체가 실천하기

아동의 인권을 보호하기 위해서 대중매체는 아동의 발달에 해를 끼칠지도 모르는 음란물과 폭력물을 무분별하게 방영하는 것을 자제하고, 아동과 관련된 사건을 선정적으로 보도하는 것을 지양해야 한다. 한국의 언론기관은 아직 유죄판결을 받지 않은 사건을 뉴스로 보도하는 경우가 많은데, 이러한 보도는 피해자이거나 가해용의자인 아동의 인권을 심각하게 침해할 수도 있다. 또한, 대중매체는 아동의 인권 침해사건을 적극 보도하고 관련 사안을 심층 보도함으로써 아동의 인권에 대한 사회적 관심을 제고할 수 있다. 아동학대, 특히 가정에서 이루어지는 학대, 아동에 대한 어른들의 성적인 학대 등은 은폐되기 쉬운데 대중매체가 심층보도하고 그 대안을 모색하는 방식으로 여론을 조성할 수 있다.

대중매체는 그 속성상 아동의 표현의 자유, 발전권, 정보접근권, 참여권을 높이는 데 기여할 수 있다. 아동이 직접 만든 매체물을 대중매체에서 방영할 수도 있고, 아동이 대중매체를 모니터하고 대중매체를 자신의 생활매체로 활용할 수 있는 기법을 가르쳐 줄 수 있다.

⑤ 가상공간에서 실천하기

아동을 위한 인권보호활동은 가정, 학교, 지역사회 등에서 할 수 있지만, 아동의 생활공간이 온라인으로 급속히 확장되고 있기 때문에 향후에는 가상공간을 통한 활동도 크게 늘려야 할 것이다. 우선 아동의 인권에 대한 침해 사례를 인터넷으로 상담할 수 있고, 인권 관련 다양한 정보를 제공할 수 있으며, 인터넷상에서 인권침해를 줄이자는 캠페인을 할 수 있다. 또한, 아동인권을 위해서 노력하는 단체들 간의 정보교류를 인터넷을 통해서 할 수 있고, 국내외 단체와 협력사업을 도모할 수 있다.

2. 유엔아동권리협약

아동의 권리에 관한 협약(United Nations Convention on the Rights of the Child)

- 체결일: 1989년 11월 20일 뉴욕
- 발효일: 1990년 09월 02일
- UN(1989년 UN총회에서 채택)
- 아동의 생존·보호·참여·발달에 대한 권리를 명시한 국제인권조약인 「국제법」

1) 배경

1919년 제1차 세계대전으로 인한 기아와 질병으로 고통 받는 아동들의 보호가 필요하였다. 1924년 국제연맹회의에서 "아동권리에 관한 제네바선언[1])을 채택"하였다. 그 후 UN은 1979년을 '세계 아동의 해'로 정하고 단순한 선언적 권리선언에서 나아가 세계아동의 권리에 관한 국제협약이 폴란드 정부에 의해 제출되었다. 10년간의 작업을 통해 국제협약의 초안이 마련되어 1989년 UN총회에서 「아동권리에 관한 협약」(United Nations Convention on the Rights of the Child)이 만장일치로 채택되었다. 이어서 법적 발효에 필요한 20개국 비준이 이루어져 아동의 권리에 관한 협약은 마침내 1991년 9월 2일을 기해 국제법으로 공포되었다. 유엔 회원국인 우리나라는 이미 1990년 9월에 이 협약에 서명하였으며, 1991년 11월 국회 동의를 거쳐 협약에 가입했다.

2) 내용

(1) 의의

이 협약은 아동권리의 보호를 목적으로 한 국제사회 최초의 조약으로 전 세계

1) 제네바선언: 세계 최초의 아동의 권리선언으로서 아동의 심신발달 보장, 요보호아동에 대한 원조, 위험에 처한 아동의 최우선적 구제, 생활보장과 착취로부터의 보호, 인류동포에 봉사하는 아동 육성의 5개 조항의 원칙을 포함하고 있다. 그 후 제네바선언은 1959년 국제연합총회에서 10개 조항으로 확대된 UN 아동권리선언이 채택되었다.

아동의 권리와 복지에 대한 인류의 관심을 집중하는 새로운 계기를 마련했다. 또한 아동을 권리의 대상이 아닌 주체로 인식하여 전 세계의 모든 18세 미만의 아동을 방치, 착취, 학대로부터 지키기 위한 세계 기준을 제시하였다.

(2) 협약내용

국제 협약의 주요 원칙은 아동을 보호의 대상뿐만 아니라 적극적인 권리의 주체로 인식하고 있다. 아동의 권리에 관한 국제 협약은 무차별, 아동 최선의 이익을 우선으로 하는 원칙을 중심으로 하고 있으며, 아동의 생존권, 보호권, 발달권, 참여권이라는 4개의 주요 권리를 명시하고 있다. 생존의 권리는 적절한 생활수준을 누리고, 안전한 주거지에서 충분한 영양을 섭취하고, 적절한 의료서비스를 받을 수 있는 기본적인 삶에 필요한 권리를 말한다. 발달의 권리는 교육, 놀이, 여가, 정보를 누리고, 문화활동, 사상, 종교의 자유를 누리는 등 잠재능력을 발휘하는 데 필요한 권리를 뜻한다. 보호의 권리는 각종 착취와 학대, 가족과의 인위적인 분리, 형법 등의 폐습 등의 유해한 것으로부터 보호받을 권리를 말하며, 참여의 권리는 자신의 의사를 표현할 자유와 자기 생활에 영향을 주는 일에 대하여 말할 수 있는 권리 등 적극적으로 참여할 기회를 가질 권리를 말한다.

각국이 협약내용을 이행하는지 감시하기 위해 10명의 전문가로 구성된 '아동권리위원회'가 구성되었고, 당사국은 협약상의 권리를 실행하기 위해 채택한 조치와 권리에 관련해 진전된 상황을 보고서로 작성하여 5년마다 유엔 사무총장을 통하여 위원회에 제출해야 한다. 비준국들은 각 나라의 다양한 전통문화나 국내법 체계, 경제적 여건 등을 이유로 협약의 일부만을 수용, 실천해서는 안 된다.

(3) 우리나라 관련 사항

- 비준일: 1991년 11월 20일
- 발효일: 1991년 12월 20일(조약 제1072호)
- 유보내용: 대한민국 정부는 이 협약을 심의한 후, 이 협약의 제9조제3항, 제21조 가항 및 제40조제2항 나호(5)의 규정을 유보하면서 이 협약을 비준한다.

3. 한국의 어린이 헌장

1957년 5월 5일 어린이날을 맞이하여 제정된 어린이 헌장은 어린이의 복지를 도모하기 위한 국민적 약속을 의도하는 것으로서 보건사회, 문교, 법무, 내무 4부 장관의 공동 명의로 선포하였다. 어린이 헌장의 의의와 중요성은 첫째, 어린이에 대한 기본적 규범이다. 즉, 아동의 육성에 관하여 어른이 지켜야 할 윤리적 규범이라는 것이다. 둘째, 국법이 아니고 국민의 약속을 선포한 것으로서 강제력이 따르는 것이 아니라 국민의 자유로운 생각에 의한 공동 인정을 선포한 것이므로 강제력은 없으나 각자의 인식에서 나오는 자율적 효과를 기대하므로 형식적으로는 약하나 실질적으로는 강할 수도 있다. 셋째, 어린이의 본질을 명확히 하고 아동을 어떻게 육성하는지를 정한 것이다. 마지막으로 어린이 헌장은 고정부동의 것이 아니라 변화 발전하며, 진보하고 필요하다면 국가의 발전이나 사회의 변화에 따라서 변화될 수 있다는 것이다.

1988년 5월 5일 개정하여 현재는 전문과 11개 조항으로 구성하여 어린이를 책임이 있는 시민으로 건강하게 키워야 할 역할이 어른에게 있음을 밝히는 것이다. 예를 들면, 질병, 학대, 부모로부터 이탈되거나 비행, 범죄에 연루된 아동, 위험한 환경에 노출된 아동 등을 우선적으로 도와주어야 한다는 것을 제시하고 있다.

대한민국 어린이 헌장

대한민국 어린이 헌장은 어린이날의 참뜻을 바탕으로 하여, 모든 어린이가 차별 없이 인간으로서의 존엄성을 지니고, 나라의 앞날을 이어 나갈 새사람으로 존중되며, 바르고 아름답고 씩씩하게 자라도록 함을 길잡이로 삼는다.

1. 어린이는 건전하게 태어나 따뜻한 가정에서 사랑 속에 자라야 한다.
2. 어린이는 고른 영양을 취하고, 질병의 예방과 치료를 받으며, 맑고 깨끗한 환경에서 살아야 한다.
3. 어린이는 좋은 교육시설에서 개인의 능력과 소질에 따라 교육을 받아야 한다.
4. 어린이는 빛나는 우리문화를 이어받아, 새롭게 창조하고 널리 펴나가는 힘을 길러야 한다.
5. 어린이는 즐겁고 유익한 놀이와 오락을 위한 시설과 공간을 제공받아야 한다.
6. 어린이는 예절과 질서를 지키며, 한겨레로서 서로 돕고, 스스로를 이기며, 책임을 다하는 민주시민으로 자라야 한다.
7. 어린이는 자연과 예술을 사랑하고 과학을 탐구하는 마음과 태도를 길러야 한다.
8. 어린이는 해로운 사회 환경과 위험으로부터 먼저 보호되어야 한다.
9. 어린이는 학대를 받거나 버림을 당해서는 안 되고, 나쁜 일과 힘겨운 노동에 이용되지 말아야 한다.
10. 몸이나 마음에 장애를 가진 어린이는 필요한 교육과 치료를 받아야 하고, 빗나간 어린이는 선도되어야 한다.
11. 어린이는 우리의 내일이며 소망이다. 나라의 앞날을 짊어질 한국인으로, 인류의 평화에 이바지할 수 있는 세계인으로 자라야 한다.

CHAPTER 04

아동복지의 역사

1. 외국의 아동복지 발달 과정

산업화 이전의 고대사회와 중세사회에서는 아동복지와 관련하여 일차적인 책임은 부모에게 있었으며, 요보호아동은 대부분 종교단체를 통하여 보호되었다. 그러나 산업화 이후 국가 또는 사회가 개입함으로써 부모 및 민간단체의 한계성을 극복하게 되었다. 1930~1940년대 유럽에서는 아동보호 차원에서 가족에 대한 국가의 지원이 사회복지정책의 주요한 흐름으로 발전되면서 아동을 보호·양육하고 있는 가족에 대한 관심이 정책으로 나타나기 시작하였다. 아동양육에 소요되는 비용을 지원하거나 감소시켰고, 가구의 소득 증대 측면에서 여성의 노동시장 참여를 확대시켰다(Kaufmann et al., 1997). 이러한 내용을 기초로 먼저 산업사회 이전인 고대사회와 중세사회의 아동복지를 살펴보고, 다음으로 산업화 이후의 근대 산업사회와 현대 산업사회의 아동복지 변천 과정을 살펴보고, 아동복지의 발달에 있어 주요한 함의를 가지는 영국과 미국의 아동복지 발달에 대해 알아보고자 한다[1](배은영 외, 2022: 105).

1) 산업화 이전의 아동복지

고대사회에서 아동은 인격적인 존재가 아닌 종족이나 부족의 생존과 보호에 기여할 수 있는 존재 여부에 따라 인정받았으며, 아동의 생명은 종족 보존의 수단적 가치로만 인정되었다. 따라서 허약하거나 질병 또는 장애를 가진 아동은 희생을 당할 수밖에 없었다. 중세사회는 종교의 사회적 영향이 강했던 시대로 교회를 중

1) 본 내용은 “조미숙 외, 2022: 105-115”의 내용을 중심으로 작성하였다.

심으로 한 종교단체에서 아동을 보호하였다. 즉, 기독교적 관점에서 자선사업의 일환으로 아동복지가 전개되었으며, 부모가 없는 아동과 유기된 아동들을 보호하는 일을 주로 담당하였다.

2) 산업화 이후의 아동복지

산업혁명의 시작과 함께 농노제도와 장원제도로 대표되던 중세 봉건제도가 붕괴되면서 대부분의 농노는 공장의 노동자가 되었고, 아동들 역시 산업현장의 노동자로서 중요한 자원이 될 수밖에 없었다. 이는 자본가 계층과 노동자 계층이 새롭게 형성되어 또 다른 계층 현상을 만들게 되었다. 그 결과 산업화 이전의 사회구조에서 찾아보기 힘들었던 빈곤, 실업, 노사문제, 주택문제 및 아동, 청소년, 노인 등 다양한 사회문제가 나타나기 시작하였다. 이 시대에는 빈곤을 비롯한 모든 사회문제는 개인적·사회 구조적 원인에 의해서 발생한다는 인식과 개인 또는 종교단체의 자선에서 벗어난 사회적·국가적 책임으로 아동문제를 해결하기 위한 차원으로 발전하였다.

3) 근대사회

근대사회로 접어들면서 봉건제도가 점차 붕괴되고 자본주의제도로 들어서게 되었다. 동시에 산업혁명으로 인한 대규모의 빈곤, 실업, 노사문제, 주택문제 등의 다양한 사회문제가 등장하기 시작했고, 이에 대한 책임은 국가적인 차원으로 확대되었다. 1601년 영국의 엘리자베스 구빈법은 요보호아동들이 위탁보호와 거택보호를 받았으며, 미국과 유럽 여러 나라에 영향을 주게 되었고, 오늘날 아동복지의 기원을 이루었다고 할 수 있다. 그러나 서구사회의 아동문제는 19세기 이후 산업혁명의 급속한 진전과 산업화·도시화로 인한 광범위한 사회문제의 발생과 더불어, 더 이상 다른 인구 대상의 문제와 동일한 차원에서 해결될 수 없음을 인식하게 되었다. 이러한 사회적 상황과 인식의 변화 속에서 아동문제는 우선 집단적인 수용보호의 비효율성에 대한 비판이 대두되었다. 19세기 중반 이후 집단수용시설에서의 높은 사망률 등 아동의 건강과 복지에 미치는 나쁜 영향이 사회적으로 인식되기 시작하였으며, 사회의 유력인사, 민간단체 등이 아동을 집단수용으로부터 보호하려는 운동을 전개하였다(Zietz, 1969: 60).

19세기 동안 아동시설은 혼합수용 형태에서 아동 중심의 전용시설로 발전했다. 그러나 아직 전문적인 측면의 발전은 가져오지 못하고 있었다. 또한, 19세기의 아동시설들은 아동을 장기간 수용하는 경향이 있었는데, 이것은 공공학교 교육체계가 광범위하게 확립되지 못하여 수용시설이 아동에게 적절한 교육을 제공하는 수단으로 간주되었기 때문이다. 한편, 민간 차원의 아동시설 증가와 함께 19세기 후반부터 미국에서는 구빈원으로부터 아동을 구출하는 운동의 하나로서 위탁가정운동이 전개되었다. 1853년에 뉴욕에서 설립된 아동구호협회(Children's Aid Society)는 위탁가정서비스를 실시한 최초의 기관으로서 위탁가정 프로그램의 모델이 되었다. 위탁가정운동은 구빈원의 혼합수용보호와 대규모 집단수용보호의 폐단에 대한 인도주의적 비판에서 출발하였다. 그러나 이 운동의 초기에는 아동에게 의식주와 자립의 기회를 제공해 줄 가정을 찾아 연결해 주는 과업에만 전념하였으며, 아동의 욕구에 따라 선별적으로 위탁가정을 선택하는 경우보다 위탁가정의 필요에 따라 위탁가정보호가 결정되는 경우가 더 많았다.

19세기에 아동문제에 관한 또 다른 이슈는 아동의 노동문제였다. 산업혁명하에서 아동의 노동은 기계제 생산양식의 도입으로 도제제도에 의한 아동노동이 사라지게 되었으나, 아동의 고용은 면방직 공업에 필요한 값싼 노동력을 공급하는 주요 수단으로 간주되어 아동노동이 계속 행해졌다. 공장에 고용되어 장시간 노동해야 하는 아동 이외에도 상업이나 가사노동에서 혹사당하는 경우나 신체에 위험을 주는 열악한 노동조건 속에서 혹사당하는 경우가 많았다. 공장에 고용되는 아동들은 자연스레 교육의 기회를 박탈당하여, 교육기회의 제공이란 측면에서 19세기 초기에 아동노동에 대한 법적인 규제 조치를 취하기 시작하였다. 19세기 후반부터는 아동노동의 부정적인 영향이 사회의 여러 집단에 영향과 파문을 일으키게 되어 아동노동을 금지하는 사회운동과 입법 조치가 이루어지게 되었다.

산업혁명이라는 대변혁의 시기로 특징지어지는 근대사회는 아동복지의 발전 과정에서 중요한 의미가 있다.
① 「빈민법」이 제정됨으로써 국가의 책임하에 아동을 보호하게 된 점이다.
② 근대사회에 들어오면서 민간이 주도하는 자발적인 아동보호사업이 전개되어 종전의 비합리적인 혼합수용보호에서 분리수용보호와 가정위탁제도가 실시되는 등 점차 아동 중심의 독립된 형태로 발전하게 되었다는 점이다.

19세기 후반으로 오면서 아동복지의 측면에서 두 가지 큰 흐름을 발견할 수 있는데, 그것은 하나의 독립된 생애기로서 아동기에 대한 관심의 점증, 그리고 아동 인권사상의 확대이다. 19세기 후반부터 발달하기 시작한 위탁가정보호와 전문아동시설은 아동의 성장 및 발달의 역동성과 각 아동의 특성과 욕구의 독특성에 대한 인식이 진전됨에 따라 이루어진 결과라고 볼 수 있다.

4) 현대사회

20세기에 이르러 아동은 인격적 존재로서 받아들여지게 되었고, 아동의 권리사상, 권리로서의 아동복지사상이 더욱 강조되었다. 이들의 다양한 문제와 욕구에 대해 사회적인 예방과 관리를 위한 체계적인 제도가 마련되었다. 또한, 아동복지와 관련하여 국가 책임이 강조되기 시작하였던 대표적인 것은 1909년 미국의 백악관회의이다. 당시 루스벨트 대통령은 아동을 위한 부모의 역할과 가족생활의 중요성을 언급하였다. 아동복지의 대상이 요보호아동에 국한되지 않고 모든 아동으로 확대되는 보편주의적 아동복지가 도입되었으며, 1933년에 아동·청소년법이 제정되었다. 그리고 20세기 중반 이후 위탁보호와 아동시설은 아동의 개별적 욕구에 맞게 효과적으로 대처할 수 있도록 발전하였다(공계순 외, 2016). 한편, 또 다른 아동문제의 이슈인 아동노동에 대해서도 20세기 이후에 새로운 인식과 조치가 이루어지게 되었다.

20세기는 아동복지의 역사에 있어 전문화를 촉구한 시기다. 특히 1930년대 이후 사회사업의 전문화는 아동문제를 해결하는 접근방법에 전문화를 촉진하였다. 아동의 욕구에 맞게 개발된 수용시설, 소규모의 집단위탁가정보호, 장애아동을 위한 특별수용시설과 특별 위탁가정보호의 개발이 이루어졌다. 아동복지서비스에는 크게 재가 형태의 지지적 서비스, 부모의 역할을 대신해 주는 보조적 서비스, 대리적 서비스 등이 발전하였다. 지지적 서비스로는 개별지도, 집단프로그램 및 가족치료가 개발되었고, 보조적 서비스로는 영유아 보육서비스, 학대아동을 위한 강제보호서비스가 개발되었으며, 대리적 서비스로는 입양, 가정위탁 등 다양한 전문서비스가 개발되었다. 또한, 아동복지를 실천하는 전문가가 대학의 학사 또는 석사과정에서 양성되어 아동복지 실천분야의 전문가로 활동하고 있다 (NASW, 1995).

아동복지서비스의 발전을 요약해 보면,
① 집단적 수용보호로부터 소규모의 수용보호로,
② 시설보호 중심에서 가정 중심의 보호와 지역사회에 의한 보호의 강조로,
③ 포괄적인 서비스로부터 분화된 다양한 서비스로,
④ 비전문적 서비스로부터 전문적 서비스로 발전하였다.

(1) 영국의 아동복지 발달

제2차 세계대전 이후 영국 아동정책의 출발은 1946년 커티스위원회의 보고서와 1948년 「아동법」에 의하여 이루어지게 되었다. 정부는 정상적인 가정생활을 박탈당한 아동들에 대한 보호를 향상하기 위하여 이를 검토하기 위한 커티스위원회(Curtis Committee)를 임명하였다. 이 위원회의 보고서는 1948년에 제정된 「아동법(Children Act)」의 기초가 되었으며, 지방정부 행정체계에서 아동국(Children's Department)의 설치를 가져왔다.

커티스보고서(1946)의 주요 원칙은 보호받는 아동을 친부모에게로 회복시키는 것, 수용시설보다는 탈시설(boarding out)을 강조하는 것, 입양에 대한 강조 등을 포함하고 있다. 특히, 가능한 한 보호아동을 친부모에게 복귀시키는 것을 임무로 하는 지방정부아동국은 새로운 서비스에서 가족 케이스워크(case work)의 중요성을 강조하였다. 이 법에서의 중요한 변화는 보호를 받는 아동을 지역사회의 다른 일반아동과 같은 권리를 지닌 한 개인으로서 존중하게 되었다는 것이었으며, 이것은 1834년 이후 전통으로 내려온 「개정 구빈법(Poor Law Amendment)」에 의한 열등처우(less eligibility)의 원칙을 제거하는 의미를 갖고 있었다(Hendrick, 2005: 44). 이 법은 의심할 여지 없이 영국의 아동복지입법의 중요한 이정표가 되었을 뿐만 아니라

전후 영국 복지국가 체계의 근간이 된 일련의 다른 입법 체계들, 즉 「국민보건서비스법」(1946), 「국민보험법」(1946), 「가족수당법」(1945) 등과 같은 연속선상에서 의미를 지니게 되었다.

1948년 「아동법」의 제정으로 아동보호서비스가 제공되면서 아동복지는 보호가 필요한 아동의 보호(care)뿐만 아니라 예방(prevention)의 중요성이 부각되었다. 이러한 예방적 접근은 1963년 「아동 및 청소년법」의 제정에 의하여 비로소 이루어지게 되었다. 1963년 법에 의하여 지방정부는 예방적 접근을 통한 아동복지 증진의 임무를 갖게 되었다. 이것은 비행을 다루는 전략과 아동방임을 다루는 전략을 결합함으로써 이루어졌다. 이에 앞서 1960년에 발표된 잉글비 보고서(Ingleby Report, 1960)는 청소년 비행의 문제를 주요 관심 사항으로 다루었으며, 보고서의 주요 권고사항이 1963년의 입법에 반영되었다. 이 보고서는 비행과 박탈을 다룸에 있어 비행행정의 처벌(punishment) 모델이 아닌 치료(treatment) 모델에 강조점을 두었다.

특히 사회복지서비스가 사법부의 법정 활동과 협력함으로써 사회복지가 재판의 소송 과정에 침투하게 하는 효과를 가져왔다. 그리고 이 법은 1948년 「아동법」의 초점이 가족에 대한 지원을 제공하는 것에 있다는 것을 확인하였다. 따라서 아동복지에서 가족서비스에 대한 길이 열리게 되었으며, 이것은 1970년의 「지방정부사회서비스법」에 의하여 기존의 아동국이 새로이 설치된 통합적 사회복지서비스 행정체계인 사회서비스국(Social Service Department)에 통합되기에 이르렀다. 이에 따라 1969년의 「아동 및 청소년법」은 가족지향적 접근에 기초하고 있었으며, 보다 복지지향적인 사법절차를 통하여 비행의 치료에 초점을 두었다. 비행아동은 소년법정에서 기소되기보다는 가능하면 자신의 집에서 처분을 받았다. 이러한 조치의 목적은 범죄에 대한 기소를 복지적 보호 절차로 대체하여 법정에 출석하는 비행자의 수를 감소시키는 것이었으며, 법정은 최후의 수단이 되었다.

한편, 1960년대 말에 아동학대가 새로운 문제로 부각되었다. 당시 아동의 신체적 학대는 학대하는 부모의 특성으로서 개인의 병리에 의하여 초래되는 것으로 이해되었다. 그러나 1970년대에 파튼(Nigel Parton)과 같은 학자들이 사회적 구조분석에 의한 새로운 이해의 가능성을 제시하면서 상황이 변화하기 시작하였다. 그에 의하면, 아동학대는 사회적 불평등 및 빈곤과 관련되어 있다고 보았다. 아동학대에 대한 언론과 전문가의 관심은 의붓아버지에 의하여 살해된 아동 콜웰(Maria Colwell)의 죽음에 관한 청문회 보고서와 함께 폭발적으로 나타났다. 이 사건에 대한 관심은 도덕적 공황(panic) 상태로 표현될 만큼 심각하게 부각되었으며, 아동학대는 영국의 보편적 사회 가치에 대한 위협으로 간주되었다. 청문회 보고서는 콜웰을 보호하지 못한 아동보호시스템에 대하여 비판하였을 뿐만 아니라 혈연관계를 중시하는 아동보호 사회복지사들의 출생가족유지원칙에 대하여도 비판하였다. 이에 따라 1970년대 후반에 국가개입주의(paternalism)가 다시 도입되었으며, 아동을 가족으로부터 보호하는 조치와 대체 보호를 강조하게 되었다. 이러한 분위기는 1975년 「아동법」 개정에 이르렀으며, 아동의 복지를 최우선에 두는 원칙이 마련되었다.

1980년대는 아동보호정책과 국가의 사법권 간에 오랜 긴장이 해소된 시기였다. 점차 부모와 국가 간의 새로운 파트너십에 대한 요구가 증가하였으며, 이 시기 영국의 아동정책은 국가개입주의, 가족보호, 아동권리, 자유방임 등을 반영하는 실용주의적 관점이 불편한 동거를 한 시기로 기술되고 있다. 이 법에서는 '부모의 책임', '아동과 가족의 지원', '파트너십' 등이 강조되고 있다. 새로이 도입된 가장 근본적인 개념은 '부모의 권리와 의무'라는 개념을 대신하여 도입된 '부모의 책임'이다. 가족에 대한 새로운 강조 외에도 이 법은 가족원조 명령, 교육 슈퍼비전 명령, 위기보호 명령, 아동사정 명령 등 새로운 명령(order)들을 도입하였다. 아동의 욕구가 법적으로 규정되었으며, 아동은 그들의 이해관계에 영향을 미치는 절차에 합법적인 참여가 보장되었다. 그리고 구금, 보호와 통제와 같은 낡은 개념들이 폐지되었다.

1989년의 「아동법」은 제정 당시 현 시대의 가장 포괄적이고 획기적인 아동보호 입법으로 평가되었으며, 현재까지 영국 아동정책의 근간이 되고 있다. 이 법은 학령전 보육, 아동보호, 아동을 위한 지방정부의 서비스, 이혼 또는 감호 과정의 아동보호, 장애아동의 보호, 장기 입원아동과 학습장애아동의 보호 등을 포괄하고 있다.

1989년 아동법의 주요 원칙

① 아동의 복지는 최우선으로 고려되어야 한다.
② 아동은 자신의 가정에서 최선으로 양육될 수 있으며, 절대적으로 필요한 경우에만 가정으로부터 격리되어야 한다.
③ 아동에 관한 결정은 지체 없이 이루어져야 하며, 필요한 경우에는 법원의 개입 없이 이루어져야 한다.
④ 지방정부는 아동 및 그들의 부모와의 협력하에 업무를 수행하여야 한다.
⑤ 부모는 법원의 소송과 명령 등 아동에 관한 결정 과정에서 발언권을 가진다.
⑥ 부모는 아동을 다른 사람이 돌볼 경우를 포함하여 아동에 대한 책임을 진다.
⑦ 지방정부는 다른 사람이 아동을 돌볼 경우에도 가족이 아동과 접촉을 유지할 수 있도록 도와야 한다.
⑧ 아동과 가족에 대한 서비스는 인종, 지역, 문화, 언어, 장애를 고려하여야 한다.

(2) 미국의 아동복지 발달

미국의 아동복지 관련 법률은 광대한 청사진하에서 체계적으로 제정된 것이 아니라, 변화하는 시대적 요구와 사회적 상황에 따라서 논의되고 제정되었다. 미국은 1900년대에 들어오면서 시설보호에서 벗어나기 시작하였고, 아동 중심의 국가개입 주의에서 현재는 가족 중심의 가족보호 단계로 접어들고 있으며, 이런 경향에 맞추어 법들이 제·개정되어 왔다.

국가개입주의는 19세기 말에서 20세기 초까지 아동복지 이슈에 대한 국가 개입이 확대되는 과정에서 발달한 관점으로 아동보호를 위해서 국가에서 광범위하게 개입할 수 있다는 입장이었다. 친부모의 보호가 항상 최선일 수는 없으며, 경우에 따라서는 친부모가 아동에게 심각한 해를 초래할 수도 있다. 따라서 일정 수준에 미치지 못하는 부모는 공권력에 의해 처벌할 수 있다는 입장이다. 아동에게 최선의 보호를 제공하는 것이 부모의 의무이지만 이러한 의무가 충족되지 못하면 아동을 다른 양육의 장으로 옮기는 국가의 역할이 정당화된다. 반면, 가족보호 관점은 경우에 따라서 국가의 개입이 정당화되지만 이러한 개입은 아동의 출생가정을 유지하고 보호하는 지지적인 형태여야 한다는 입장이다. 생물학적 가정은 아동과 부모 모두에게 중요하며 가능한 한 유지되어야 한다고 생각한다. 아동을 가정에서 분리시키는 것은 문제의 해결이 아니라 아동복지에 해악을 가져온다는 입장이다.

따라서 대리보호는 최후의 수단으로 강구되어야 한다. 끝내 대리보호가 제공되었더라도 분리된 가족과 재결합하는 것에 초점을 둔다.

미국은 정부가 국민의 개인 생활(privacy)에 개입하지 않아야 한다는 원칙과 각 주정부의 자율권을 강화한다는 원칙을 고수해 왔다. 또한 미국은 사회복지에서 사적 분야가 주요 기능을 수행하며 공적 분야에서는 재원, 정책 감독만을 담당함으로써 다른 나라와 구별되는 특성을 가지고 있다.

2. 한국의 아동복지 발달 과정

1) 전통사회

삼국사기에 따르면, 신라 유리왕 때 환과고독노병(鰥寡孤獨老病), 즉 홀아비, 홀어미, 고아 아들 없는 이, 늙은이, 병든 이를 요보호대상자로 정해 왕명으로 무료급식과 양육을 시행하였으며 백제 온조왕과 고구려 태조왕 때는 아동을 포함하여 재해를 입은 자들에게 관곡을 배급했다. 고아에 대한 접근으로는 민간 차원에서 노비나 양자로 입양이 허용되었으며, 친척 등이 거두지 않는 고아에 대한 구제가 국가 차원에서 시행되었다.

불교가 국교였던 고려시대에는 전쟁과 흉년으로 생긴 고아를 사찰에서 위탁보호하여 승려 또는 사역승으로 양성하는 일이 성행하였다. 이는 민간에도 확산되어 고아를 민간에서 수양하는 일이 성행하였으나, 후손이 없는 경우에는 양자녀로, 그렇지 않은 경우에는 주로 노비로 삼았다. 이 과정에서 고아입양을 빌미로 한 인신매매, 유괴, 약탈 등의 폐단이 출현하기도 했다.

엄격한 신분제 사회였던 조선시대에는 요보호아동 보호에 관한 법령(1561년 현종 2년)이 제정되었다. 이에 의거해 한성 각 부의 유기아에 대해 관의 허가에 따른 민간입양이 실시되었으며, 이들에 대한 옷값도 지급되었다. 그리하여 10세가 되면 양육한 사람에게 이들을 사역할 권리가 부여되었다. 그 후에도 아동의 처우에 관한 법령으로 수양임시사목(1696년 숙종 22년)과 속대전속에 동사목이 편찬되었다

(1774년 영종 20년). 정조는 이를 확대·통합하여 친족부양, 수양관계의 보호, 집단수용의 보호를 원칙으로 한 자휼전칙을 편찬해서 부랑 및 유기아동 보호법령의 체계를 갖추었다(1783년 정조 22년). 이의 근본 취지는 유기 및 부랑아동을 국가에서 수용보호하거나 민가에서 수향하여 정황에 따라 양자녀나 노비로 삼는 것을 허가하는 것이었다. 자휼진척의 근본정신은 영국의 구빈법과도 상통하며, 아동의 생명구제를 위한 기본적 법령으로 기능했으나 전통사회에서는 오늘날의 시설보호와 같은 체계적인 개입은 존재하지 않았다.

2) 근대사회

국가 개혁을 도모하고자 했던 조선시대의 말 갑오경장 이후 외국 종교단체가 대거 입국하여 포교를 위해 구호와 육아사업을 실시했다. 이때, 서양인 선교사에 의해 수용시설에 의한 아동보호방법이 최초로 도입되었는데, 근대적 육아사업의 1855년 프랑스 메스트로 신부에 의한 고아구제사업이 효시가 되었다. 이후 고아원 역사를 보면 파리외방선교원회가 설립한 조선영해회는 1854년에 고아원을 설립하였으며, 1880년에는 프랑스 쟝블랑 신부가 양로원과 고아원을 한양에 설립했다. 1886년 미국 북장로교의 언더우드는 고아들을 모아 예수학당과 구세학당을 시작하였고 1888년에는 조선영해회가 종로의 수녀원 부속건물로 고아원을 설립하여 아동을 양육하였다. 1892년 영국성공회 선교사 랜디스는 인천에 고아학원을 설립했고, 이어 1905년에는 이 필화가 경성고아원을 설립하였다. 이처럼 서양 선교사들에 의한 시설보호제도의 도입은 이후 우리나라의 아동보호에 있어 수용시설 중심의 발전에 영향을 미쳤다.

한일합방 이후 1921년 총독부는 제생원이라는 수용시설을 설립하고, 사회과를 신설하여 각종 구호사업의 지휘·감독을 담당하도록 했다. 1930년대에는 각 지방에 보육원을 필두로 한 사회복지시설을 건립하여 1939년까지는 전국적으로 60개 시설을 설치하였다. 1944년에는 생활이 빈곤한 임산부와 13세 이하 아동을 대상으로 가택구호를 원칙으로 하는 조선총독부 구호령이 제정되었는데, 가택구호가 적절치 못한 경우에는 개인가정에 위탁하거나 구호시설에 수용할 수 있도록 하였다. 그러나 전쟁으로 극심한 재정적 어려움에 봉착한 일본은 구호활동을 제대로 수행하지 않았고, 따라서 조선총독부의 구호령은 명목적인 것에 지나지 않았다.

한편 이 시기에는 아동의 건강한 발달과 복지에 관심을 갖는 인물들이 출현해 현대적 의미의 아동애호 사상에 발전에 큰 기여를 했는데, 아동문학과 출판활동을 활발히 펼친 소파 방정환과 많은 동요를 작곡한 윤석중 등을 대표적 인물로 꼽을 수 있다.

3) 현대사회

우리나라 현대사회의 아동복지는 크게 아동구호시대(1960년까지), 아동보호시대(1970년~1980년대 중반) 및 아동복지시대(1980년대 중반 이후)로 구분된다. 이러한 시대의 변화에 따른 흐름을 살펴보면 경제적 안정을 바탕으로 아동복지는 선별주의에서 보편주의로 진보하였고, 주관기관 또한 외원단체에서 정부기관으로 이동했으며, 집단적 수용보호에서 소규모 수용보호나 재가보호로, 그리고 단순하고 비전문화된 서비스에서 다양한 형태의 전문직 서비스로 변모하고 있다. 즉, 현대 한국 사회의 아동복지는 다른 선진국들의 예와 마찬가지로 기초생활에 대한 지원에서 복리후생 차원으로, 찾은 복지에서 찾아가는 복지로 발전하고 있다.

해방 이후 곧 이은 한국전쟁은 수많은 전쟁고아와 기아, 미아의 문제를 발생시켰으므로 1950년대의 아동복지는 응급구호적인 성격을 띠었다. 이 시기에는 국가에 의한 사회적 보호가 미비해 다수의 외국기관이 국내에 들어와 활동하며 아동후원사업을 전개하였는데, 기독교 아동복리회(C.C.F), 선명회세계본부, 양친회 등이 대표적이다. 이들 기관들 및 민간 독지가를 중심으로 전쟁고아의 보호, 수용, 입양 등을 위해 설립된 수용시설 중심의 아동보호사업은 1950년에 급속히 증가해 1960년에 아동복지시설은 472개로 전체 사회복지시설의 80%에 달하였다. 그러나 1950년대까지의 아동복지는 국가 주도하의 원칙에 따른 서비스 제공보다는 민간과 해외 원조에 의존한 빈곤아동구호의 차원에 머물렀다.

1960년대와 1970년대는 선별주의 원칙에 입각한 잔여적 형태의 서비스가 이루어진 단계로, 국내외 입양사업이 확대되고 해외 입양이 지속적으로 증가했으며, 취업여성의 증가로 보육에 대한 서비스도 증가했다. 1960년대에는 수용시설의 종류가 다양해지면서 영아원, 육아원, 모자원, 부랑아보호시설, 직업보도시설 등이 계속 증가하였고, 1961년 「아동복리법」과 「생활보호법」, 「미성년자보호법」이 제정되면서 요보호아동에 대한 국가 책임의 원직이 법제화되었다. 1970년대에도 국가 개입을 최소화하는 잔여적 복지정책이 지속되었다. 그러나 외원기관의 점진적인 철수로 아동복지시설 운영에 국가의 개입이 불가피해짐에 따라 아동보호정책도 점차 국가중심체제로 전환되었으며, 이에 따라 1973년 「모자보건법」, 1976년 「입양특례법」(현: 국내입양에 관한 특별법), 1977년 「소년원법」과 「특수교육진흥법」이 차례로 공포되었다.

1980년대에는 요보호아동을 대상으로 한 선별주의 단계의 시설수용보호에서 벗어나 보편주의에 입각하여 가정위탁사업, 국내 입양, 아동결연사업, 영유아보육사업 등으로 아동복지 형태가 다양하게 전환되었다. 1981년 「아동복리법」을 「아동복지법」으로 개정하는 것을 계기로 전체 아동을 대상으로 다양화·전문화된 아동복지서비스를 지향하게 되었다. 또한 1982년에는 「생활보호법」이 개정되고 「유아교육진흥법」이 공포되었으며, 1987년 「청소년육성법」과 1989년 「모자복지법」이 공포되었다. 취업여성의 증가에 따른 보육수요의 확대에 따라 1991년 「영유아보육법」이 새로이 추가로 제정되었으며 이를 통해 보육서비스를 일반아동에게로 확대함으로써 보편적 서비스의 확충을 가하였다. 또한 OECD에 가입하면서 「아동복지법」 개정이 추진되어 2000년부터 새로운 「아동복지법」이 시행되었다.

2000년 개정 「아동복지법」 이후 2012년 개정 「아동복지법」까지 가정위탁지원센터, 아동보호전문기관, 실종아동전문기관, 지역아동센터, 드림스타트센터, 중앙입양원 등 다양한 서비스 전달체계가 제도적으로 확립되었다. 2019년에는 중앙정부 차원에서 아동 관련 서비스를 총괄하는 아동권리보장원(아동복지법 제10조의2(아동권리보장원의 설립 및 운영), https://www.ncrc.or.kr)이 설립되었다.

Plus TIP 아동권리보장원

1. 설립 목적

아동정책에 대한 종합적인 수행과 아동복지 관련 사업의 효과적인 추진을 위하여 필요한 정책의 수립을 지원하고 사업평가 등의 업무를 수행한다.

2. 역할

① 아동정책 수립을 위한 자료 개발 및 정책 분석
② 아동정책기본계획 수립 및 시행계획 평가 지원
③ 아동정책조정위원회 운영 지원
④ 아동정책영향평가 지원
⑤ 아동보호서비스에 대한 기술지원
⑥ 아동학대의 예방과 방지를 위한 업무
⑦ 가정위탁사업 활성화 등을 위한 업무
⑧ 지역아동복지사업 및 아동복지시설의 원활한 운영을 위한 지원
⑨ 「국내입양에 관한 특별법」 및 「국제입양에 관한 법률」에 따른 입양 체계의 구축 및 운영을 위한 다음 각 목의 업무
가. 국내외 입양정책 및 서비스에 관한 조사・연구
나. 양부모 및 예비양부모에 대한 교육 운영
다. 「국내입양에 관한 특별법」에 따른 입양정책위원회 운영 지원
라. 입양정보 공개 청구 관련 업무
마. 입양 관련 국제협력 업무
바. 「국내입양에 관한 특별법」 및 「국제입양에 관한 법률」에 따라 보건복지부장관으로부터 위탁받은 업무
사. 그 밖에 「국내입양에 관한 특별법」 및 「국제입양에 관한 법률」에 따른 입양 체계 구축 및 운영과 관련하여 보건복지부장관이 필요하다고 인정하는 업무
⑩ 아동 관련 조사 및 통계 구축
⑪ 아동 관련 교육 및 홍보
⑫ 아동 관련 해외정책 조사 및 사례분석
⑬ 그 밖에 아동복지법 또는 다른 법령에 따라 보건복지부장관, 국가 또는 지방자치단체로부터 위탁받은 업무

출처: 아동복지법 제10조의2제2항.

PART 02

아동복지 실천기술

05 CHAPTER

아동복지의 실천원리와 실천방법

1. 사회복지의 실천방법과 실천기술

사회복지실천의 대상 – 개인, 가족, 집단

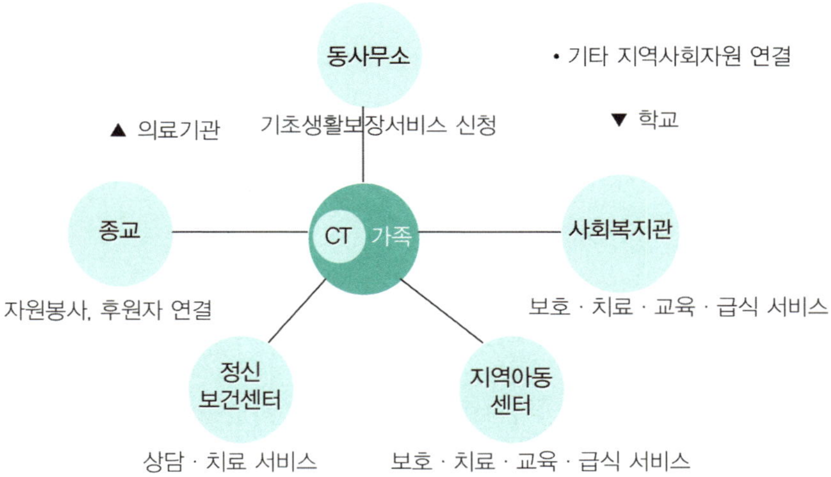

1) 개인(개별 실천의 대상)

개인적 또는 사회적 문제에 직면해 있는 아동을 일대일로 만나 문제 해결을 원조하는 활동으로서 클라이언트로 하여금 주변 환경에 적응하도록 도움을 제공하거나 아동에게 영향을 미치는 사회·경제적 결핍상태를 완화해 주기 위한 활동이다. 예를 들어, 생활보호업무, 저소득층 자활보호 대상의 자활과 관계된 업무, 재가복지업무, 독거노인과의 상담, 실직자를 위한 구직활동 또는 직업훈련을 원조하는 활동, 미혼모 상담, 입양상담, 아동을 위한 위탁가정사업과 관련한 조사 및 상담, 학대피해아동을 보호하고 가정에 개입하는 활동, 환자들의 의료비 문제 및 퇴원 후 생활에 대한 상담, 학교의 부적응학생에 대한 상담, 지역사회 정신건강센터에서 정신장애인들과의 상담 서비스이다.

2) 가족

가족구성원들 간의 관계나 가족구성원 중 한 사람의 행동 또는 정서·심리상의 문제에 개입하여 문제를 해결 또는 경감시키기 위한 노력으로서, 개인이 나타내는 문제의 원인을 개인적 요인에서 찾는 것이 아니라 가족구성원들 간의 상호작용 패턴, 즉 관계 양상에서 탐색하는 것이다.

(1) 문제의 해결

개인적 변화에 초점을 두기보다는 가족구성원들끼리의 상호작용하는 방식의 변화에 초점을 둔다. 예를 들어, 부부갈등, 부모·자녀 간 문제, 아동양육문제, 다세대 간의 갈등 등을 중재·해결하기 위해 사용한다.

(2) 가족 간의 실천이 이루어지는 장소

교회, 병원, 가족치료센터, 가족치료연구소, 가정복지연구소, 일부 사회복지관의 가족복지 프로그램, 대학의 연구실 등이다.

3) 집단

개별구성원들의 집단을 대상으로 사회복지사가 집단이라는 환경과 집단 내의 역동성을 활용하여 집단 구성원들의 개별목표와 집단 공동의 목표를 성취하기 위해 노력하는 실천방법이다.

2. 사회복지실천의 전제조건

아동복지는 사회복지의 한 분야로 실천 과정은 '사회복지실천의 가치와 원리'가 적용되는 보편성과 아동 고유한 특성에 맞게 수행되어야 하는 특수성을 지니고 있다. 따라서 아동복지실천 과정은 사회복지실천 과정의 보편성과 아동 발달단계의 특수성, 문제의 특수성, 환경의 특수성 등이 고려되어야 한다.

1) 사회복지실천의 두 가지 가치 전제

(1) 개인의 존엄성과 독특성에 대한 존중

① 인간은 존중받아야 할 존엄성을 지닌 독특한 개인이다.

② 사람이 충분한 목적 자체이고, 다른 목적을 위한 수단으로 취급되어서는 안 된다.

③ 개인 간의 차이와 다양성은 환영되고 고무되어야 한다.

④ 지침

- 클라이언트의 존엄성에 관하여 의사소통하는 내용을 민감하게 인식할 것
- 클라이언트를 유형화(A, B, C형)하지 말 것
- 클라이언트가 그들의 장점을 발견하여 활용하도록 도와줄 것
- 문제 해결에 있어서 클라이언트의 참여를 기대할 것
- 클라이언트의 요구(wants)보다 욕구(needs)에 초점을 둘 것

(2) 클라이언트의 자기결정에 대한 신념

① 인간은 가능한 자신의 생활유형을 결정하여 자신이 원하는 존재가 되도록 허용되어야 한다.

② 클라이언트의 자기결정에 대한 신념은 사람이 자기 스스로 결정을 하도록 허용되어야 한다.

③ 지침

- 자기결정을 할 수 있는 여러 가지 대안들을 제시해야 한다.

- 의사결정을 위한 클라이언트의 기회를 극대화할 것이다.
- 사회복지사는 공동의 의사결정에서 클라이언트를 돕는 전문가이다.
- 사회복지사는 클라이언트에게 자신의 견해를 제공할 의무를 갖는다.
- 클라이언트가 고려할 수 있는 대안을 제공하며 클라이언트의 문제에 대한 '해답'은 아니다.
- 클라이언트의 자기결정과 사회복지사의 자기결정은 구별되어야 한다. 전문적인 책임을 맡을 때, 사회복지사는 자신의 결정을 제한한다. 그리고 클라이언트의 이익과 기회를 극대화할 수 있도록 행동할 책임을 갖는다.

2) 사회복지실천의 기본원리

비에스텍(Biestek)은 「개별사업 관계」에서 사회복지사는 복지대상자와의 개별사회사업 관계를 형성하여, 궁극적으로 복지대상자가 자신과 사회환경 간에 효율적인 적응을 하도록 도와주어야 한다고 했다. 사회복지사가 복지대상자를 돕기 위해서는 일곱 가지 전문적 원리를 지킬 것을 강조했다. 즉, ① 개별화, ② 의도적인 감정표현, ③ 통제된 정서적 관여, ④ 수용, ⑤ 비심판적 태도, ⑥ 복지대상자의 자기결정, 그리고 ⑦ 비밀보장의 원리 등이다.

즉, 사회복지사는 사회복지서비스를 제공받는 모든 복지대상자는 독특한 자질을 가진 사람으로 인정되어야 하고(① 개별화) 예를 들어, 노인은 이성에 대한 관심이 없을 거라는 편견은 노인의 그러한 관심과 욕구를 과소평가하게 되고 이에 따라 그들의 욕구를 정확히 파악하지 못할 뿐만 아니라, 문제 해결을 돕는 데 제한적인 목표를 세워 개입하게 된다.

복지대상자의 긍정적 감정과 함께 부정적 감정도 표현되도록 도와주며(② 의도적 감정표현) 예를 들어, 치매에 걸린 부모를 보호시설에 맡기려는 자녀의 경우 요청하는 서비스가 요양시설 입소일 지라도 어떤 죄책감이나 분노 등의 감정에 휩싸여 있을 수 있다. 본인의 편안함을 위해 부모를 버린다는 죄책감도 있고, 부양에 관한 부부간 또는 형제 자매간의 불화로 인해 충동적인 결정을 내릴 수도 있다. 이러한 상황에서 클라이언트의 감정에 대한 의사소통을 거부할 경우 클라이언트는 더욱 큰 문제상황에 휘말릴 수 있고 악화될 수 있다.

사회복지사는 복지대상자의 감정에 민감하게 대처하고 적절히 반응하며(③ 통제된 정서적 관여) 예를 들어, 클라이언트가 자신을 버리고 떠난 아버지에 대해 무관심하다거나, 현재 찾을 마음이 없다고 이야기할지라도 그의 머뭇거리는 목소리나 상기된 얼굴 표정은 아버지를 향한 감정이 해소되지 않았음을 짐작하게 한다. 실제로 클라이언트가 언어로 표현하는 내용이 혼란스러울 경우 그의 감정상태를 관찰함으로써 좀 더 정확한 정보를 얻어낼 수 있다.

복지대상자를 있는 그대로 받아들이고(④ 수용) 예를 들어, 실업으로 인해 가족이 뿔뿔이 흩어지고 결국 기초생활보장 수급권자가 된 클라이언트가 직업적인 실패의 원인을 직장 상사나 가족에게 돌리고 원망과 분노를 터트리는 경우가 있다. 클라이언트의 이러한 태도는 자신이 패배자나 무능력자로 보이지 않을까 염려하여 사회복지사의 반응을 떠보는 것일 수도 있다. 이때 사회복지사는 클라이언트의 말에 대해 동조하거나, 비난하는 태도를 보이지 않고 현재의 실패를 포함하여 있는 그대로의 클라이언트를 수용하고 있다는 것을 느끼게 해야 한다.

복지대상자에게 책임이나 죄를 따지지 않고(⑤ 비심판적 태도) 예를 들어, 가족의 동반자살을 시도했다가 실패한 후 죄책감과 절망감에 사로잡혀 있는 클라이언트를 생각해 보자. 사회복지사가 클라이언트에게 "자신이 죽은 후에 남겨져 고생할 가족들을 위해 같이 죽으려 한 것은 어찌 보면 아버지로서 당연한 행동이었다."고 말하는 것은 다른 가족원들을 죽음으로 내몰려 한 것에 대한 정당화가 되지 못한다. 사회의 법과 가치 기준 속에서 자녀는 부모의 죽음을 따라야 하는 소유물이 아니라 하나의 개별적인 인격체로서 존중되어야 한다.

복지대상자의 선택과 결정을 존중하며(⑥ 자기결정) 예를 들어, 10대 미혼모에게 "당신이 선택할 수 있는 최선의 방법은 입양밖에 없습니다."라고 하는 것은 자기결정권을 침해하는 것이지만, "혹시 입양에 대해서는 어떻게 생각하십니까?"라고 제안하는 것은 필요하다. 문제 해결에 대한 다양한 의견을 제시할 수 있다.

복지대상자의 사생활과 비밀을 보장해야 한다(⑦ 비밀보장). 예를 들어, 어떤 클라이언트가 사회복지사에게 자신을 괴롭히는 옆집 사람을 죽일 계획이 있다고 이야기한다면, 비밀보장에 앞서 그에게 사전 경고를 함으로써 예상되는 희생되는 생명이 무엇보다 우선적으로 보호받아야 할 것이다. 살인이나 자살 이외에도 학대 및 방임, 절도 등의 범죄행위와 관련된 비밀은 보장하기 어려우므로 면담 초기 비밀

보장의 한계를 분명히 해주는 것도 필요하다. 현재 우리나라에서는 법적으로 사회복지사와 클라이언트의 관계에서 모든 정보에 대해 비밀보장의 권한을 갖고 있지 않다.

3. 아동 대상 사회복지실천 과정

1) 클라이언트로서의 아동의 특성

아동은 발달 과정 중에 있으며 모든 아동은 비자발적 클라이언트이므로 아동 대상 사회복지실천은 아동의 발달단계에 따라 아동의 문제 및 환경에 따라 달리 접근되어야 한다.

Plus TIP 사회복지실천을 할 때의 아동의 특성을 고려할 점

① 아동은 유동적 자아 발달의 특성이 있다.
② 아동은 행동 언어의 특성을 지니고 있다.
③ 아동은 현실과 환상의 경계가 뚜렷하지 않고 환상 및 꿈을 감추지 않는 특성이 있다.
④ 아동은 부모를 비롯한 성인들에게 의존하는 특성이 있다.
⑤ 대상 아동은 모두 비자발적인 클라이언트이다.

2) 개별적 아동복지의 실천과 기술

일반적인 아동 대상 사회복지실천 과정 초기(인테이크, intake) 단계, 조사·사정(진단) 단계, 활동(개입, 치료) 단계, 종결 단계로 구분할 수 있다.

(1) 초기 단계

인테이크 단계는 비자발적 클라이언트로서 부모 보호자와 이 단계의 목적은 초기 원조 관계의 성립이다.

① 문제 및 욕구의 확인

현재 명백하게 부모(또는 보호자)와의 면접을 통해 부모가 인식하는 아동의 문제와 문제 해결 욕구를 파악한다. 또한 아동과의 면접을 통해 아동이 상황, 욕구, 어려움 등에 대해서 스스로 어떻게 생각하고 있는지 파악한다. 아동의 행동, 특성, 대처기제 등에 대한 초기 사정을 수행한다.

② 서비스 수행 합의 또는 타 기관 의뢰

문제와 욕구를 확인하여 서비스가 기관의 목적이나 기능에 부합되면, 부모와 서비스 수행에 관한 잠정적인 합의를 하고, 클라이언트가 문제의 성격이나 욕구가 기관의 목적이나 기능에서 맞지 않으면 타 기관에 의뢰한다.

③ 적격성

클라이언트가 어떤 기관이나 시설의 도움을 받기 위하여 구비해야 할 기본적 요건을 말한다.

- 클라이언트의 문제가 기관의 기능에 적합할 것
- 클라이언트의 문제해결을 위한 노력적 태도
- 기관의 도움을 받을 수 있는 클라이언트의 마음의 준비

(2) 조사·사정(진단) 단계

① 조사 단계

사회복지사가 아동의 문제에 개입하기 위해 그의 상황에 대한 사실을 수집, 관찰하여 이를 기초로 아동 및 아동의 문제에 대해 파악하는 단계로 아동의 발달과 문제행동, 아동의 가족 배경 및 사회적 상황 등에 관해 조사한다. 이때는 부모로부터 정보를 얻게 되는데 발달상의 지체 영역, 정서문제, 대인관계 등에 대해 조사한다. 또한, 각 가족 구성원에 대한 정보, 가족의 역동성 상호작용, 가족 문화 및 가족의 사회적 배경 등에 관해서도 조사한다. 추가적으로 아동 주변의 환경(학교, 종교기관, 기타 아동의 생활환경)에 도움이 될 만한 자원을 조사 클라이언트 지원 체계를 확인한다.

② 사정 단계

사실 조사 단계와 엄격히 분리되지 않으며 조사 단계에서 수집된 사실과 정

보를 조직화하여 분석하는 단계 아동에 대한 사정, 가족 및 부모-아동 상호작용 사정, 환경에 대한 사정 등의 영역에서 진단한다.

- 아동의 대한 사정: 아동의 상황 속에서 아동의 발달과 행동을 심도 있게 이해할 수 있다.
- 가족 및 부모-아동 상호작용 사정: 가족의 생활주기, 가족의 역동성 및 가족 기능, 그리고 부모-아동 상호작용 등을 분석한다.
- 환경에 대한 사정: 사회적 지지 사정, 지역사회의 자원 사정

(3) 활동(개입, 치료) 단계

우선 개입방법을 선택해야 하는데, 개입방법은 아동의 문제 및 욕구, 환경 자원의 특성, 사회복지사의 능력에 따라 다양하게 선택될 수 있다. 주요 개입 모델로는 심리분석 중심의 심리치료, 행동수정 이론, 비지시적 클라이언트 중심 치료 등 특히 아동을 대상으로 하는 경우 이러한 개입 모델에서 놀이치료가 절충적 방식으로 주로 사용되고 있다.

1. 개인 대상 실천가로서의 사회복지사 역할

① 정보 제공자나 교육자의 역할

클라이언트가 필요로 하는 정보를 제공하거나 집단이나 대중에게 효과적 사회기술을 교육시키기 위해 전문지식이나 정보를 알아야 함(예 성교육, 아동양육 기술 교육 등)

- 클라이언트에게 필요한 구체적 행동이나 기술을 가르치고 클라이언트의 특정 행동을 변화시키도록 돕기 위해서는 개인이나 집단상담, 기타 대인적 실천 기술에 익숙해야 하며 의사소통 기술도 갖추어야 한다.

② 서로 다른 체계들을 연계하는 역할

- 중개자의 역할
  - 클라이언트가 필요로 하는 지역사회의 자원을 연계시켜 주는 역할
  - 사회복지사가 지역사회의 자원이나 기관의 특성에 대해 충분한 지식과 정보를 갖고 있어야 클라이언트에게 최상의 서비스를 줄 수 있는 기관이나 단체를 연계시켜 줄 수 있음
  - 자원(돈, 음식, 의복, 주택과 같은 사회적 급부 혹은 상담, 치료, 집단 상호작용 경험, 재활 서비스 등의 사회적 서비스 등이 포함) 중개를 하려면 서비스 전달체계의 다양한 부분들과 지속적 상호작용을 촉진하는 것이 필요함
  - 기관, 프로그램, 그리고 전문가 간의 연결을 강화하기 위해서 사회복지사는 의사소통 통로를 만드는 자원 연결망에 참여하고, 자원을 공유하도록 협상하며, 기관 상호 간 계획과 정보 교환, 조정 활동에 참여해야 함

• 사례관리자의 역할
클라이언트의 욕구나 문제가 무엇인지를 파악한 후 이러한 문제를 해결하기 위해 필요한 자원이나 서비스를 개발하고 연계시켜 주며 이러한 서비스가 서비스의 목표에 따라 지속적으로 제공되고 있는지를 관리하고 도와주는 역할

• 조정자의 역할
- 서로 다른 주 집단 간의 갈등이나 이해관계를 해결하여 서로 간에 만족스러운 결과를 얻을 수 있도록 도와주는 역할(중립적 위치)
- 예 노동자/고용주, 세입자/집주인, 공공기관/클라이언트 대변자의 역할
- 클라이언트 개인이나 집단의 권익 보호를 위해 새로운 자원이나 서비스를 제공하도록 클라이언트를 대신해서 촉구하는 정치적 역할을 의미
- 여성의 고용차별이나 실직 노숙자의 인권침해에 대항하여 새로운 법률을 제정하도록 노력하거나 시민운동을 조직하는 사회운동가의 역할 전개

• 체계 유지와 강화를 위한 역할, 직원 개발자로서의 역할
- 훈련, 슈퍼비전, 그리고 인사 관리를 직원의 전문적 개발을 촉진
- 직원의 업무 수행을 향상하기 위한 에너지의 한 부분으로 역할을 하며, 직원 개발은 정확한 사정에 기반을 두고 업무 코칭, 슈퍼비전, 자문, 그리고 훈련회의나 워크숍을 실행하거나 참여하는 것과 같은 개별화된 교육의 형태를 취함

• 조직 분석가의 역할
- 자신이 속한 기관의 조직이나 정책 그리고 서비스 전달체계와 과정 등을 분석하여 보다 효과적으로 운영될 수 있는 복지기관이나 조직을 만드는 역할
- 조직이론이나 기관 행정론 등의 지식이나 기술을 습득하는 것이 필요함

• 자문가의 역할
- 다른 직종의 전문가에게 클라이언트의 문제 해결을 위한 자문을 제공하거나 동료 사회복지사에게 지도 감독을 제공하는 역할을 수행

• 연구자의 역할
- 최근 사회복지실천에 대한 사회적 책임성이 높아지면서 사회복지사가 제공한 서비스의 효과와 효율성에 대한 관심이 많아짐에 따라 사회복지사는 자신이 제공한 서비스를 과학적이고 체계적으로 평가하는 연구자의 역할이 강조된다.

2. 아동에 대한 개입 기술

아동 발달단계를 고려하여 목표를 설정하기 때문에 성인에 대한 개입 기술과 구분이 된다.

① 의사소통기술

대화기술로서 클라이언트의 감정과 사고에 대한 개입에 초점을 맞추어진다. 낙담, 좌절, 의기소침과 무력감, 자신감 결여 등의 심리 상태를 경험하는 아동을 건강하고 자신감 있는 상태로 회복시키고 불안, 분노, 죄의식 등의 불합리하고 불건전한 정서를 적절히 해소하도록 도와 자아 기능을 회복시키고자 하는 것이다.

• 격려: 클라이언트의 행동, 태도, 감정을 칭찬하거나 인정해 주는 사회복지사의 언어적 표현으로 어려운 과업에 직면해 있거나 자신감이 약화되어 있고 불안한 상황

과 위기에 처해 있는 아이들에게 유용하게 활용(적극적 경청 등)
- 재보증: 클라이언트가 초기에 불안해할 때 안심시키는 것으로 클라이언트의 능력에 대해 사회복지사가 신뢰를 표현하여 자신감을 주는 기술로 자신의 문제를 객관적으로 바라보게 하고 판단을 명확하게 해준다. 예를 들어, 시험을 앞둔 초등생에게 "넌 충분히 잘할 수 있어. 이번에는 정말 열심히 노력했으니 마음을 가다듬고 침착하게 하면 잘할 수 있어. 나는 네가 잘하리라고 믿어."
- 조언: 클라이언트가 해야 할 것을 추천하거나 제안하는 사회복지사의 진술, 조언이 반드시 도움이 되는 것은 아니다.
- 일반화: 누구나 겪는 문제라는 것을 인식시켜 주는 것이다.

② 놀이치료

③ 행동수정을 위한 행동계약
하지 말아야 할 것이 아닌 해야 할 것으로 해야 좋은 결과가 있다. 예를 들어, 숙제 완수하기, 고맙다고 인사하기, 방 청소하기 등을 잘 수행하면 칭찬과 토큰 또는 점수를 줘서 목표 달성에 따른 자신감을 부여한다.

(4) 종결 단계

개입에 대한 최종 평가와 아동의 사회복지사 또는 부모와 사회복지사 간의 전문적 관계를 종결시킴으로써 종결 단계에서 해결해야 할 과제로는 첫째, 종결 시기의 결정이다. 둘째, 정서적 반응의 해결이다. 사후관리를 통하여 두려움이나 저항에 관심을 긍정적 감정을 유지한 상태에서 원조 관계를 종결하여 동일한 문제가 반복되지 않으며 아동의 변화가 지속될 수 있도록 강화하는 시기이다.

1. 일반적으로 종결은 다음과 같은 이유가 발생했을 때 이루어진다.
   ① 모든 목적이 달성되었을 때
   ② 목적이 달성되지 않았거나 더 이상 진전이 없는 것으로 보일 때
   ③ 다른 요인들이 개입되어 관계를 끝내야 할 필요가 있을 때
2. 사회복지사가 종결할 때 사용해서는 안 될 세 가지 방법은 다음과 같다.
   ① "나는 당신을 만나고 싶지 않습니다. 당신은 귀찮은 사람이에요. 당신은 내가 바라는 대로 하지 않았습니다."와 같이 공격적으로 말하는 것이다.
   ② "당신이 그것을 할 수 있다는 것을 나에게나 당신 자신에게 증명해 보시오."와 같은 도전적인 방법으로 종결하는 것이다.
   ③ 사정이나 목표에 근거를 두고 고려한 결정이라기보다는 오히려 사회복지사 자신의 감정이나 행정적 결정의 결과와 같은 독단적인 행동으로서 종결하는 것이다.

3) 아동 대상 집단 활동

(1) 아동 집단의 개념

아동복지에서의 집단 활동은 매우 복잡한 역동 구조와 성공의 요소를 갖고 있다. 아동 집단은 적어도 두 명 이상의 아동이 공통의 목표나 비슷한 인지적·정서적·사회적 흥미나 관심을 가지고 반복적으로 모여 서로에게 영향을 주며 함께 기능할 수 있는 규범을 만들고 집단적 활동을 하기 위한 목표와 응집력을 발달시키는 모임을 말한다.

(2) 아동 집단의 유형

목적이나 진행 방식 또는 이론적 접근의 차이에 따라 매우 다양하게 구분할 수 있다. 과정 중심 집단과 과업 중심 집단으로 이분하기도 하는데, 아동 대상 집단의 경우 과정 중심보다는 과업 중심의 집단이 더 활용된다고 본다. 아동 대상의 집단은 과업집단, 상담집단, 주제별 집단, 자조집단이 있다. 아동 대상으로 진행되는 집단 중 많이 활용되는 유형은 사회화 집단이다.

Plus TIP 사회화 집단의 특성

① 사회화 집단 목표는 개인의 기능을 저해하는 요인과 행동을 수정·변화시키는 데 둔다.
② 문제 중심 집단은 아동들의 문제 해결 능력의 신장을 목적으로 한다.
③ 보상적 집단에서는 변화에는 그다지 목적을 두지 않고 활동한다.

(3) 아동 집단의 특성

① 아동 스스로가 자신을 집단 아동으로 인식함은 물론 다른 아동들도 집단에 속한 또래라고 인식하고 인정한다.

② 아동들은 일정한 기간 동안 시간을 정해 고정된 시간에 모임을 갖기도 하고 모임의 길이를 목적의 진척에 따라 결정하는 집단도 있다.

③ 집단 내에서 아동들은 상호 의존하고, 직·간접적 상호 작용, 교환을 하므로 집단의 크기를 제한하게 된다.

④ 집단은 한 가지 이상의 목적을 위해 형성된다.
⑤ 사회복지사가 근무하는 기관의 방침이 아동의 복지에 장애가 되기도 한다.

(4) 집단 아동이 하는 역할

① **지도자 역할**: 집단 요구의 결과로 출현하는 공식적 또는 비공식적 지도자로서의 역할을 맡을 수 있다.
② **과업 중심 역할**: 집단 문제의 과업들을 수행하는 역할로 특수한 목표 수립이 요구된다.
③ **집단 유지 역할**
④ **자기만족 추구 역할**: 이들은 집단이나 집단의 가치를 무너뜨리기 위해 저항하고, 방해와 반대를 일삼거나 일방적으로 자기주장으로 고집한다.
⑤ **희생양 역할**: 집단 문제에 대해 무거운 책임을 혼자 짊어진 것처럼 행동하지만, 다른 아동들로부터는 끊임없이 부정적 반응을 얻곤 한다.
⑥ **고립자 역할**: 집단 내에 있지만 집단 아동에 의해 무시되는 아동을 말한다.

(5) 집단 활동의 원칙

① **개별화 원칙**: 집단 안에서 집단 관계를 통한 개인으로서의 입장을 명확히 하고 개인의 욕구에 대응하는 것이 원칙, 집단 그 자체를 하나의 유기체로서 다루는 것을 말한다.
② **수용의 원칙**: 집단 아동 각자가 다양한 태도, 행동, 감정을 표현하고 어떤 가치관을 가졌다 하더라도 그 사람을 있는 그대로 인정하고 받아들이는 것이다.
③ **참가의 원칙**: 집단 실천 과정에서의 참가의 원칙은 매우 중요하다(참가를 촉진하기 위해 집단 아동의 흥미와 욕구를 반영할 필요).
④ **체험의 원칙**: 집단 아동들은 그때그때 상황을 잘 파악하고, 적절한 시기에 각자의 문제 및 과제를 스스로 해결할 수 있다는 느낌을 체험할 수 있어야 한다.

⑤ **갈등 해결의 원칙**: 집단 내 갈등이 생겼을 때 갈등으로부터 도피하지 않고, 직면하여 문제를 해결하기 위해 노력하는 과정을 중시하는 것이 갈등 해결의 원칙이다.

⑥ **규범의 원칙**: 집단 아동들은 집단 내에서 개인적 욕구가 충족되지 않은 경우, 무의식적 행동이 많은 사람에게 때로는 상처를 주기도 하고 활동을 저해하기도 한다. 집단 활동 과정에서 최소한의 규칙, 규범, 기본적 태도에 대한 규정은 필수적이다.

⑦ **계속 평가의 원칙**: 집단에 참가하여 체험과 경험을 키우고 이를 통해 개인의 성장과 집단 자체의 성장을 가져오는 것이다. 그것은 계속적인 활동을 통해 가능한 것으로, 단발적인 프로그램 활동만으로는 불가능한 것이다.

(6) 집단 발달 단계

준비 단계 ➡ 초기 단계 ➡ 중간 단계 ➡ 종료 단계

① 준비 단계

집단을 만드는 데 있어서 고려되어야 하는 요인은 집단의 계획, 구성, 지속기간 등을 결정하는 문제, 행정상의 승인을 얻는 문제 등이다.

② 초기 단계

선정된 성원들이 최초로 모임에 출석하여 성원들끼리 대면함으로써 집단이 시작되며, 집단에 대한 사회복지사의 직접적인 개입이 시작되는 단계이다.

- 초기 단계는 이전부터 서로 알고 지내 온 성원들을 제외하고는 집단 지도자에게 의사소통이 집중되기 쉽고 지도자로부터 성원에게 말을 거는 일방통행적 의사소통이 되기 쉬우며 성원들 사이의 대화는 한정적이기 쉽다. 집단지도자는 가능한 빨리 지도자 중심에서 성원 중심의 의사소통으로 이끌어 갈 수 있어야 한다.
- 성원들 사이의 의사소통에 있어서도 2~3명의 성원이 주로 말을 독점하고 지배하는지, 말이 없어 집단 안에서 성원의 존재가 있는지 없는지도 모를

정도인 성원은 없는지, 누가 누구와 언제 이야기를 하고, 하위 집단이 몇 개 있는지에 대한 평가할 수 있어야 한다.

③ 중간 단계

- 초기 단계에서 중간 단계로의 이행은 사회복지사와 집단성원들끼리 상호작용하는 과정에서 자연스럽게 일어난다.
- 작업(중간) 단계는 집단이 목표를 달성하기 위해 여러 과제를 수행해 가는 단계로, 집단 목적에 따라 과제는 달라진다. 중간 단계의 특징은 초기 단계와 거의 비슷하게 이어지고 사회복지사의 역할이나 기술도 거의 같다. 성원 간에 친밀감과 상호공유가 증가하고 집단응집력이 증가하는 시기이다.
- 집단의 생산성은 높아지고, 성원들은 자신이 계획한 목표 달성을 위한 노력을 한다.
- 사회복지사는 집단과 성원이 목표를 달성하도록 격려하고, 목표 달성의 방해 요인을 극복하도록 원조한다.

④ 종결 단계

종결 단계는 집단의 목적을 달성하고 끝을 맺는 단계이다. 집단의 목적에 따라 그 성과는 다르지만 문제에 대한 대처방식을 배우고 자신감을 얻고 시야를 넓히는 등의 목적을 성취하게 된다. 집단이 성공하면 할수록 사회복지사와 집단성원들은 헤어지는 것에 대해 강렬한 감정을 갖게 된다. 이로 인해 사회복지사와 성원들 사이의 집단역동이 고조되기 때문에 종결 단계에서의 집단지도자의 역할은 매우 어렵다.

(7) 집단 활동의 기술

① 집단을 이끄는 기술

집단을 통제, 관리하는 기술뿐만 아니라 충고, 조언, 상담하는 기술 등으로 이루어진다.

② 지지 기술

사회복지사는 집단 스스로가 집단을 유지할 수 있도록 가능한 한 아동들에게 지도력을 발휘할 수 있는 기회를 주고 집단을 지지하고 필요에 따라 위치를 바꾸어 가야 한다. 중간 단계가 끝날 무렵 사회복지사는 후방에서 집단을 지지하게 된다.

③ 집단 유지에 도움이 되는 프로그램 활용 기술

집단 일치의 결정을 지지하고 규범에 따라 행동을 촉진하며, 사회복지사는 각 프로그램 활동이 집단의 목표 성취를 어느 정도 촉진하며, 얼마만큼 도움을 주는지, 아동 전원이 참가 가능한지, 시간 내에 마칠 수 있는지 등을 아동들과 함께 검토한 후 가능하면 집단에서 결정하도록 원조해야 한다.

06 CHAPTER 아동복지정책과 전달체계

1. 아동복지정책과 제도

아동복지정책의 변화는 사회 전반에 걸친 중대한 영향을 미친다. 중요한 것은 아동의 성장과 발달에 긍정적인 변화를 가져오기 위해 필요한 정책들은 사회적 요구를 반영하며 지속적으로 발전해야 할 것이다. 최근 몇 년 동안 아동복지정책에 대한 관심이 증대함에 따라, 아동복지 정책의 변화는 단순히 법적 규제를 넘어 아동의 권리, 복지, 심리적 안정과 관련된 다양한 문제를 포괄하여 이를 해결하기 위한 다양한 연구와 정책 제안이 논의되고 있다. 이를 통해 모든 아동이 평등하게 보호받을 수 있는 환경을 구축해야 할 것이다.

1) 아동복지정책의 개념

일반적으로 사회복지정책이란 사회복지의 목표를 이루기 위하여 필요한 행동들에 관한 원칙이다. 즉, 각 개인의 최저생계를 보장하고 사회적 위협에 대비하여 일상 생활보호 나아가 삶의 질을 향상하기 위한 사회적·수단과 방법이라고 정의할 수 있다. 그러나 사회복지정책에 대한 개념 정의는 결론이 쉽지 않다. 이는 학자들마다, 각 나라마다 정치·사회·경제적인 여건과 시대적인 상황을 반영하는 역사적 결과물이기 때문일 것이다. 따라서 사회복지정책 개념은 변화하는 개념으로 접근해야 한다. 하지만 정책은 정부의 정책으로 좁혀서 이해할 수 있는데, 영미계 사회정책의 개념을 대표하는 마샬(Marshall)은 "사회정책이란 서비스 혹은 소득을 제공함으로써 사람들의 복지에 직접적인 영향을 미치는 정부의 정책"이라고 정의하였으며(Marshall, 1970: 11-15), 디니토(DiNitto, 1995)는 "사회복지정책을 국민

생활의 질에 영향을 미치는 것을 정부가 할 것인가 또는 하지 않을 것인가를 선택하는 어떤 것"이라고 정의하였다.

아동복지정책의 개념 정의와 관련해서는 여러 학자의 설명이 있다. 아동복지정책을 광의로 포괄적 개념에서부터 단순히 아동 및 가족복지와 관련된 정책으로 정의하는 협의적 개념에 이르기까지 다양하다. 아동복지정책을 「아동복지법」과 그와 관련된 법 규정, 그리고 이러한 법 규정에 따른 아동복지서비스로 정의하는 입장(장동일, 1996)에서부터 아동에게 영향을 주는 모든 정책, 프로그램과 활동으로 보는 입장(Kadushin & Martin, 1988), 그리고 가족지원정책을 포함한 아동 및 가족복지정책으로 정의하는 입장(Pecora, 1995: 139-145) 등으로 대별할 수 있다. 이를 종합하여 아동복지정책을 사회복지정책의 한 부분으로 간주할 때 아동복지정책이란 "아동의 기본적 생활과 권리를 보장하기 위한 정부의 노력, 즉 아동복지를 위한 정부의 정책적 활동"이라고 할 수 있다(배은영 외, 2022: 144).

위와 같이 학자들의 견해를 종합해 볼 때, 현대적 의미의 아동복지정책은 종래의 시혜적이고 선별적이던 방식에서 벗어나 보다 보편적이고 적극적인 방법에서의 아동에 대한 신체적·심리적 욕구를 충족시켜 주기 위한 법적 장치와 이에 근거한 서비스 지원을 위한 총체적 의미로 해석할 수 있다.

2) 아동복지정책의 유형

아동복지정책은 아동과 그 가족유지를 위한 지원 수준에 의하여 가족유지지원정책과 대체가정지원정책, 아동강제보호정책으로 유형화할 수 있으며(송정애, 2022), 그 세부적 내용은 다음과 같다.

(1) 가족유지 및 지원정책

전체 아동 대상을 대상으로 한 보편주의 원칙에 의한 소득보장은 사회적 연대에 가치를, 취약계층아동을 대상으로 하는 선별주의 원칙은 사회적 효율성에 가치를 둔다.

① 소득보장에 의한 방법

아동양육의 지원범위에 있어 가족에게 부과되는 아동양육의 비용은 생계비뿐만 아니라 보육, 교육, 의료, 문화활동 등의 비용을 포괄하고 있으므로 다른 형태의 사회복장과 연계되어야 할 필요가 있다. 예를 들어, 아동을 위한 소득보장의 특징은 급여가 아동에게 직접 주어지는 것이 아니라 가족 또는 다른 부양의무자에게 지급되어 아동에 대한 소득지원이 다른 용도로 남용되는 것에 대한 정책적 논의가 필요할 것이다. OECD 국가 중 미국, 터키, 멕시코, 아일랜드를 제외한 모든 국가에서 아동수당 또는 가족수당을 실시하고 있으며, 우리나라의 아동수당제도는 2018년에 도입되었고 사회적 취약계층 아동에 대한 아동양육지원의 범위는 기초생활보장에서 정한 지원으로 이루어지고 있다.

② 서비스 제공에 의한 방법

가족의 기능을 강화하기 위한 상담과 교육서비스, 문제가 발생한 사례에 대하여 가족에 초점을 둔 상담서비스, 집중적인 가족위기서비스가 제공되고 있다.

(2) 대체가정서비스정책

일시적인 대체가정보호로서 가정위탁보호[1]와 친족보호, 주거시설보호[2]가 있으며, 영구적인 대체가정보호로서 입양이 있다. 우리나라의 경우 정책목표가 단순 수용보다는 전문적 가정위탁보호와 치료 목적의 시설 등 전문화된 프로그램을 개발하는 대체가정서비스로의 전환이 필요하다.

(3) 강제보호서비스

아동의 보호와 부모의 친권보호라는 두 가지 목표 중 아동의 보호에 초점을 둔 것이지만, 사회적 관습이나 문화의 차이에 따라 정책의 방향이나 내용이 다를 수 있다.

1) 육체적, 성적 학대, 유기, 특수한 의료적 욕구 등을 지닌 아동들을 대상으로 부모와 떨어져 다른 가정에서 보호

2) 가정에서 제공할 수 없는 서비스 욕구를 지닌 정서적 장애, 행동장애를 지닌 아동들에게 서비스를 제공하며, 아동의 보다 다양한 욕구를 충족시키기 위하여 시설의 형태가 다양화되고 있다.

표 6-1 아동복지정책 유형

구분	내용	
가족유지 지원정책	아동양육을 지원하는 정책으로 소득보장에 의한 방법과 가족을 지원하는 서비스 정책	공공부조, 사회보험, 아동수당, 출산수당 및 가족수당
대체가정 지원서비스	가정위탁, 친족보호, 주거시설보호 등 일시적인 대체가정 보호정책 및 입양과 같은 영구적인 대체가정보호정책	가정위탁보호사업 입양사업 시설보호사업
아동강제 보호서비스	아동의 학대와 유기에 대한 대응으로 학대 및 방임부모나 기타 보호자로부터 아동을 분리시켜 보호하는 정책	아동학대 예방 지원 사업 실종아동 등의 보호 및 지원

출처: 배은영 외(2022: 145).

3) 사회보장의 구성

사회보장의 구분은 제공방식, 대상, 목적 등에 따라 다양하다. 우리나라의 사회보장은 그 특성을 기준으로 사회보험과 공공부조, 사회서비스, 사회수당으로 구분할 수 있다.

표 6-2 복지정책의 구성과 특성

범주	사회보험	공공부조	데모그란트	사회복지서비스
재원	기여	비기여/세입	비기여/세입	비기여, 기여/세입, 민간
대상 선정기준	비자산조사	자산조사	비자산조사	자산조사 또는 비자산조사
	비인구학적	비인구학적	인구학적	인구학적
급여형태	현금, 현물	현금, 현물	현금	주로 현물(서비스)
시장원리	시장에서의 위치 반영	비반영	비반영	공급에서 일부 반영 가능
관리주체	중앙정부	중앙, 지방정부	대체로 중앙정부	중앙·지방정부·민간

출처: 조미숙(2022: 197).

아동복지정책에는 여러 가지 구성이 있다. 대부분의 나라에서는 아동복지정책의 아동을 대상으로 하는 아동보호가정을 포함하는 사회보험 및 공공부조, 사회복지서비스 그리고 사회수당으로 구성된다.

사회보험제도는 국민에게 발생하는 사회적 위험을 보험방식에 의해 대처함으로써 국민건강과 소득을 보장하는 제도이다. 또한 사회적 위험(사망, 노령, 장애, 질병 등)으로부터 사람들을 보호하기 위해 강제적 가입으로 운용되는 프로그램이다. 모든 가입자에게 최저한의 기초생계를 유지할 수 있을 정도의 소득을 보장해 주는 제도이다. 현재 아동과 그 가족을 표적으로 하는 별도의 사회보험은 드물다. 그러나 대부분의 사회보험은 소득보장이나 의료보장의 형태로 보험가입자의 가족 내 아동의 복지를 도모한다. 스웨덴의 경우 아동을 양육하는 부모를 대상으로 부모보험제도를 시행하고 있는 점이 하나의 예이다. 부모보험제도는 기여를 전제로 하는 사회보험이지만 저소득자에게는 일정 수준 최저보장을 병행하고 있다. 영국에서도 출산수당과 미망인 연금이 사회보험으로 포함되어 아동복지의 기능을 하고 있다. 우리나라의 경우 아동이 있는 가족만을 대상으로 특화된 사회보험은 발달하지 않았으나, 국민연금이나 고용보험은 모든 가구를 대상으로 하므로 아동가구에도 영향을 준다고 할 수 있다(조미숙, 2022: 198).

공공부조는 사회보험과 더불어 국민의 최저생활보장을 목적으로 한다. 즉, 공공부조는 국가의 조세를 재원으로 생활능력을 상실한 자들에 대해 국가의 책임하에 소득보장, 의료보호, 교육, 주택, 기타 서비스 등의 프로그램을 무기여급부의 형태로 제공하여 최저한의 생활보장을 보장하고 자립을 촉진하기 위한 일련의 정책들을 의미한다(임정문 외, 2020: 334). 공공부조의 재원은 국가의 일반조세이고 대표적인 아동을 위한 공공부조제도로는 첫째, 「국민기초생활보장법」으로 생계급여, 의료급여, 주거급여, 교육급여를 지급한다. 둘째, 긴급복지지원제도로서 긴급생계비, 긴급의료비, 긴급주거비 등이다. 셋째, 한부모가족지원제도로서 양육비 지원, 생활안정 지원, 복지서비스 연계 등이 있다. 넷째, 차상위계층 지원제도로서 교육비 지원, 의료비 지원 등이 있다.

아동복지서비스는 아동이 건강하게 성장하고 발달할 수 있도록 국가와 사회가 제공하는 모든 형태의 지원을 의미한다. 이는 아동의 기본적인 욕구 충족은 물론, 잠재력을 최대한 발휘하고 행복한 삶을 누릴 수 있도록 돕는 것을 목표로 한다. 아동복지서비스는 「아동복지법」에 근거하여 제공되며, 시설보호를 포함하여 아동 및 가족에 대한 상담, 아동문제 예방을 위한 조사, 교육, 취약아동가구의 재가지원 등 현금과 각종 현물지원이 주를 이루고 있으며, 우리나라 「아동복지법」은 대부분 아동복지서비스와 관련되어 있다. 아동복지정책의 서비스와 관련된 프로그램으로 아동상담소, 가정상담소, 입양서비스, 시설보호 등이 있다.

사회수당은 개인이나 가족의 고용상태 혹은 경제적 수준에 관계없이 특정 인구학적 조건이 충족되면 지급되는 일정액의 급여로 기여하지 않아도 수급할 수 있으며, 대개 자산조사를 통한 선별 과정을 거치지 않는 보편적인 특성을 갖는다. 보편주의적 기본원칙에 따라 모든 국민에게 조세에 의해 일정액의 현금이나 서비스를 제공한다. 아동복지와 관련하여 유럽의 복지국가들은 아동수당제도를 두고 있어 아동복지의 일차적인 안전망이 되고 있다. 영국의 경우 아동수당과 후견인수당이 있으며, 스웨덴은 아동을 보호하는 가족을 대상으로 하는 가족수당이 있다. 일본의 경우는 아동수당, 아동부양수당, 특별아동부양수당이 있으나, 이 제도들은 실제 자산조사에 기초하여 일정 소득 이하 계층의 아동을 대상으로 하고 있어 공공부조의 성격을 갖고 있다(조미숙, 2022: 198). 우리나라의 경우 아동수당법에 근거하여 아동수당이 2022년부터 만 7세 미만(0세부터 7세)의 모든 아동에게 소득수준과 관계없이 월 10만 원이 지급되고 있다. 과거에는 소득 하위 90% 가구에만 지급되었으나, 현재는 보편적 수당으로 변경되었다. 아동수당 외 아동을 위한 경제적 지원으로 영아수당(부모급여), 첫만남이용권(바우처), 저소득 아동지원, 한부모가족의 아동양육비 및 생활안정을 위한 지원금이 있다.

2. 아동복지서비스 전달체계

서비스 전달체계는 정책이 구체적인 서비스 제공으로 이어지는 과정 또는 구조로, 아동복지 전달체계는 중앙정부에 지방정부로, 그리고 일선의 서비스 전달로 이어진다. 우리나라 사회복지 전달체계는 크게 정책결정 단위로서의 중앙행정기관과 급여 및 서비스 전달체계로서 지방자치단체를 중심으로 운영되고 있는 사회복지집행체계로 구분할 수 있다.

공공전달체계로 주요 정책결정 단위의 중앙행정기관은 보건복지부와 여성가족부, 고용노동부를 포함해 대부분의 정부부처가 관여하고 있으며, 이 중 주무 부처라 할 수 있는 보건복지부가 전체 복지사업의 45%가량을 담당하고 있다. 그 외에도 여성가족부와 고용노동부, 국토교통부 등이 복지사업 관련 주요한 중앙정부 부처에 해당하며, 아동청소년 복지와 관련하여 교육부 또한 주요한 역할을 담당하고 있다(조미숙, 2022: 200). 지방자치단체의 행정부서는 시·군·구의 아동복지 담당부서를 들 수 있다.

민간전달체계는 중앙정부나 지방정부의 위탁을 받아 아동복지정책을 직접적으로 전달하는 아동복지서비스 기관이며, 대표적인 민간전달체계로 아동상담소, 청소년지원센터, 아동보호전문기관, 가정위탁지원센터, 아동양육시설, 청소년쉼터, 지역아동센터 등을 들 수 있다, 중앙과 지방의 아동복지전담기구와 민간전달체계를 살펴보면 다음과 같다(송정애, 2022).

1) 공공전달체계

(1) 중앙부처

아동복지서비스 전달체계는 중앙정부에서 지방정부로 그리고 일선의 서비스 전달로 이어진다. 아동복지정책을 담당하는 중앙정부의 해당 부처는 보건복지부와 여성가족부 그리고 교육부이다. 중앙의 아동복지 담당 행정기구는 업무별, 부처 간 이동을 반복하면서 현재는 이원화되어 있다.

보건복지부는 아동의 권리증진, 아동건강 및 안전보호, 아동복지 상담·홍보·교육, 아동복지단체 및 시설, 요보호아동 보호, 모자보건 등의 정책을 담당하고 있다. 그 밖에도 소년소녀가장세대 및 저소득 모·부자가구에 대한 기초생활 보장정책도 담당한다. 여성가족부에서는 아동청소년보호과, 청소년정책관을 중심으로 청소년과 관련된 모부자지원 및 시설지원, 자녀양육지원 그리고 보육정책을 담당한다. 교육부는 교육격차 해소 등 교육복지정책을 담당한다.

(2) 지방정부

일선의 아동복지서비스 제공은 행정안전부의 조직을 통하여 이루어져 왔다. 각 시·도 및 시·군·구에 따라 아동복지 담당부서의 구성과 명칭은 다양하다. 중앙정부, 시·도, 시·군·구를 거친 대부분의 아동복지서비스를 일선 읍·면·동사무소의 사회복지 전담공무원과 민간 사회복지시설에 의해 아동 및 아동의 가정에 전달된다. 민간 아동복지시설은 아동양육시설을 비롯하여 아동상담소, 아동학대예방센터, 보육시설 등 여러 종류의 시설들이 있으며, 각 시설들은 중앙 부처와 각 지방자치단체의 사업 운영 지침에 따라 시설을 관리하고 서비스를 제공하고 있다.

사회복지 전담공무원의 업무는 보건복지부 훈령에 근거하여 정리할 수 있는데, 보건복지부 훈령에 따르면 사회복지 전담공무원은 기초생활보장업무, 아동복지업무, 노인복지업무, 장애인복지업무, 모자복지업무, 기타 보건복지부장관이 필요하다고 인정하는 업무를 수행하도록 규정하고 있다. 아동복지업무는 요보호아동에 대한 조사 및 보호의 결정에 관한 사항, 아동상담 지도 등 업무, 후원자개발 등을 위한 업무와 관련 업무로는 모자가정의 실태조사, 모자가정의 상담지도 업무, 모자가정보호에 관한 지원업무 등이 있다(조미숙, 2022: 203).

(3) 아동권리보장원(보건복지부 산하기관)

「아동복지법」 제10조의2에 근거하여 2019년 아동권리보장원이 설립되었다. 아동권리보장원은 아동정책에 대한 종합적인 수행과 아동복지 관련 사업의 효과적인 추진을 위하여 필요한 정책 수립을 지원하고 사업을 평가하는 업무를 수행하는 것을 목적으로 한다. 아동권리보장원은 그동안 민간에 위탁하여 운영해 오던 아동복지사업 지원기관을 통합하여 공공기관으로 새롭게 출범한 아동권리 중심 기관이다. 따라서 중앙입양원, 아동자립지원단, 드림스타트사업지원단, 실종아동전문기관, 중앙아동보호전문기관, 지역아동센터중앙지원단, 중앙가정위탁지원센터, 디딤씨앗지원사업단이 '아동권리보장원'에 통합되어 운영되고 있다.

아동권리보장원에서 아동정책 연구지원, 아동성장 돌봄, 아동보호, 입양과 가정형 보호, 아동자립, 아동권리 증진사업을 추진하며 각 사업별 세부사업은 <표 6-3>과 같다.

표 6-3 아동권리보장원 추진사업

사업분야	세부사업
아동정책연구 지원	아동정책수립평가 지원, 아동정책영향평가 지원, 아동통계 DB 구축 및 운영
아동권리증진	유엔아동권리협약 이행지원, 아동여가·문화 참여 활성화, 대한민국 아동총회, 아동위원회
아동성장·돌봄	지역아동센터 지원, 다함께돌봄센터 지원, 아동통합서비스 지원(드림스타트)
아동보호	아동보호체계, 아동학대 예방 및 보호, 실종아동 등 보호 지원
입양	입양사업안내, 입양정책 및 절차, 친생부모입양상담 문의, 입양인 가족(입양부모, 친생부모) 지원
가정형 보호	가정위탁사업 활성화, 대기위탁부모 현황
아동자립	아동자립 지원, 아동자산형성(디딤씨앗통장)
위기임산부 지원	중앙상담 지원기관 운영, 사업안내, 출생증서 공개청구, 상담문의, 지역상담기관 안내, 알림마당

출처: 배은영 외(2022: 147). 아동권리보장원사업 자료 재구성.

(4) 지방자치단체의 아동복지 전달체계

중앙에서 수립된 아동복지 관련 정책을 집행하고, 직·간접적 서비스를 제공하는 지방자치단체의 담당부서는 보육, 아동, 청소년, 여성, 가족담당 팀, 국 단위의 기구이며, 이러한 업무를 수행하는 공무원들로 구성된다.

아동복지정책을 담당하는 지방자치단체의 조직은 광역시, 시·도 단위에서는 여성정책국, 보건복지여성국, 여성정책실 등의 명칭으로 구성되어 보건복지부, 여성가족부의 직무를 담당하고 있다.

또한 시·군·구 단위의 지방자치단체에서는 여성가족정책실, 복지정책실, 주민생활지원과, 사회복지과, 여성가족과, 여성청소년과, 혹은 가정복지과 등의 명칭으로 아동복지 관련 업무를 담당하고 있다. 읍·면·동사무소에서는 국민기초생활보장 업무와 함께 아동, 보육, 청소년, 여성, 한부모가족아동 등에 대한 업무를 관장하며 종합적 복지행정서비스를 제공하고 있다(배은영 외, 2022: 141).

2) 민간전달체계

아동복지의 민간전달체계는 국가 및 지방자치단체의 공적인 전달체계와 더불어 아동복지서비스 제공의 중요한 축을 담당한다. 민간기관들은 전문성과 유연성을 바탕으로 다양한 아동복지서비스를 제공하며, 공적 체계의 한계를 보완하는 역할을 한다. 중앙정부나 지방정부의 위탁을 받아 아동복지정책을 직접적으로 전달하는 아동복지서비스 기관이며, 대표적인 민간전달체계로 다양한 아동복지시설, 종합사회복지관, 청소년지원센터 등 다양한 시설이 운영되고 있다.

(1) 아동복지시설

아동복지시설은 「아동복지법」에 따라 국가 또는 지방자치단체가 설치하거나, 국가 또는 지방자치단체 외의 자가 관할 시장·군수·구청장에게 신고하고 설치한 시설을 말하며, 아동복지시설의 종류는 다음과 같다.

① **아동양육시설**: 보호대상아동을 입소시켜 보호, 양육 및 취업훈련, 자립지원 서비스 등을 제공하는 것을 목적으로 하는 시설

② **아동일시보호시설**: 보호대상아동을 일시보호하고 아동에 대한 향후의 양육대책 수립 및 보호조치를 행하는 것을 목적으로 하는 시설

③ **아동보호치료시설**: 아동에게 보호 및 치료 서비스를 제공하는 다음의 시설

- 불량행위를 하거나 불량행위를 할 우려가 있는 아동으로서 보호자가 없거나 친권자나 후견인이 입소를 신청한 아동 또는 가정법원, 지방법원소년부 지원에서 보호위탁된 19세 미만인 사람을 입소시켜 치료와 선도를 통하여 건전한 사회인으로 육성하는 것을 목적으로 하는 시설
- 정서적·행동적 장애로 인하여 어려움을 겪고 있는 아동 또는 학대로 인하여 부모로부터 일시 격리되어 치료받을 필요가 있는 아동을 보호·치료하는 시설

④ **공동생활가정**: 보호대상아동에게 가정과 같은 주거여건과 보호, 양육, 자립 지원 서비스를 제공하는 것을 목적으로 하는 시설

⑤ **자립지원시설**: 아동복지시설에서 퇴소한 사람에게 취업준비 기간 또는 취업 후 일정 기간 동안 보호함으로써 자립을 지원하는 것을 목적으로 하는 시설

⑥ **아동상담소:** 아동과 그 가족의 문제에 관한 상담, 치료, 예방 및 연구 등을 목적으로 하는 시설

⑦ **아동전용시설:** 어린이공원, 어린이놀이터, 아동회관, 체육·연극·영화·과학실험전시 시설, 아동휴게숙박시설, 야영장 등 아동에게 건전한 놀이·오락, 그 밖의 각종 편의를 제공하여 심신의 건강유지와 복지증진에 필요한 서비스를 제공하는 것을 목적으로 하는 시설

⑧ **지역아동센터:** 지역사회 아동의 보호·교육, 건전한 놀이와 오락의 제공, 보호자와 지역사회의 연계 등 아동의 건전육성을 위하여 종합적인 아동복지서비스를 제공하는 시설

⑨ 아동보호전문기관, 가정위탁지원센터, 보장원, 자립지원전담기관, 학대피해아동쉼터 등이 있다.

(2) 종합사회복지관

종합사회복지관은 지역사회 주민들의 복지증진과 삶의 질 향상을 위해 다양한 복지서비스를 종합적으로 제공하는 사회복지시설이다. 「사회복지사업법」 제2조에 정의된 바와 같이, "지역사회를 기반으로 일정한 시설과 전문인력을 갖추고 지역주민의 참여와 협력을 통하여 지역사회의 복지문제를 예방하고 해결하기 위하여 종합적인 복지서비스를 제공하는 시설"이다. 즉, 지역주민의 복지센터 역할을 한다고 볼 수 있다.

종합사회복지관은 사회복지서비스를 필요로 하는 모든 지역주민을 대상으로 하며, 방과 후 교실 운영, 아동을 위한 상담 및 교육문화사업, 결식아동을 위한 급식지원사업 등을 통하여 가족기능 강화, 각종 아동문제를 예방 치료하는 기관으로서 역할을 하고 있다(배은영 외, 2022: 144).

(3) 방과후 돌봄 기관

① 지역아동센터

지역아동센터는 방과후 돌봄이 필요한 지역사회 아동의 건전육성을 위하여 보호·교육, 건전한 놀이와 오락의 제공, 보호자와 지역사회의 연계 등 종합

적인 아동복지서비스를 제공하는 시설이다.

지역사회 내 보호를 필요로 하는 18세 미만의 아동을 대상으로 아동보호(안전한 보호, 급식 등), 교육 기능(일상생활 지도, 학습능력 제고 등), 정서적 지원(상담·가족지원), 문화서비스(체험활동, 공연) 등으로 지역사회 내 아동 돌봄에 대한 사전 예방적 기능 및 사후 연계 등을 제공하고 있다.3)

2022년 기준으로 전국의 지역아동센터는 4,253개소가 운영 중이며, 센터 이용 아동 수 105,210명이다(아동권리보장원 홈페이지 자료).

프로그램은 기본프로그램과 특화프로그램으로 구분하여, 기본프로그램은 보호·교육·문화·정서지원·지역사회 영역으로 구성되며, 특화프로그램은 지역사회 특수성 및 주요 대상의 특성을 고려한 맞춤형 운영 프로그램을 의미하며 세부 프로그램은 <표 6-4>와 같다.

표 6-4 지역아동센터 프로그램

영역 (대분류)	세부영역 (중분류)	세부프로그램 (소분류)	프로그램 예시 (시설별 선택 운영)
보호	생활	일상생활관리	센터생활적응지도, 일상생활지도, 일상예절교육, 부적응아동지도 등
		위생건강관리	위생지도, 건강지도 등
		급식지도	급식지도, 식사예절교육 등
	안전	생활안전지도	저녁 돌봄 등
		안전귀가지도	안전귀가지도, 생활안전지도 등
		5대 안전의무교육	교통안전, 실종유괴 예방, 약물오남용 예방, 재난대비, 성폭력 예방 등
교육	학습	숙제지도	숙제지도, 학교생활관리 등
		교과학습지도	수준별 학습지도, 온라인교육(IPTV 학습 등), 학습부진아 특별지도 등
	특기적성	예체능활동	미술, 음악, 체육지도 등
		적성교육	진로지도, 적성교육(독서, 요리, 과학 등) 등
	성장과 권리	인성·사회성교육	인성교육, 사회성교육 등
		자치회의 및 동아리 활동	자치회의, 동아리 활동 등

3) 보건복지부. 2022년 지역아동센터 지원 사업안내.

문화	체험활동	관람·견학	공연 및 연극 관람, 박물관 견학 등
		캠프·여행	체험활동, 캠프 및 여행 등
	참여활동	공연	공연 등
		행사(문화/체육 등)	전시회, 체육대회 등
정서지원	상담	연고자 상담	부모 및 가족 상담, 연고자 상담 등
		아동 상담	아동 상담 등
		정서지원 프로그램	정서지원 프로그램 등
	가족지원	보호자교육	보호자교육 등
		행사·모임	부모소모임, 가정방문 등
지역사회연계	홍보	기관홍보	기관홍보 등
	연계	인적연계	자원봉사활동, 인적결연후원, 후원자관리 등
		기관연계	지역조사와 탐방, 전문기관 연계, 복지단체 연계 등

출처: 보건복지부(2024). 2024년 지역아동센터 지원 사업안내. p. 47.

② 다함께돌봄센터

다함께돌봄센터는 「아동복지법」 제44조의2에 근거하여 시·도지사 및 시장·군수·구청장이 설치·운영하는 시설로서, 2024년 10,776개소가 설치·운영되고 있다. 다함께돌봄센터는 방과후 돌봄이 필요한 초등학생(만 6세~12세) 아동에게 소득수준에 관계없이 종합적인 돌봄서비스를 제공하는 시설이다. 돌봄 사각지대를 해소하고, 부모의 양육부담을 경감하며, 아동의 건강한 성장을 지원하는 것을 목적으로 한다.

돌봄의 유형으로 일정한 기간이 정해진 정기적 돌봄의 형태인 상시 돌봄과 학교 휴업, 이용자의 긴급사유 발생 등으로 갑자기 발생한 비정기적 돌봄의 형태이다.

다함께돌봄센터에서는 아동의 안전한 보호, 안전하고 균형 있는 급식 및 간식의 제공, 등·하교 전후, 야간 또는 긴급상황 발생 시 돌봄서비스 제공, 체험활동 및 교육·문화·예술·체육 프로그램의 연계·제공, 돌봄 상담, 관련 정보의 제공 및 서비스의 연계 등의 서비스를 제공한다(배은영 외, 2022: 152).

3. 아동복지 관련 법률

아동복지 관련 법률은 아동이 건강하게 출생하여 행복하고 안전하게 성장할 수 있도록 국가와 사회의 책임을 명시하고, 이를 위한 구체적인 내용과 절차를 규정하는 법률들을 의미한다. 우리나라에서는 「아동복지법」을 중심으로 여러 법률이 아동의 권익 보호와 복지 증진을 위해 상호 보완적인 역할을 하고 있다. 우리나라의 아동복지를 위한 법은 「아동복지법」과 관련 법으로 「영유아보육법」, 「한부모가족지원법」, 「국내입양에 관한 특별법」(약칭: 국내입양특별법), 「보호소년 등의 처우에 관한 법률」, 「청소년기본법」 등과 2022년 1월 1일부터 시행되고 있는 「장애아동복지지원법」(약칭: 장애아동복지법)이 있다. 각 법은 그 목적에 따라 대상으로 하는 아동과 포괄하는 정책내용이 상이하다. 이하 내용에서는 아동복지의 근간이 되는 「아동복지법」과 관련 법의 내용을 살펴보고자 한다.

1) 아동복지법

「아동복지법」은 사회복지서비스에 관한 법이자 「사회복지사업법」에 기초하는 특별법으로 볼 수 있으며, 현재 아동복지와 관련하여 기본이 되는 주요 법이다. 동법의 내용은 주로 아동복지서비스를 초점으로 하고 있다.

(1) 아동복지법의 목적, 대상 및 책임주체

「아동복지법」 제1조에 따르면, 「아동복지법」의 목적은 아동이 건강하게 출생하여 행복하고 안전하게 자라나도록 복지를 보장하는 것이며, 「아동복지법」에서의 대상을 보면 요보호아동뿐만 아니라 모든 아동을 대상으로 하고 있다.

「아동복지법」상 아동복지의 책임 주체는 국가와 지방자치단체, 아동의 보호자 그리고 국민을 모두 포괄하고 있으며 각 주체에 대한 책임을 법에 밝히고 있다. 국가와 지방자치단체는 아동의 건강과 복지증진에 노력하여야 하며, 이를 위한 시책을 시행하여야 한다. 아동의 보호자는 아동에게 신체적 고통이나 폭언 등의 정신적 고통을 가하여서는 아니 된다고 명시하고 있고, 모든 국민은 아동의 권익과 안전을 존중하여야 하며, 아동을 건강하게 양육하여야 한다고 정하고 있다.

이런 규정들을 통해 아동의 건전한 육성과 행복의 보장이 이제 더 이상 가정의 책임으로 한정되는 것이 아니라 국가와 지역사회, 그리고 국민이 함께 노력하여야 하는 것임을 명시하고 있다(조미숙, 2022: 209).

(2) 아동의 보호

아동의 보호와 관련된 내용으로는 아동보호를 위한 절대적 금지행위 규정과 요보호아동에 대한 보호조치 규정이 있다.

「아동복지법」 금지행위(제17조)에는 누구든지 아동에게 해서는 안 되는 금지행위에 대하여 규정하고 있고 내용은 다음과 같다.

① 아동을 매매하는 행위

② 아동에게 음란한 행위를 시키거나 이를 매개하는 행위 또는 아동을 대상으로 하는 성희롱 등의 성적 학대행위

③ 아동의 신체에 손상을 주거나 신체의 건강 및 발달을 해치는 신체적 학대행위

④ 아동의 정신건강 및 발달에 해를 끼치는 정서적 학대행위(「가정폭력범죄의 처벌 등에 관한 특례법」 제2조제1호에 따른 가정폭력에 아동을 노출시키는 행위로 인한 경우를 포함한다)

⑤ 자신의 보호·감독을 받는 아동을 유기하거나 의식주를 포함한 기본적 보호·양육·치료 및 교육을 소홀히 하는 방임행위

⑥ 장애를 가진 아동을 공중에 관람시키는 행위

⑦ 아동에게 구걸을 시키거나 아동을 이용하여 구걸하는 행위

⑧ 공중의 오락 또는 흥행을 목적으로 아동의 건강 또는 안전에 유해한 곡예를 시키는 행위 또는 이를 위하여 아동을 제3자에게 인도하는 행위

⑨ 정당한 권한을 가진 알선기관 외의 자가 아동의 양육을 알선하고 금품을 취득하거나 금품을 요구 또는 약속하는 행위

⑩ 아동을 위하여 증여 또는 급여된 금품을 그 목적 외의 용도로 사용하는 행위

아동에 대한 보호조치는 보호를 필요로 하는 아동에 대한 것으로 시·도지사 또는 시장·군수·구청장은 그 관할 구역에서 보호대상아동을 발견하거나 보호자의 의뢰를 받은 때에는 아동의 최상의 이익을 위하여 대통령령으로 정하는 바에 따라 다음 각 호에 해당하는 보호조치를 하여야 한다고 규정하고 있다(아동복지법 제15조).

1. 전담공무원, 민간전문인력 또는 아동위원에게 보호대상아동 또는 그 보호자에 대한 상담·지도를 수행하게 하는 것
2. 「민법」에 따른 친족에 해당하는 사람의 가정에서 보호·양육할 수 있도록 조치하는 것
3. 보호대상아동을 적합한 유형의 가정에 위탁하여 보호·양육할 수 있도록 조치하는 것
4. 보호대상아동을 그 보호조치에 적합한 아동복지시설에 입소시키는 것
5. 약물 및 알코올 중독, 정서·행동·발달 장애, 성폭력·아동학대 피해 등으로 특수한 치료나 요양 등의 보호를 필요로 하는 아동을 전문치료기관 또는 요양소에 입원 또는 입소시키는 것
6. 「국내입양에 관한 특별법」 및 「국제입양에 관한 법률」에 따른 입양과 관련하여 필요한 조치를 하는 것

아동에 대한 보호조치는 아동복지를 위한 문제 예방의 내용도 일부 함께 포함하고 있으나 이미 요보호상태의 아동에 대한 일련의 보호조치가 주를 이루고 있다. 단, 시설보호의 경우는 아동 보호자의 의견 존중도 규정하고 있다.

2) 영유아보육법

「영유아보육법」은 영유아의 심신을 보호하고 건전하게 교육하여 건강한 사회 구성원으로 육성함과 아울러 보호자의 경제적·사회적 활동이 원활하게 이루어지도록 함으로써 영유아 및 가정의 복지증진에 이바지함을 목적으로 하고 있다.

6세 미만의 취학 전 아동을 대상으로 하는 이 법은 취업모의 증가에 따른 가정 내 아동양육의 취약성을 보완하여 아동의 건전한 양육을 지원하는 것으로 보육위원회, 보육정보센터, 보육시설 등에 관한 규정을 담고 있다.

3) 한부모가족지원법

「한부모가족지원법」은 한부모가족이 안정적인 가족 기능을 유지하고 자립할 수 있도록 지원함으로써 한부모가족의 생활안정과 복지증진에 이바지함을 목적으로 한다. 이 법에 따른 지원대상자는 모 또는 부, 한부모가족, 모자가족, 부자가족, 아동 등의 규정에 해당하는 자로서 여성가족부령으로 정하는 자로 하며(임정문 외, 2023: 324), 생계비, 아동교육지원비, 아동양육비, 복지자금의 대여(사업에 필요한 자금, 아동교육비, 의료비, 주택자금 등), 청소년 한부모 자립지원, 한부모가족복지시설의 설치에 관한 규정을 담고 있다. 청소년 한부모가정, 모자가정과 부자가정을 함께 강조하고 있으며, 미혼모 및 미혼부에 대한 추가적인 지원을 규정하고 있는 등 보다 현실적인 접근을 하고 있다. 「한부모가족지원법」은 한부모가족에 대한 지원을 통하여 그 가족 내의 아동을 지원하는 근거법이 된다.

4) 국내입양에 관한 특별법

「국내입양에 관한 특별법」은 요보호아동의 입양(入養)에 관한 요건 및 절차 등에 대한 특례와 지원에 필요한 사항을 정함으로써 양자(養子)가 되는 아동의 권익과 복지를 증진하는 것을 목적으로 한다. 입양의 요건과 효력, 국내 입양 우선 추진, 입양아동 등에 대한 복지지원, 입양요건, 입양기관, 양육보조금 등의 지급 등을 담고 있다.

5) 장애아동복지지원법

「장애아동복지지원법」은 국가와 지방자치단체가 장애아동의 특별한 복지적 욕구에 적합한 지원을 통합적으로 제공함으로써 장애아동이 안정된 가정생활 속에서 건강하게 성장하고 사회에 활발하게 참여할 수 있도록 하며, 장애아동 가족의 부담을 줄이는 데 이바지함을 목적으로 하고 있다. 장애아동의 권리, 중앙·지역 장애아동지원센터 운영, 장애아동 복지지원 실태조사, 의료비 지원, 보조기구 지원, 발달재활서비스, 보육지원, 가족지원, 돌봄 및 일시적 휴식지원 서비스 등을 담고 있다.

PART 03

아동복지 실천의 대상과 영역

CHAPTER 07

아동보육

1. 아동보육의 개념

역사적으로 볼 때 보육[1](day care)이라는 개념은 부모나 보호자가 아동을 양육할 수 없는 상황을 대신하여 아동을 보살펴 주는 시설과 프로그램을 의미한다.

- **핑크**(Fink, 1986): 저소득층가정과 결손가정의 어머니가 일하러 나가는 동안, 아동의 성격적·교육적·건강적 욕구 등을 충족시켜 주기 위해 사회복지사, 교육자, 의사 등의 전문가들이 협동하는 사업으로 정의하여 보육사업에 전문가들의 협조적 접근을 강하게 부각했다.
- **코스틴**(Costin, 1972): 보육사업의 개념을 확대해석하여 아동 개인의 성장단계, 일관된 양육, 지원적 정서 대책, 아동의 건강과 신체적 성장에 대한 보호 및 아동의 정서적·사회적 발전을 위한 자극적 경험을 보육사업 프로그램으로 제안하고 있다(이소희 외, 2004).

우리나라에서 보육이라는 용어가 보편적으로 사용되고, 보육시설이 본격적으로 증가하게 된 것은 1991년 「영유아보육법」의 제정 이후라고 할 수 있다. 「영유아보육법」의 제정에 따라 이전에 일반적으로 사용되어 온 '탁아'의 개념에서 영유아의 보호와 교육을 중시하는 '보육'이라는 용어가 일반적으로 사용되기 시작하였다. 우리나라에서 현재 사용되는 보육이라는 용어는 'educare'의 개념이 강하며, 이것은 영유아기의 교육과 보육은 서로 분리될 수 없다는 인식에서 출발하게 되어, 보육은 보호와 교육을 포괄하는 의미로 사용되게 되었다(김경희 외, 2013).

1) 한자로 살펴보면 보육(保育)의 보(保)는 '지키다, 편안하게 돕다'라는 의미를, 육(育)은 '기르다'라는 의미를 가진다. 일반적인 사전적 의미는 '어린아이를 보살펴 기른다'라는 것이다. 즉, 유아보육(保育)은 'education'의 개념이 약하고 'care'의 개념이 강하게 나타나, 유아교육과 유아보육을 양분하여 사용하였다. 그러나 1991년 콜드웰(Caldwell)은 유아교육과 유아보육의 양분된 전통적 개념은 불합리한 것으로 지적하고 'educare'의 개념을 사용하기 시작하였다.

2. 보육의 필요성 및 의의

1) 보육의 필요성

우리나라에서 보육의 필요성이 강조되기 시작한 것은, 1990년대 이후 사회변화에 따른 가족 형태의 변화, 여성의 사회 진출 확대, 저출산 현상 등으로 보육에 대한 국민의 인식이 변화하면서이다. 이러한 인식의 변화에 따라 가정의 기능이 약화되고 양육에 대한 부담감의 증가 등으로 보육의 필요성은 더욱 강조되고 있다.

(1) 가족 형태의 변화와 자녀 양육기능의 약화

가족 형태의 변화는 산업화와 도시화로 대가족에서 핵가족화의 증가에 따른 것이다. 그러나 최근에는 가정이 1인 가구, 여성가구, 한부모가정 등의 다양한 가족 형태로 바뀌고 있다. 이러한 가정의 증가로 인하여 자녀의 양육기능은 점점 약화되고 있다.

표 7-1 보육에 대한 인식의 변화

과거의 인식	인식의 변화
• 보육은 사회적 서비스이다. • 보육은 국가의 책임이다. • 보육은 저소득층가정을 대상으로 한다. • 보육시설을 이용하는 사람은 수령인이거나 수혜자이다. • 보육시설은 공공기금으로 이루어진다. • 보육시설 허가제도는 아동을 위한 국가의 법적 규제 장치이다. • 보호 프로그램을 통하여 빈곤가정에서 요구하는 모든 서비스를 전달한다. • 가족의 문제와 무능은 보육시설을 이용하는 사람들의 주요 특징이다. • 보육시설은 가정에 문제가 있을 때 요구되는 '필요악'이다. 보육시설보다는 하루 종일 일하지 않는 부모가 아동을 돌보는 것이 이상적이다. • 보육시설은 학교나 사회적 서비스 체계 안에 있어야 한다.	• 대중사회의 공익사업이다. • 부모와 공적·사적 지원체계의 공동책임이다. • 필요로 하는 모든 계층의 자녀를 대상으로 한다. • 소비자인 동시에 후원자이다. • 공공기금으로 이루어지는 서비스만은 아니다. • 부모들이 보다 나은 보육시설을 선택하는 데 도움을 주기 위해 만들어진 소비자 보호제도이다. • 빈곤가정의 요구뿐만 아니라 사회계층과 무관하게 모든 부모들의 요구에도 서비스를 제공한다. • 기본적인 가정 기능의 원활한 수행에 도움이 될 뿐만 아니라 치료적 역할을 하기도 한다. • 부모의 취업 유무와 상관없이 아이들에게 유익하기 때문에 보육시설을 이용한다. • 모든 가정이 이용할 수 있는 보육시스템은 공영 또는 사립기관에 의하여 운영되는 가정보육시설, 유아원 종일반 등 다양한 종류의 보호형태를 포함한다.

출처: Wilson(1987); 이순형 외(2006).

(2) 여성의 사회 진출

우리나라 여성의 경제활동참여율(15~64세)을 살펴보면 2012년에 55.2%, 2014년에 57%, 2016년에 58.4%, 2021년에 59.9%로 증가하였으나, 미국(2016년 67.3%, 2021년 68.2%), 일본(2016년 68.1%, 2021년 73.3%)에 비하여 낮은 수준을 보이며 OECD 국가평균인 64.8%에 비해서도 낮은 수준을 보인다(OECD, 2021). 20대 후반까지 75%의 여성들이 경제활동에 참여하고 있으나, 30대 후반에는 58%로 떨어지게 된다. 이러한 현상은 출산과 육아로 인하여 경제활동의 현장을 떠나는 여성의 수가 증가하기 때문인 것으로 해석된다. 취업모의 경제활동 참여를 유도하기 위해서는 다각적인 육아지원서비스와 보육서비스가 필요하다.

(3) 저출산

우리나라의 출산율은 1960년대에 6.0명에서 2000년에 1.23명으로 격감하였으며, 2017년에는 1.05명, 2021년에 0.81명, 2022년에 0.78명으로 계속 낮아지고 있다. 계속되는 출산율의 저하로 인하여 총인구에 대한 아동인구는 점점 감소하고, 노인인구의 비율은 점차 증가하고 있다. 이러한 초저출산과 초고령화의 문제는 노동력의 부족으로 인하여 생산인구가 책임져야 할 부양인구의 증가를 의미한다. 그러므로 초저출산 이슈를 극복하기 위하여 보육시설의 확대와 함께 질 높은 보육서비스의 제공은 시대적 소명이다.

(4) 생활양식의 변화

사회의 변화와 함께 각 개인의 생활양식(life style)이 다양화되면서 소확행[2], 워라밸[3]과 같은 신조어가 생겼다. 이러한 가족구성원의 다양한 생활양식이 존중되기 위해서는 다양한 보육서비스가 요구되고 있다.

---

2) 소확행: 일상에서 느낄 수 있는 작지만 확실하게 실현 가능한 행복 또는 그러한 행복을 추구하는 삶의 경향

3) 워라밸: 일과 삶의 균형이라는 work-life balance의 준말

2) 보육의 의의

보육사업은 과거 구빈사업으로 시작하여 현재는 모든 아동의 건전한 발달을 이루게 하고, 가정복지의 증진이라는 보다 넓은 의미를 지니게 되었다.

(1) 영유아 및 아동복지

영유아들에게 교육적 환경을 제공하고 기본 생활 습관을 형성하게 하며, 또래활동 등을 통하여 사회성 발달을 촉진한다. 특히 맞벌이가정의 영유아에게는 개별적·집단적으로 신체적으로 안전하게 보호받을 수 있다.

(2) 부모 및 가족복지

보육서비스는 일하는 부모의 자녀보호 및 교육문제를 지원함으로써 부모의 근로 기회를 마련해 줄 뿐만 아니라 일하는 동안 전념할 수 있게 해주며, 그 결과 가정의 경제적 안정과 긍정적인 변화를 도모할 수 있게 한다(이순형 외, 2006).

(3) 국가 및 사회복지

아동복지는 아동이 속한 가정의 문제에서 출발하며, 이러한 가정에 속한 아동에게 안정된 환경을 제공하여 아동이 건전하게 성장한다면 국가 발전의 중요한 인적 자원이 될 수 있다. 또한, 보육은 여성의 사회적인 진출을 도와 국가경쟁력을 높일 수 있을 것이다.

3. 보육서비스의 필요성

보육서비스가 필요한 상황(장인협 외, 2000)

① 보육서비스는 부모가 일을 하는 동안 수행하지 못하는 돌봄 기능을 보충해 준다[4].
② 아동이 정신적·신체적 혹은 정서적 장애를 지닌 경우에도 보육서비스가 필요하다[5].
③ 보육서비스는 부모와 자녀 간의 관계에 어려움이 있거나 부모의 양육부담감으로 인한 스트레스가 높을 때도 일시적인 해결책으로써 제공될 수 있다.
④ 아동의 부모가 사망하였거나 입원 등 여러 가지 이유로 장기간 아동을 돌볼 수 없을 경우에 제공될 수 있다.
⑤ 심각하게 박탈당한 가정환경의 아동을 위한 치료도구로 활용될 수 있다[6].

4. 보육사업의 발전과정

우리나라의 보육사업은 일제강점기인 1921년 태화기독교사회복지관에서 탁아프로그램을 시작하면서 빈민 아동의 구제사업이 시작되었다. 이후 해방과 전쟁을 겪게 되면서 보육사업은 탁아의 개념에서 출발하여 발전하게 되었다.

1) 아동복리법 시기

현재의 「아동복지법」이 제정(1981)되기 이전에 「아동복리법」이 1961년 제정(1961. 12.30. 제정, 1962.1.1. 시행)되었고, 「아동복리법」이 제정되면서 이전의 조선감

4) 특히 여성이 가장이거나 저소득가정일 경우, 보육서비스는 가족소득을 보조하는 역할을 한다. 또한, 여성이 성취감이나 사회적 인정에 가치를 두어 가정 밖에서 일하는 경우에도 보육서비스가 제공된다. 어떤 여성은 특수한 기술을 가지고 있어서 사회에 이바지하며, 어떤 여성은 일을 즐기기도 할 것이다. 여성 취업증대의 요인은 경제적 상황에 더불어 결혼상태, 여성 교육기회의 증가, 핵가족화, 가치관 등 여러 가지가 있다. 어떠한 이유든지 어머니의 취업 증가는 보육서비스의 수요를 확대하는 요인이 된다.

5) 보육서비스 제공은 장애아동 때문에 하루 종일 과중한 부담이 있는 부모에게 육아부담을 덜어줄 수 있고, 장애아동에게는 전문지식을 가진 특수교사와 비장애 또래 아동과의 접촉기회를 제공하여 장애아동에게는 사회적 능력의 향상을, 비장애아동에게는 장애아동에 대한 인식과 태도에 긍정적 변화를 야기할 수 있다.

6) 주거공간이 부족하거나 부적절하여 비위생적인 환경인 경우, 충분한 놀이공간이 없는 경우 등 어려운 환경에 처해 있는 아동에게 적절한 환경을 제공하는 보육서비스는 치료도구로서의 기능을 가지게 된다.

화령[7])은 폐지되었다.

아동복리법 제정 목적(제1조)

본 법은 아동이 그 보호자로부터 유실, 유기 또는 이탈되었을 경우, 그 보호자가 아동을 육성하기에 부적당하거나 양육할 수 없는 경우, 아동의 건전한 출생을 기할 수 없는 경우 또는 기타의 경우에 아동이 건전하고 행복하게 육성되도록 그 복리를 보장함을 목적으로 한다.

「아동복리법」[8])이 제정되면서 '보육시설', '탁아시설'이라는 용어가 사용되기 시작하였고, 시설의 장과 설치기준도 마련되었다.

제3조(아동복리시설)

① 본 법에서 아동복리시설이라 함은 아동상담소, 보육시설, 조산시설, 정신박약아보호시설, 맹농아양호시설, 신체허약아보호시설, 지체불자유아보호시설, 모자보호시설, 탁아시설, 아동휴양시설, 교호시설, 부랑아보호시설과 소년직업보도시설 기타 아동복리를 위한 시설을 말한다.

② 본 법에서 아동복리시설의 장이라 함은 전항의 규정에 의한 아동복리시설을 관리운영하는 자를 말한다.

2) 아동복지법의 개정

「아동복지법」은 법률 제3438호로 1981년 4월 13일 「아동복리법」을 전부개정[9])

7) 조선감화령은 조선총독부제령 제12호로 1923년 9월 3일 제정되고, 10월 1일 시행되었다. 주요 내용은 감화원(현재의 소년원)에 관한 것으로 제1조에 조선총독은 다음 각 호의 1에 해당하는 자를 감화원에 입원하게 할 수 있다.

1. 연령 8세 이상 18세 미만의 자로 불량행위를 하거나 불량행동을 할 우려가 있고, 적당한 친권을 행사하는 자가 없는 자
2. 18세 미만의 자로 친권자 또는 후견인이 입원을 출원한 자
3. 재판소의 허가를 거쳐 징계장에 들어갈 자

8) 아동복리법은 구호적인 성격의 복지제공에 중점을 두고 있다. 그동안 경제·사회의 발전에 따라 발생한 사회적 복지요구에 부응하지 못하고 있으므로, 요보호아동뿐만 아니라 일반아동을 포함한 전체 아동의 복지를 보장하고 특히 유아기의 기본적 인격·특성과 능력개발을 조장하기 위한 여건을 조성할 수 있도록 하려는 것이 아동복지법 제정의 이유이다.

9) 아동복지법 제정 및 개정 이유

① 법의 제명을 아동복지법으로 개칭함, ② 보호대상범위를 요구호아동 위주로 되어 있던 것을 전체 아동으로 확대함, ③ 아동의 보호·육성책임을 국가·지방자치단체 및 보호자가 공동으로 지도록 함, ④ 5월 5일 어린이날에 대한 법적 근거를 마련함, ⑤ 임시직이었던 아동복지지도원을 별정직으로 하여 전문직확보가 용이하도록 함, ⑥ 새마을부녀회직영 어린이집 등 무료탁아시설은 법인 이외의 자도 신고만으로 그 시설을 설치·운영할 수 있도록 함, ⑦ 아동복지시설에는 일정한 자격을 가진 아동복지시설 종사자를 두도록 함, ⑧ 아동보호비용 징수권자의 범위에 아동복지시설의 장을 추가하고, 그 비용의 징수는 도지사의 승인을 얻도록 함, ⑨ 아동복지증진을 위하여 아동복지시설을 설치한 법인에 대하여 국

하고 시행되게 되었다. 1981년 전부개정된 「아동복지법」은 이후 2000년에 다시 전부개정[10]을 하면서 현재까지 발전되었다.

3) 영유아보육법의 제정

「영유아보육법」은 법률 제4328호에 의거 1991년 1월 14일 제정·시행되었다. 「영유아보육법」의 제정 이유와 목적에 대하여 살펴보면 다음과 같다.

(1) 제정의 이유

현대사회의 산업화에 따른 여성의 사회참여 증가 및 가족구조의 핵가족화에 의한 탁아수요의 급증에 따라 아동보호와 교육문제는 개인적인 차원을 넘어 사회적·국가적 차원에서 해결이 불가피하게 되었으나, 현행 「아동복지법」에 의한 탁아사업은 시설 설립주체의 제한으로 인한 보육사업 확대 곤란, 관장부처의 다원화로 체계적이고 효율적인 보육사업 추진 등에 문제점이 있으므로, 영유아의 보호와 교육에 관한 별도의 입법을 통하여 보육시설의 조속한 확대 및 체계화로 아동의 건전한 보호·교육 및 보육자의 경제적·사회적 활동의 지원을 통하여 가정 복지증진을 도모하려는 것이다.

① 국가와 지방자치단체는 보육자와 더불어 아동을 건전하게 보호·교육할 책임을 지도록 함
② 건전한 유아의 보호·교육에 관한 상담 및 지도를 위하여 시·도 및 시·군·구에 보육지도원을 두도록 함
③ 보육시설의 종류는 그 설립 주체에 따라 국공립 보육시설, 민간 보육시설, 직장 보육시설, 가정 보육시설로 구분함
④ 유치원이나 미술학원 등에도 보육시설을 갖추면 보육원을 병설할 수 있도록 함
⑤ 대통령령이 정하는 일정 규모 이상의 사업장의 사업주는 보육시설을 설치·운영하도록 함
⑥ 보육시설의 입소대상은 6세 미만의 취학 전 아동을 원칙으로 하되, 보건복지부장관, 시·도지사 또는 시장·군수·구청장은 중앙보육위원회 및 지방보육위원회의 의결을 거쳐

·공유재산을 무상 대여할 수 있도록 함

10) 우리 사회의 아동복지수요에 능동적으로 대응하고 최근 심각한 사회문제로 지적된 바 있는 학대아동에 대한 보호 및 아동안전에 대한 제도적 지원을 공고히 하기 위하여, 아동복지지도원을 별정직공무원에서 사회복지전담공무원으로 그 신분을 변경하고, 아동학대에 대한 정의와 금지 유형을 명확히 규정하며, 아동학대에 대한 신고를 의무화하는 등 기타 현행 규정의 운영상 나타난 일부 미비점을 개선·보완하려는 것이다.

입소대상연령을 연장 가능하도록 함
⑦ 국가 또는 지방자치단체와 사회복지법인 기타 비영리법인이 설치한 보육시설과 대통령령이 정하는 보육시설의 장은 저소득층 자녀를 보육시설에 우선 입소시키도록 함
⑧ 보건복지부장관은 영유아의 보육·교육의 충실을 기하기 위하여 장학지도와 보육 프로그램 및 교재·교구의 개발보급 등 필요한 사항에 대하여는 교육부장관에게 협조·요청할 수 있도록 함
⑨ 영유아의 보호·교육에 필요한 비용은 보호자가 부담하는 것을 원칙으로 하되, 저소득층 자녀의 보육에 필요한 비용은 국가 또는 지방자치단체가 전부 또는 일부를 부담하도록 함
⑩ 국가 또는 지방자치단체는 대통령령이 정하는 바에 의하여 보육시설의 설치 및 운영에 소요되는 비용을 보조하도록 함
⑪ 사업장에 보육시설을 설치한 사업주는 대통령령이 정하는 바에 의하여 시설운영에 필요한 비용의 전부 또는 일부를 보조하도록 함
⑫ 보호자가 영유아의 보호·보육을 위하여 지출한 보육비용과 사업주가 부담하는 보육시설의 설치 및 운영에 소요되는 비용에 대하여 조세 감면하도록 함

(2) 목적

제1조(목적)에서 이 법은 영유아의 심신을 보호하고 건전하게 교육하여 건강한 사회 구성원으로 육성함과 아울러 보호자의 경제적·사회적 활동이 원활하게 이루어지도록 함으로써 영유아 및 가정의 복지 증진에 이바지함을 목적으로 한다.

1991년 제정된 「영유아보육법」은 법률 제7153호에 의거 2004년 1월 29일 전부개정[11]되어 2005년 1월 30일 시행에 들어가 현재까지 유지되어 오고 있다. 2004년 개정 「영유아보육법」에서는 이 법의 목적을 영유아의 심신 보호와 건전한 교육을 통하여 건강한 사회성원으로 육성함과 아울러 보호자의 경제적·사회적 활동을 원활하게 함으로써 가정 복지증진에 기여함에 두었다. 「영유아보육법」의 제정으로 보육 관련 주무부서가 보건복지부로 일원화[12]되면서 보육정책의 발전을 가져오는 계기를 마련하였다.

11) 개정 이유: 여성의 사회참여 확대, 가족구조의 변화 등으로 인해 영유아 보육에 대한 수요가 증가함에 따라 보육시설 종사자의 자격기준을 강화하고, 영유아 보육시설 설치·운영을 종전 신고제에서 인가제로 전환하는 등 영유아 보육에 대한 공공성을 강화하도록 하는 한편, 영유아보육제도의 운영상 나타난 일부 미비점을 개선·보완하려는 것이다.

12) 보육담당 주무부서는 「영유아보육법」 제정 당시 보건복지부에서 2004년 여성가족부로 이관되었고, 2008년 정부부처의 통폐합에 따라 보건복지가족부로 이관되었다가 2010년 보건복지부로 바뀌었다.

5. 보육시설

1) 보육시설의 종류

(1) 시설의 설립·운영 주체에 따른 분류

「영유아보육법」 제2장 어린이집의 설치(개정 2011.6.7.), 제10조(어린이집의 종류)에서 정하는 어린이집의 종류는 <표 7-2>와 같다.

표 7-2 어린이집의 종류

국공립어린이집	국가나 지방자치단체가 설치·운영하는 어린이집
사회복지법인어린이집	사회복지사업법에 따른 사회복지법인이 설치·운영하는 어린이집
법인·단체 등 어린이집	각종 법인이나 단체 등이 설치·운영하는 어린이집
직장어린이집	사업주가 사업장의 근로자를 위하여 설치·운영하는 어린이집
가정어린이집	개인이 가정이나 그에 준하는 곳에 설치·운영하는 어린이집
협동어린이집	보호자 또는 보호자와 보육교직원이 조합을 결성하여 설치·운영하는 어린이집
민간어린이집	위의 규정에 해당하지 아니하는 어린이집

① 국공립어린이집

국공립어린이집은 국가와 지방자치단체가 설립·운영(위탁운영을 포함)하는 어린이집을 말한다. 국공립어린이집의 설립 근거는 「영유아보육법」 제12조(국공립어린이집 설치 등)에 제시되어 있다.

- 국가나 지방자치단체는 국공립어린이집을 설치·운영하여야 한다.
- 국가나 지방자치단체가 국공립어린이집을 설치할 경우에는 지방보육정책위원회의 심의를 거쳐 어린이집 수급계획 등을 포함한 보육계획을 수립·시행하여야 한다.
- 보육계획에는 국공립어린이집의 공급에 관한 계획 및 목표가 포함되어야 한다.
- 도시 저소득주민 밀집 주거지역 및 농어촌지역 등 취약지역, 「산업입지 및 개발에 관한 법률」에 따른 산업단지 지역에 우선 설치하여야 한다.

② 사회복지법인어린이집

사회복지법인어린이집은 「사회복지사업법」에 따라 사회복지법인이 시장·군수·구청장의 인가를 받아 설치·운영되는 어린이집을 말한다. 사회복지법인 어린이집의 설립 근거는 「사회복지사업법」에 다음과 같이 제시되어 있다. 상시 21명 이상의 영유아를 보육해야 하며, 명칭은 "◯◯ 어린이집"으로 사용하고 유치원, 학원 등 유사기관으로 오인할 수 있는 명칭을 사용해서는 안 된다.

- 사회복지법인 및 사회복지시설은 공공성을 가지며 사회복지사업을 시행하는 데 있어서 공공성을 확보하여야 한다.
- 시설을 설치·운영하는 자는 보건복지부령으로 정하는 재무·회계에 관한 기준에 따라 시설을 투명하게 운영하여야 한다.

③ 법인·단체 등 어린이집

법인·단체 등 어린이집은 각종 법인(사회복지법인을 제외한 비영리법인)이나 단체 등이 설치·운영하는 어린이집을 말한다. 「영유아보육법」에서 법인·단체 등 어린이집의 종류를 규정하고 있다. 설립 절차는 법인·단체 등 어린이집을 설치·운영하려는 법인 또는 개인이 관할 특별자치도지사·시장·군수·구청장에게 인가를 신청해야 한다. 인가를 신청받은 관할 특별자치도지사·시장·군수·구청장은 신청한 어린이집이 설치기준에 적합한지 여부를 현장에서 확인한 결과 및 해당 지역의 보육 수요를 고려하여 인가를 결정하게 된다.

영유아보육법 시행령 제18조의2(법인·단체 등 어린이집의 종류)

1. 유아교육법, 초·중등교육법 및 고등교육법에 따른 법인 또는 학교법인이 설치·운영하는 어린이집
2. 종교단체가 설치·운영하는 어린이집
3. 산업재해보상보험법에 따른 근로복지공단이 설치·운영하는 어린이집
4. 교육훈련시설이 설치·운영하는 어린이집
5. 위에서 규정한 어린이집에 준하는 어린이집으로서 교육부장관이 정하는 어린이집

④ 직장어린이집

사업주가 사업장의 근로자를 위하여 단독 또는 공동으로 사업장 내 또는 그에 준하는 인근지역과 사원주택 등 사업장 근로자 밀집 거주 지역에 설치·운영하는 어린이집(국가 또는 지방자치단체의 장이 소속 공무원 및 국가나 지방자치단체의 장과 근로계약을 체결한 사람으로서 공무원이 아닌 사람을 위하여 설치·운영하는 어린이집을 포함)을 말한다(영유아보육법 제10조제4호). 직장어린이집을 설치하려는 자는 관할 특별자치도

지사·시장·군수·구청장에게 인가를 받아야 하고 인가를 신청받은 관할 특별자치도지사·시장·군수·구청장은 신청한 어린이집이 설치기준에 적합한지 여부를 현장에서 확인한 결과 및 해당 지역의 보육 수요를 고려하여 인가를 결정하게 된다. 직장어린이집은 「영유아보육법」의 설치기준을 모두 갖추어야 한다. 다만, 어린이집을 직장에 설치하는 경우에는 안전사고 및 재난에 대비한 어린이집을 갖추어 사옥 내 5층에 설치할 수 있다(영유아보육법 시행규칙 제9조제1항). 직장어린이집에 대하여 설치의무를 두어 상시 여성 근로자 300명 이상 또는 상시 근로자 500명 이상을 고용하고 있는 사업장은 직장어린이집을 설치해야 한다(영유아보육법 시행령 제20조제1항).

⑤ 가정어린이집

가정어린이집은 개인이나 가정 또는 그에 준하는 곳에 설치·운영하는 어린이집을 말한다(영유아보육법 제10조제5호). 상시 영유아 5명 이상 20명 이하를 보육해야 한다(영유아보육법 시행규칙 제9조제1항). 가정어린이집을 설치·운영하려는 자는 관할 특별자치도지사·시장·군수·구청장에게 인가를 신청해야 한다. 인가를 신청받은 관할 특별자치도지사·시장·군수·구청장은 신청한 어린이집이 설치기준에 적합한지 여부를 현장에서 확인한 결과 및 해당 지역의 보육 수요를 고려하여 인가를 결정하게 된다(영유아보육법 제13조제1항 및 영유아보육법 시행규칙 제5조제3항).

⑥ 협동린이집

협동어린이집은 보호자 또는 보호자와 보육교직원이 조합(영리를 목적으로 하지 않는 조합에 한정)을 결성하여 설치·운영하는 어린이집을 말한다(영유아보육법 제10조제6호). 상시 11명 이상의 영유아를 보육해야 한다(영유아보육법 시행규칙 제9조제1항). 협동어린이집은 보육영유아의 보호자 11명 이상 또는 보호자와 보육교직원을 합하여 11명 이상이 출자하여 공동으로 어린이집을 설치·운영할 것을 약정함으로써 그 효력이 발생한다(영유아보육법 시행규칙 제9조제1항).

⑦ 민간어린이집

민간어린이집은 국공립어린이집, 사회복지법인어린이집, 법인·단체 등 어린이집, 가정어린이집, 협동어린이집, 직장어린이집에 해당하지 않는 비영리단체나 비영리법인 또는 개인이 설치·운영하는 어린이집으로서 상시 21명 이상 300명 미만의 영유아를 보육해야 하는 어린이집을 말한다.

(2) 보육시간에 따른 분류

과거의 탁아 및 오늘날의 보육에 해당되는 영어 표기는 'Day Care'로 낮 동안의 돌봄이라는 기간적 개념이 포함되어 있었던 것만큼 보육에서 시간은 중요한 고려 사항이다(김주아 외, 2012).

① 종일제 보육

종일제 보육은 부모의 경제활동 시간에 맞추어 아동을 보육하는 것으로 일반적으로 오전 8시에서 오후 6시까지 이루어지지만, 맞벌이의 경우 직장에 머무는 시간이 다양하기 때문에 융통성 있게 이루어지고 있다.

② 반일제 보육

반일제 보육은 주로 오후 2시 이전까지 아동을 보육하는 형태를 말한다.

③ 시간제 보육

시간제 보육은 가정에서 양육하는 아동에게도 지정된 기관(어린이집, 육아종합지원센터 등)에서 시간단위로 이용하고, 이용한 시간만큼 보육료를 지불하는 보육서비스를 말한다. 시간제 보육서비스의 대상아동은 6~36개월 미만의 영아(유아반의 경우는 일부 기관에서 시범운영 중)를 대상으로 하며, 양육수당 수급자 중 가정양육 가구의 아동을 대상으로 한다.

④ 야간 보육

야간 보육은 야간에 이루어지는 보육 형태를 말한다. 일반적으로 맞벌이 부모의 취업 형태가 낮시간을 이용하여 이루어지지만 야간에 근무할 수밖에 없는 특수한 직종에 종사할 경우 아동의 야간 보육이 필요하다.

⑤ 24시간 보육

24시간 상시 운영하는 것을 24시간 보육이라고 한다. 1994년도부터 24시간제라는 명칭으로 도입을 시도한 서울시에서는 상시 24시간 동안 계속 운영하는 것을 24시간 보육제라고 규정하고 있다(김주아 외, 2012).

표 7-3 어린이집과 유치원의 차이점

구분	유치원	어린이집
소관부처	교육부	보건복지부
근거법	유아교육법	영유아보육법
기관 성격	교육시설	사회복지시설
대상 유아	만 3~5세	만 0~5세
교사 신분	정교사(교원)	보육교사(교원 아님)

출처: 교육부·보건복지부.

6. 아동보육의 쟁점

1) 보육과 애착 형성

어린이집에 다니는 아동은 하루 대부분을 주된 애착 대상인 부모와 분리되어 보내게 되며 보육교사에 대해 애착을 형성해야 한다. 보육교사와의 애착에 대해 살펴보면, 어린이집에 다니는 아동이라고 해도 보육교사에 대한 애착이 어머니에 대한 애착을 대체하는 것은 아니며 여전히 부모가 일차적 애착 대상이고, 보육교사에 대해서는 이차적인 애착을 형성하게 된다. 아동이 보육교사에 대해 안정적 애착을 형성하려면 부모와의 애착 형성의 경우와 마찬가지로 보육교사가 아동을 대하는 방식이 중요하다. 보육교사가 아동에게 반응적이며 민감하고 아동의 욕구에 대해 세심하게 배려하고 돌봐준다면 안정적 애착을 형성하는 데 도움이 된다.

2) 보육과 아동발달

보육이 증가하면서 과연 보육이 아동발달에 미치는 영향이 어떠한지에 관심이 집중되었으나, 그에 대한 답은 간단하지 않다. 보육이 아동발달에 미치는 영향은 보육의 질에 따라 다를 수 있으며 보육 특성 이외의 다른 요인들을 함께 고려되어야 보다 정확하게 이해할 수 있기 때문이다. 보육경험이 아동의 신체 및 운동발달에 미치는 영향은 대체로 긍정적인 것으로 보고되고 있는데, 이는 아동의 가족 환경에 따라서 다르게 나타난다. 저소득층 아동의 경우 어린이집에 다니는 것이 운동발달과 활동성을 증가시키며 아동의 신체 성장에 긍정적인 영향을 미치고 아동기에 흔한 질병에 걸릴 가능성을 감소시킨다고 한다. 이처럼 저소득층 아동의 경우에 보육경험이 가정에서의 양육보다 신체적으로 긍정적인 결과를 가져오는 이유는 질적으로 우수한 어린이집일 경우 가정에서보다 균형 잡힌 영양을 공급해 주고 안전하고 위생적인 환경을 제공하기 때문이다.

3) 통합보육의 기능

아동을 연령에 따라 구분하여 보육할 것인지, 서로 연령이 다른 아동들을 통합하여 보육할 것인지의 문제와 장애가 있는 아동과 비장애아동을 분리할 것인지, 통합하여 보육할 것인지의 문제도 보육 내에서 쟁점이 되는 사항 중 하나이다.

(1) 연령 통합보육

연령 통합보육은 한 반을 구성하는 아동의 연령 범위가 1년 이상이 되도록 반을 구성하여 보육하는 방식으로, 가장 어린 아동과 가장 나이 많은 아동의 연령 차이가 2년 이상일 수도 있다. 연령 통합교육과 보육은 핵가족화 및 형제 없는 아동 증가 추세에 따라 사회적 상호작용 범위가 제한적인 아동의 사회적 경험을 보완하기 위한 대안으로 주목받게 되었다.

Plus TIP 연령 통합보육 장단점

✣ 연령 통합보육 장점

① 사회성 발달 측면에서는 동일 연령 보육에서보다 다양한 대인관계를 경험할 수 있어 사회적 유능성을 기르는 데 도움이 된다. 연장 아동이 연소 아동을 도와주는 방식의 상호작용이 자연스럽게 일어나고 경쟁적인 행동이 덜 발생하기 때문에 동일 연령 보육에서보다 아동 간의 공격적인 행동이 적게 나타난다.

② 인지발달이나 언어발달 측면에서 볼 때는 연소 아동이 연장 아동의 언어나 인지적 과제 수행을 모방할 기회를 많이 가지므로 발달이 촉진되는 경향을 보인다.

③ 연장 아동은 연소 아동의 학습을 도와주면서 자신감을 증진하게 시키는 효과도 얻을 수 있다.

❖ **연령 통합보육 단점**

① 동일 연령 보육보다 계획하고 준비하는 데 시간과 노력을 더 많이 쏟아야 하는 어려움이 있다.

② 교사가 적절한 훈련을 받고 필요한 기술을 가지고 있지 않다면 교육의 질 저하를 초래할 가능성이 존재한다.

(2) 장애아 통합보육

장애아를 대상으로 하는 특수교육은 초기에 비장애아와 분리된 교육이었으나 점차 비장애아와 분리하지 않는 통합교육을 추구하는 방향으로 나아가고 있다. 장애아 통합보육이 비장애아에게 부정적인 영향을 미친다는 증거가 없으며 장애아에게는 소속감을 갖고 사회생활을 영위할 수 있는 기회를 제공하는 등의 장점을 가지고 있다. 장애아 통합교육은 비장애 영유아를 대상으로 한 프로그램 안에 장애 영유아를 함께 배치하여 보육하는 것이다.

Plus TIP 장애아가 통합교육을 통해 얻을 수 있는 긍정적 효과

① 장애아는 장애아로만 구성된 특수학급에서보다 통합학급에서 지적인 자극을 많이 받을 수 있으며, 폭넓고 다양한 경험을 할 수 있기 때문에 발달에 도움을 받을 수 있다.

② 장애아에 비해 신체적·운동적·사회적·언어적·인지적 기능 수준이 높은 비장애아의 행동을 관찰하고 이들과 상호작용하는 기회를 가짐으로써 발달적으로 앞선 행동을 모방하며 학습할 수 있는 기회를 가질 수 있다.

③ 비장애아의 경우에는 통합교육을 통해서 사람들의 다양성을 존중하며, 자신과 다른 사람들을 이해하고 배려하는 태도를 배울 수 있는 장점이 있다.

④ 특히 처음으로 또래 아동과 대인관계 경험을 시작하는 영유아기에 보육기관에서 장애아와 비장애아가 함께 지낸다면 장애 유무와 상관없이 자연스러운 또래 관계를 형성할 수 있으므로 장애아와 비장애아를 통합하기에 매우 적절하다.

⑤ 장애아 통합보육을 경험한 아동은 장애 이외의 다른 측면에 대해서도 다양성에 대한 이해와 존중을 가질 수 있는 데까지 일반화될 수 있다.

4) 보육서비스와 사회복지사의 역할

어린이집에서 일하는 사회복지사는 아동의 보호와 교육에 일차적인 책임을 지는 보육교사와는 다른 업무를 수행해야 한다. 특히 보육 대상이 되는 빈곤가정이나 결손가정의 아동에게 종합적인 보육서비스를 제공하는 사회복지사의 역할은 매우 중요하다.

Plus TIP 사회복지사가 아동, 가족, 교사, 지역사회에 대해서 해야 할 역할

① 아동에 대해서 사회복지사는 아동의 문제와 욕구를 사정하고, 문제를 나타내는 아동을 상담하며, 적합한 지역사회자원을 개발하고 연계하는 역할을 해야 한다. 가정방문을 통하여 가족의 문제와 욕구를 파악하고, 부모교육과 부모상담을 통해 가정의 심리·정서적인 문제를 해결할 수 있도록 한다. 경제적인 어려움을 겪고 있는 가정에 정보를 제공하거나 지역사회자원을 연결해 주도록 한다.

② 부모가 보육프로그램에 적극적으로 관여할 수 있도록 부모-교사와의 관계를 촉진하는 역할을 해야 한다. 보육교사와는 팀 접근을 통하여 보육의 목적이 달성되도록 해야 한다.

③ 보육 아동에 대한 심리·사회적 정보나 가정의 정보를 제공하고, 보육교사가 인지하지 못하는 사회복지적인 관점에서 문제 해결 방안을 제시하는 역할을 한다.

④ 지역사회에 대한 서비스 제공 역할로서 사회복지사는 어린이집이 보육 아동만 보호하고 교육하는 기능을 넘어 지역주민이 시설을 활용하도록 하고, 어린이집도 지역의 자원 활용이나 지역행사에 적극적으로 참여할 수 있도록 해야 한다.

⑤ 어린이집에서 이루어지는 사회복지서비스는 아동을 직접 보살피는 일을 제외하고 하나의 단위로서의 가족과 가족원 개개인의 기능을 향상하는 데 이바지하는 모든 지지적 서비스를 포함한다.

⑥ 가정이 사회적·경제적 문제 등에 압도되어 있는 상황이라면 아동에 대한 개입 프로그램이 아무리 훌륭하다 하더라도 아동의 인지적·사회적·정서적·신체적 발달을 유지하거나 향상하는 데 성공할 수 없기 때문에, 사회복지는 가족 기능을 지원할 수 있는 포괄적인 서비스를 제공해야 한다.

7. 보육서비스의 과제

우리나라 보육서비스의 발전을 위해서 개선되어야 할 과제를 중심으로 살펴보면 다음과 같다.

1) 아동 중심성 강화

보육정책에서 아동 중심성을 강화하는 것이 필요하다. 보육시설·유치원·학원 등이 보건복지부, 교육부의 서로 다른 부처의 관할하에 각기 다른 법의 적용을 받고 있어, 성인의 필요나 입장, 기존의 이해관계에 대해 논쟁하면서 이익집단 간에 서로 대립하고 갈등하게 될 수 있다. 그러나 복잡해진 우리 사회 속에서 어느 한 편이 우리 아이들의 종합적인 발달, 전체적인 성장을 지원하는 일을 도맡을 수는 없고 각자 다 함께 노력하면서 우리 아동들의 행복을 보장해 주어야 한다. 아동의 입장을 보육 정책에 반영시킬 필요가 있다. 이를 위해서는 성인들의 이해관계에 의해서만 보육 정책이 결정되기보다는 당사자인 아동이 현재의 보육환경을 어떻게 인식하고 있는지를 고려해야 한다. 보육의 주체에는 교사와 부모뿐만 아니라 아동 당사자도 포함되기 때문이다. 아이들의 발달수준에 맞게 아동의 의사를 반영할 방안을 반드시 고민해야 한다. 그러지 않으면 아동의 의견은 항상 무시되고 고려되지 않는다.

2) 보육교사의 전문성 확보

보육교사의 질은 보육서비스의 질을 높이는 중요한 요인이 될 것이다. 보육교사의 자격기준에 대하여 정부는 대면교육의 강화 및 현장실습 기간 확대 등의 방안을 마련하여 실시하고 있다. 보육교사의 양성 과정뿐만 아니라 현직교사의 연수 및 보수교육, 원장 사전교육 실시 등의 자격 강화에 초점을 맞추어 많은 부분에서 보육교사의 전문성을 강화해야 한다.

3) 보육서비스의 공공성 확보

보육은 보호자 중심의 대리보육의 관점보다는 영유아의 발달을 도모하는 보편적 관점으로 접근되어야 한다(한미현 외, 2016). 즉, 보육사업은 국가의 책임하에 이루어져야 함에도 불구하고 우리나라의 보육사업은 민간 주도로 이루어져 왔다. 그러나 지역에 따라 국공립어린이집을 이용하는 격차가 발생한다면 보육의 공공성 정책에는 문제가 있다고 할 수 있을 것이다. 지역 간의 보육서비스의 격차를 줄이기 위한 노력이 필요하다. 이러한 공공성의 확보와 함께 어린이집의 설치에 대한 법 정비가 이루어져야 할 것이며, 이것은 보육의 기본인 안전의 확보에 중요한 요인이 될 것이다.

4) 다양한 보육서비스의 제공

언제든지 보육서비스가 필요하면 보육서비스를 받을 수 있는 환경과 정책이 선행되어야 한다. 보호자의 병원 이용과 직업 관련 여러 가지 상황이 발생하면 1시간 보육서비스부터 장시간 보육서비스의 이용까지도 정책적으로 지원되어야 한다. 또한, 자녀의 양육과 건강 등의 상황에도 맞출 수 있는 보육서비스 제공기관이 안정적으로 지원되어야 자녀양육에 있어 보호자가 겪는 불안감 감소와 출산에 대해 부정적인 인식도 줄일 수 있을 것이다.

CHAPTER 08

가정위탁과 입양

가정위탁은 원가정에서 아동이 안정된 양육·보호를 받을 수 없는 상황에서 시설에 보호하는 방법 이외에 다른 가정에서 아이를 보호하는 것을 의미한다. 입양은 혈연관계 없이 법적인 절차를 통해 부모와 자식의 관계를 맺는 것을 의미한다. 가정위탁과 입양은 아동복지의 유형 중 대표적인 대리적 서비스의 유형이다.

1. 가정위탁

1) 가정위탁보호아동의 개념

(1) 가정위탁의 개념

가정위탁제도는 시설보호 중심의 아동보호체계에서 벗어나, 아동에게 가족의 따뜻함을 제공하고자 하는 사회적 요구에 따라 발전해 왔다. 우리나라에서는 유엔 아동권리협약에 기초하여 '선 가정보호, 후 시설보호'를 추진하였고, 2005년에는 「아동복지법」에 가정위탁에 대한 법적 근거를 마련하는 등 가정위탁을 탈시설화 정책의 하나로서 정책적으로 강조하고 있지만, 입양을 위한 전 단계의 조치에 머무르거나 대리 양육 또는 친인척 가정위탁 중심으로 운영되고 있는 실정이다. 가정위탁이 활발하게 전개되지 못하는 원인으로는 ① 혈통을 중시하는 가족제도, ② 경제적 불안정, ③ 주택문제(주거공간의 부족), ④ 아동수당 등 사회보장의 미비 등을 들 수 있다(조미숙, 2022: 366).

미국 아동복지연맹(Child Welfare League of America, CWLA)은 학대, 방임, 가정 해체 등의 위기에 처한 아동들을 위한 가정위탁을 아동복지서비스의 핵심 요소로 간주하며, 가정적인 환경 제공, 아동 중심의 접근, 위탁가정의 질적 관리, 친가족과의 관계 유지, 다양한 형태의 위탁 서비스 제공, 입양과의 연계를 중요한 요소로 보고 있다. 우리나라의 「아동복지법」 제3조에 의하면 "가정위탁"이란 보호대상아동의 보호를 위하여 성범죄, 가정폭력, 아동학대, 정신질환 등의 전력이 없는 보건복지부령으로 정하는 기준에 적합한 가정에 보호대상아동을 일정 기간 위탁하는 것을 말한다.

(2) 가정위탁보호아동의 개념

가정위탁보호아동이란 원가정에서 양육하기 어려운 상황에 놓인 아동을 일반 가정에 맡겨 보호하고 양육하는 제도에 의해 보호받는 아동을 말한다. 가정위탁보호가 필요한 상황은 아동의 부모가 가정에서 아동을 보호할 수 없거나 보호하지 않으려고 하는 경우가 해당된다. 가정위탁보호가 필요하게 되는 상황은 첫째, 부모와 관련된 여러 가지 어려움, 가령 부모의 사망, 이혼, 별거, 신체적 혹은 정신적 질병, 유기, 학대, 적절한 재정자원의 결핍 등, 둘째, 아동과 관련된 여러 가지 어려움, 가령 아동의 신체적 장애, 지적장애, 사회적 일탈행위, 정서적 혼란 등으로 구분할 수 있다.

(3) 가정위탁의 법적 근거

가정위탁의 법적 근거는 첫째, 「아동복지법」 제3조(정의), 제4조(국가와 지방자치단체의 책무), 제15조(보호조치), 제15조의3(보호대상아동의 양육상황 점검), 제16조(보호대상아동의 퇴소조치 등), 제16조의2(보호대상아동의 사후관리), 제48조(가정위탁지원센터의 설치 등), 제49조(가정위탁지원센터의 업무), 제59조(비용보조) 등이다. 둘째, 「국민기초생활보장법」 제4조(급여의 기준 등)제3항, 제7조(급여의 종류), 제8조의2(부양능력 등)제3항, 제10조(생계급여를 실시할 장소), 제14조의2(급여의 특례) 및 이 법 시행령 제5조의6(부양능력이 없는 경우) 등이다. 셋째, 「의료급여법」 제3조(수급권자)에 근거한다.

2) 가정위탁보호의 유형

가정위탁은 원가정에서 양육될 수 없는 아동을 일정 기간 동안 다른 가정에서 보호하고 양육하는 제도이다. 위탁가정의 유형은 위탁아동과 위탁부모의 관계, 아동의 특성, 위탁기간 등에 따라 다양하게 분류될 수 있다. 한국의 「아동복지법」 및 관련 지침에 따르면, 주로 다음과 같은 유형으로 구분된다.

(1) 위탁아동과 위탁부모의 관계에 따른 유형

위탁아동과 위탁부모의 관계에 따른 유형으로 살펴보면 다음과 같다.

첫째, 대리양육가정위탁으로 친조부모, 외조부모 등 직계존속이 아동을 위탁받아 양육하는 형태이다. 주로 부모의 사망, 질병, 수감 등의 사유로 조부모가 손자녀를 돌보는 경우가 많다.

둘째, 친인척가정위탁으로 조부모를 제외한 삼촌, 이모, 고모, 외삼촌 등 8촌 이내의 친인척이 아동을 위탁받아 양육하는 형태이다.

셋째, 일반가정위탁으로 혈연관계가 없는 일반가정에서 아동을 위탁받아 양육하는 형태이다.

(2) 아동의 특성에 따른 유형

아동의 특성에 따른 유형으로 살펴보면 다음과 같다.

첫째, 일반가정위탁으로 특별한 보호나 지원이 필요하지 않은 아동을 일반가정에서 위탁하여 양육하는 형태이다.

둘째, 전문가정위탁으로 학대피해아동, 장애아동, 2세 이하 영유아 등 특별한 보호와 전문적인 양육 기술이 필요한 아동을 전문가정에서 위탁하여 양육하는 형태이다. 전문가정 위탁부모는 일반 위탁부모보다 더 많은 교육과 훈련을 이수해야 하며, 아동의 특성에 맞는 전문적인 서비스를 제공할 수 있어야 한다.

(3) 위탁기간에 따른 유형

위탁기간에 따른 유형으로 살펴보면 다음과 같다.

첫째, 일시위탁으로 단기간(보통 3개월 이내, 최대 6개월) 동안 일시적으로 아동을 보호하는 형태이다. 부모의 질병, 입원, 여행 등 일시적인 사유로 인해 아동을 단기간 동안 돌볼 사람이 없을 때 이용될 수 있다.

둘째, 장기위탁으로 장기간(6개월 이상) 동안 아동을 보호하는 형태이다. 친가정의 상황이 장기간 개선되기 어렵거나, 아동의 복리를 위해 장기간 위탁보호가 필요하다고 판단될 경우 이용된다.

(4) 긴급위탁

긴급위탁은 갑작스러운 사건 사고나 긴급 상황 발생 시 즉시 아동을 보호하기 위한 위탁이다.

표 8-1 각 유형의 특징 및 장단점

유형	특징	장점	단점
대리양육 가정위탁	조부모가 양육	아동의 정서적 안정감 높음, 익숙한 환경 제공	조부모의 고령으로 인한 양육의 어려움, 경제적 부담 증가 가능성
친인척 가정위탁	친인척이 양육	아동의 정서적 안정감 비교적 높음, 친가족과의 유대감 유지 가능	친인척 관계에 따른 갈등 발생 가능성
일반가정 위탁	혈연관계 없는 가정에서 양육	다양한 가정환경 경험 가능, 새로운 가족 관계 형성 가능성	아동의 적응 어려움, 위탁부모와의 관계 형성 어려움
전문가정 위탁	특별한 보호가 필요한 아동을 전문가정에서 양육	전문적인 서비스 제공 가능, 아동의 특성에 맞는 맞춤형 양육 가능	전문가정 부족, 일반가정 위탁보다 비용이 많이 소요됨
일시위탁	단기간 보호	긴급상황에 신속하게 대처 가능	아동의 불안정감 증가 가능성

3) 가정위탁 대상 아동 및 위탁가정의 유형

(1) 가정위탁 대상 아동

가정위탁 대상 아동은 「아동복지법」 제3조에 근거하여 18세 미만인 아동(18세 이상인 경우에도 고등학교 재학 중인 아동은 포함)으로서, 보호자가 없거나 보호자로부터 이탈된 아동, 아동을 학대하는 경우 등 그 보호자가 아동을 양육하기에 적당하지 아니하거나 능력이 없는 경우의 아동을 말한다. 단, 보호대상아동 발생 시 2세 이하(36개월 미만) 아동은 가정위탁으로 우선 배치한다. 더불어 「아동복지법」 제16조3

에 의거하여 18세 이상 아동의 보호기간을 25세에 달할 때까지 연장이 가능하다(2022.06.22. 시행).

(2) 위탁가정의 유형 및 자격기준

위탁가정이란 위탁보호가 필요한 아동에게 일정 기간 동안 친부모의 역할을 대신하여 보호, 양육하는 가정을 말한다(아동복지법 시행령 제14조제1항제1호~제3호).

일반가정위탁 (친인척, 친인척 외)	전문가정위탁보호	일시가정위탁보호
보호대상아동을 보호 · 양육하는 것을 목적으로 하는 일반적인 가정위탁보호가정으로 아동과 위탁가정의 관계에 따라 친인척(혈연관계)과 친인척 외(비혈연관계)로 나뉘어져 있다.	특별한 보호가 필요한 보호대상아동(학대피해아동, 2세 이하(36개월 미만) 아동, 장애아동, 경계선지능아동(종합심리검사 결과 경계선지능으로 진단받은 아동 등)을 전문적으로 보호 · 양육하는 것을 목적으로 하는 가정위탁보호제도를 말한다.	보호대상아동을 일시 위탁하여 보호 · 양육하는 것을 목적으로 하는 가정위탁보호제도를 말한다.

출처: 서울시가정위탁지원센터(2025).

① 일반가정위탁

- 위탁아동을 양육하기에 적합한 수준의 소득이 있는 가정
- 위탁아동에 대하여 종교의 자유를 인정하고 건전한 사회구성원으로 자랄 수 있도록 양육과 교육환경을 갖춘 가정
- 위탁부모의 나이가 25세 이상(부부의 경우 부부 모두 해당)으로서 위탁아동과의 나이 차이가 60세 미만인 가정
- 자녀가 없거나 자녀의 수가 위탁아동을 포함하여 4명 이내인 가정(18세 이상 자녀 제외)
- 가정에 성범죄, 가정폭력, 아동학대, 마약, 알코올, 약물중독, 정신질환 등의 전력이 있는 사람이 없는 가정
- 매년 기본 5시간 이상 일반가정위탁 부모교육을 이수할 수 있는 가정

② 전문가정위탁

일반가정위탁의 기준을 충족하고, 위탁부모 중 1인 이상이 전문가정위탁 부모교육을 이수하고 위탁부모 경험이 3년 이상이며 다음 요건 중 어느 하나의 기준을 충족하여야 한다.

- 「사회복지사업법 시행령」 제2조제1항에 따른 사회복지사
- 「영유아보육법」 제21조제2항에 따른 보육교사
- 「유아교육법」 제22조제2항에 따른 교사
- 「초·중등교육법」 제21조제2항에 따른 교사
- 「의료법」 제2조제1항에 따른 의료인
- 「청소년 기본법」 제22조제1항에 따른 청소년상담사
- 「고등교육법」 제2조에 따른 학교 또는 「평생교육법」 제32조제1항·제33조제3항에 따라 교육부장관의 인가를 받아 전문대학·대학졸업자와 동등한 학력·학위가 인정되는 평생교육시설에서 심리 관련 학과를 졸업한 사람으로서 해당 분야의 경력이 3년 이상인 사람
- 기타 학대피해아동, 장애아동, 경계선 지능아동 중 어느 하나에 관한 교육과정을 이수하였거나 그동안의 활동상황이나 경험에 비추어볼 때 전문위탁부모로서 적합하다고 시·도지사, 시·군·구청장이 인정한 자

③ 일시가정위탁

일반가정위탁(공통 기준)의 기준을 충족하고, 서울시아동복지센터의 일시위탁부모 선정결과 통보일이 일시가정위탁 의뢰일로부터 1년 이내이다.

4) 지원

(1) 위탁아동

① 기초생활보장법에 의거한 생계비

- 지원대상: 가정위탁보호아동
- 지원내용: 국민기초생활보장법에 의한 생계비 지원
  (단, 부양의무자의 소득과 재산 기준 등 개별가정 사정에 따라 지원되지 않는 경우도 있음)
- 신청접수: 거주지 관할 행정복지센터에 상담 및 신청

② 위탁아동 심리치료 지원

- 지원대상: 심리, 정서적으로 치료를 요하는 아동
- 지원내용: 놀이, 미술, 음악, 인지, 언어치료 및 기타 아동의 심리 정서 회복을 위한 치료 및 검사비(1회)
- 신청접수: 서울가정위탁지원센터(문의 : 02-325-9080)

③ 디딤씨앗통장(CDA) 지원

- 지원대상: 가정위탁보호아동
- 지원내용: 아동이 매월 일정 금액을 적립할 경우 지자체에서 최대 10만 원 이내 1 : 2 매칭 금액 적립(정부 적립은 만 18세 미만까지만 지원, 만 24세까지 저축 가능) 희망키움통장 중복 가능, 꿈나래통장사업 중복 불가
- 신청접수: 거주지 관할 행정복지센터에 상담 및 신청

④ 상해보험 지원

- 지원대상: 가정위탁보호아동
- 지원내용: 후유장해보험금, 입원의료비, 통원의료비, 암치료비, 상해 및 질병입원일당, 치아치료비, 강력범죄 위로금, 일상배상책임 등(세부지원사항 구청에 문의)
- 신청접수: 서울가정위탁지원센터와 상담 후 거주지 관할 구청 방문하여 사고 발생 시 증빙서류 가지고 청구서 작성

⑤ 자립지원서비스

- 지원대상: 만 15세 이상 보호(연장) 아동
- 지원내용: 자립기술 강화 지원, 자립준비 관련 교육, 훈련 및 자격증 취득 지원, 자립준비계획 및 자립기술평가 등 자립준비 지원, 진학프로그램, 진로심리검사 등
- 신청접수: 서울가정위탁지원센터(문의 : 02-325-9080)

⑥ 대학진학자금

- 지원대상: 대학교 진학을 예정하는 가정위탁보호아동 및 5년 이내 보호종료아동
- 지원내용: 아동 1인당 일시 500만 원 이내(전문대학 및 대학 이상의 학력, 학위가 인정되는 평생교육시설의 정규대학 진학자), 고지된 대학입학금 중 장학금을 제외한 금액을 지급
- 신청접수: 거주지 관할 행정복지센터에 상담 및 신청

⑦ 자립정착금

- 지원대상: 만 18세 이상의 가정위탁보호 종결아동(연장보호 종결아동 포함)
- 지원내용: 일시 1,500만 원(가정위탁 책정된 지 1년 이상, 서울특별시 전입일 6개월 이상 경과해야 하며, 자립지원계획서 및 정착금 사용계획서 작성 필수)
- 신청접수: 서울가정위탁지원센터 및 거주지 관할 구청

⑧ 자립수당

- 지원대상: 가정위탁보호 종료 5년 이내 아동 중 만 18세 이후 만기 또는 연장보호 종료된 아동, 보호종료일 기준 과거 2년 이상 연속하여 보호를 받은 아동
- 지원내용: 보호종료 후 안정적 자립생활을 위하여 최대 36개월간 매월 일정액의 수당 지급(월 40만 원)
- 신청접수: 거주지 관할 행정복지센터 상담 및 신청

⑨ 전세주택지원

- 지원대상: 양육자가 무주택세대 구성원인 위탁가정, 가정위탁 보호조치가 종료된 지 5년 이내인 무주택자 아동
- 지원기간: 계약기간 만료 또는 지원대상자의 연령이 만 20세를 초과한 경우 지원기한연장의 필요성 여부를 판단하여 2년 단위로 최대 3회까지 연장하여 재계약 가능
- 가구당 지원한도액

구분		보호대상아동 수에 따른 가구당 지원한도		비고
		1명	2명	
일반 주택	수도권	12,000만 원	13,500만 원	전세보증금이 지원 한도 이하인 경우 전세보증금으로 한다.
	광역시	8,000만 원	10,000만 원	
	그 밖의 지역	6,000만 원	8,500만 원	

* 보호대상아동 3명 이상인 경우 아동 수에 따라 2,000만 원씩 대출한도 상향

- 신청접수: 거주지 관할 행정복지센터 및 구청 상담, 신청

⑩ 각종 바우처 지원

- 지원대상: 가정위탁 보호아동(각 바우처마다 대상 상이)
- 지원내용: 문화바우처, 보건위생바우처, 에너지바우처 등
- 신청접수: 거주지 관할 행정복지센터에 상담 및 신청

⑪ 양육보조금

- 지원내용: 위탁아동 1인당 월 30~50만 원 지원
  (만 7세 미만 월 30만 원, 만 7~13세 미만 월 40만 원, 만 13세 이상 월 50만 원)
- 신청접수: 별도 신청 필요 없음

(2) 위탁가정

① 전문아동보호비

- 지원내용: 전문가정위탁보호세대에 한하여 전문아동보호비를 위탁부모에게 지원금 지급
- 지원대상: 전문가정위탁보호세대(전문적인 자격을 지닌 위탁부모, 전문적인 보호가 필요한 아동 대상)
- 신청접수: 별도 신청 필요 없음

② 아동용품 구입비

- 지원내용: 신규 가정위탁보호 책정아동에 대해 가정위탁 초기 아동 적응 및 양육에 필요한 물품 구입 등 소요비용 지원
- 지원대상: 일반(친인척 외)위탁가정 및 전문위탁가정, 위기위탁가정, 무연고 일시위탁가정
- 신청접수: 서울가정위탁지원센터(문의 : 02-325-9080)

③ 연말정산 시 인적공제

- 지원내용: 연말정산 시 인적공제(1인당 기본공제 150만 원)
- 지원대상: 과세기간에 6개월 이상 직접 양육한 만 18세 미만의 아동
- 신청접수: 거주지 관할 세무서에 신청(가정위탁보호확인서 필요)

④ 부모교육 및 프로그램

- 지원내용: 보수교육 및 부모교육 제공, 아동양육에 필요한 각종 특강 및 프로그램, 위탁부모 쉼과 회복지원(나들이, 여행 등)
- 신청접수: 서울가정위탁지원센터(문의 : 02-325-9080)

5) 가정위탁아동 현황과 개선 방향

(1) 가정위탁아동의 현황

2022년 현재 가정위탁아동은 일반가정위탁 보호아동 9,075명, 전문가정위탁 보호아동 237명, 일시가정위탁 보호아동 17명으로 총 9,330명이 보호를 받고 있는 것으로 나타났다(국가통계포털, 2022).

이에 대한 특징을 살펴보면 첫째, 일반위탁(친인척 위탁) 중심으로 대부분의 위탁이

친인척 관계 내에서 이루어지고 있다. 이는 아동의 정서적 안정에 긍정적인 측면이 있지만, 일반가정의 참여가 저조하다는 문제점을 보여준다.

둘째, 전문위탁 및 일시위탁의 부족으로 특별한 보호가 필요한 아동을 위한 전문위탁과 긴급상황 발생 시 단기보호를 위한 일시위탁은 매우 부족한 실정이다.

셋째, 위탁가정 수의 감소 추세로서 최근 몇 년간 위탁가정 수가 지속적으로 감소하고 있다. 이는 위기아동 발생 수에 비해 위탁가정이 부족하다는 것을 의미하며, 가정보호가 필요한 아동들이 시설로 입소하는 경우가 많아지는 원인이 될 수 있다.

넷째, 시설보호 대비 낮은 보호비율이다. 보호대상 아동 중 가정위탁을 받는 비율은 시설입소 비율보다 낮다. 이는 가정 중심의 보호체계 구축이 여전히 미흡함을 나타낸다.

다섯째, 2세 미만 영아의 가정보호 우선 정책의 실효성 문제이다. 정부는 2세 미만 영아의 경우 가정보호를 우선시하는 정책을 추진하고 있지만, 여전히 위탁가정 부족으로 어려움을 겪고 있다.

(2) 개선 방향

가정위탁은 아동에게 가정적인 환경을 제공하여 건강하게 성장할 수 있도록 돕는 중요한 제도이다. 아동 개개인의 상황에 맞는 최적의 보호와 양육이 이루어질 수 있도록 다음과 같은 개선이 이루어져야 할 것이다.

첫째, 위탁가정 발굴 및 지원 강화이다. 일반가정의 위탁 참여를 유도하기 위한 적극적인 홍보가 필요하다. 특히 위탁가정에 대한 경제적 지원, 양육교육, 상담 서비스 등 실질적인 지원이 부족으로 위탁가정의 어려움이 가중되고 있다. 이에 위탁아동과 위탁가족 모두에게 필요한 다각적인 지원정책의 마련이 필요하다.

둘째, 전문위탁 및 일시위탁 시스템 구축이다. 전문적인 양육기술을 갖춘 위탁가정 양성 및 지원체계를 구축하고, 긴급상황 발생 시 신속하게 아동을 보호할 수 있는 일시위탁 시스템을 마련해야 할 것이다.

셋째, 사례관리 체계 강화이다. 위탁아동 및 위탁가정에 대한 체계적인 사례관리가 이루어지지 않아 아동의 성장 발달 및 위탁가정의 어려움에 적절하게 대처하지 못하는 경우가 발생할 수 있다. 위탁아동 및 가정에 대한 체계적인 사례관리 시스템을 구축하여 아동의 성장 발달 및 위탁가정의 어려움에 적절하게 대처해야 할 것이다.

2. 입양아동

1) 입양의 개념 및 법적 근거

(1) 입양의 개념

입양은 대리적 서비스의 대표적인 유형으로 아동의 친부모가 직접적으로 양육하기 곤란한 상황에서 아동에게 새로운 가정을 제공하는 서비스이다. 즉, 입양은 혈연관계가 없는 사람들 사이에 법률적, 사회적으로 부모-자녀 관계를 맺는 제도이다. 카두신(Kadushin)은 입양을 '출생 이후의 법적·사회적 관계에 의해서 영원한 친자관계를 맺게 하는 것'으로 설명하였다. 즉, 친부모가 아동을 양육할 수 없는 어떠한 이유로 인하여 원(친)가정에서의 양육을 포기한 경우 아동의 건전한 성장과 육성을 위하여 법적으로 새로운 가정을 마련해 주는 것이다.

이러한 내용을 종합하여 입양의 개념을 정리하면, 입양이란 혈연적으로 친자관계가 없는 사람 사이에 법률적으로 친자관계를 맺는 신분행위라고 할 수 있다. 이러한 입양은 양부모가 되려는 사람과 양자가 될 사람의 합의가 있거나(민법 제883조 제1호), 가정법원의 허가(민법 제867조제1항, 국내입양에 관한 특별법 제21조)를 얻을 때 입양신고를 하여야 그 효력이 발생한다(조미숙, 2022: 382).

(2) 입양의 핵심 개념

사회사업 백과사전에서 "입양이란 부모가 되는 사회적이고 법적인 과정이며, 입양 후에 부모와 아동은 그들이 생물적으로 관련되는 것과 똑같은 상호 권리와 의무를 갖는다"라고 규정하고 있다. 이는 다음과 같은 핵심적인 의미를 포함한다.

첫째, 법적 관계 형성으로 입양은 법원의 허가를 받아 이루어지는 법적인 행위이다. 입양이 성립되면 입양아동은 양부모의 법적 자녀가 되며, 친부모와의 법적 관계는 종료된다(일반 입양의 경우, 친양자 입양은 친부모와의 관계가 완전히 단절됨).

둘째, 영구적인 관계이다. 입양은 일시적인 보호가 아닌 영구적인 가족관계 형성을 목적으로 한다. 양부모는 입양아동을 친자녀와 동일하게 양육하고 보호할 의무를 가진다.

셋째, 아동의 복리 우선이다. 입양의 가장 중요한 원칙은 아동의 복리로서, 입양은 아동에게 안정적인 가정환경을 제공하고 건강하게 성장할 수 있도록 돕는 것을 목적으로 한다.

(3) 법적 근거

① 국내입양에 관한 특별법(국내입양특별법) 제6조(국가 등의 책무)

국가와 지방자치단체는 건전한 입양문화를 조성하고, 보호대상아동의 국내입양을 활성화하며, 아동이 입양 후의 가정생활에 원만하게 적응할 수 있도록 입양가정에 대한 사회적 편견 및 차별을 해소하는 등 입양아동의 권익과 복지 증진을 위하여 다음의 사항을 실시하여야 한다.

- 입양정책의 수립 및 시행
- 입양에 관한 실태조사 및 연구
- 입양 및 사후관리 절차의 구축 및 운영
- 입양아동 및 입양가정에 대한 지원
- 입양 후 입양아동과 입양가정의 상호적응을 위한 상담 및 복지서비스 제공
- 입양아동 및 입양가정에 대한 사회적 편견 및 차별 해소 정책의 수립 및 시행
- 입양에 대한 교육 및 홍보
- 그 밖에 보건복지부령으로 정하는 필요한 사항

② 아동복지법 제10조2(국내입양에 관한 특별법 및 국제입양에 관한 법률에 따른 입양 체계의 구축 및 운영을 위한 업무)

- 국내외 입양정책 및 서비스에 관한 조사·연구
- 양부모 및 예비양부모에 대한 교육 운영
- 「국내입양에 관한 특별법」에 따른 입양정책위원회 운영 지원
- 입양정보 공개 청구 관련 업무

- 입양 관련 국제협력 업무
- 「국내입양에 관한 특별법」 및 「국제입양에 관한 법률」에 따라 보건복지부장관으로부터 위탁받은 업무
- 그 밖에 「국내입양에 관한 특별법」 및 「국제입양에 관한 법률」에 따른 입양 체계 구축 및 운영과 관련하여 보건복지부장관이 필요하다고 인정하는 업무

③ 가사소송규칙 제62조9(미성년자 양육에 관한 교육 등)

가정법원은 친양자 입양에 관한 심판 및 미성년자 입양을 허가하는 심판을 함에 있어서 필요한 경우 양부모가 될 사람에 대하여 미성년자 양육에 관한 교육을 실시하거나 입양기관, 사회복지기관 등에서 실시하는 미성년자 양육을 위한 교육을 받을 것을 명할 수 있다.

2) 입양의 목적과 기본원리

(1) 입양의 목적

한국의 「입양특례법」(1976, 현: 국내입양에 관한 특별법)과 「아동복지법」(1981)은 기아, 또는 결손, 결함가족의 아동 중 요보호아동의 시설보호를 억제하고 국내 건전 가정에 입양하여 건전하게 양육되도록 하는 데에 입양의 목적이 있음을 명시하고 있다.

카두신(Kadushin)은 입양의 목적을 다음과 같이 설명하고 있다. 첫째, 아동에게 영구적인 가정과 가족관계를 갖게 한다. 둘째, 불임부모에게 부모가 될 수 있는 기회를 제공한다. 셋째, 가문 계승의 수단이 된다. 넷째, 유산을 물려주는 수단이 된다. 다섯째, 자녀를 원하지 않거나 보호할 능력이 없는 부모를 위한 대체수단이 된다. 여섯째, 자녀가 있는 사람이 아동을 더 양육하려는 욕구와 능력이 있을 때, 이를 만족시키는 제도가 된다.

(2) 입양의 기본원리

입양의 기본원리는 아동의 복리를 최우선으로 고려하여, 친가정에서 양육될 수 없는 아동에게 영구적인 가정을 제공하는 것이다. 이는 단순히 아이를 데려오는 것이 아닌 법적, 사회적으로 완전한 부모-자녀 관계를 형성하는 것을 의미한다.

① 아동 최상의 이익 우선의 원칙

입양의 모든 과정에서 가장 중요한 것은 아동의 복리이다. 입양은 아동에게 안정적인 가정환경을 제공하고 건강하게 성장할 수 있도록 돕는 것을 목적으로 해야 한다. 아동의 나이, 성별, 건강 상태, 정서적 욕구, 특별한 필요 등을 종합적으로 고려하여 아동에게 가장 적합한 가정을 찾아주어야 한다.

② 가정 중심 보호의 원칙

아동은 가정적인 환경에서 성장하는 것이 가장 바람직하다. 입양은 시설보호의 대안으로서, 아동에게 영구적인 가정을 제공하는 것을 목표로 한다. 가능한 한 가정과 유사한 환경에서 사랑과 보살핌을 받으며 성장할 수 있도록 지원해야 한다.

③ 영구성의 원칙

입양은 일시적인 보호가 아닌 영구적인 가족관계 형성을 목적으로 한다. 양부모는 입양아동을 친자녀와 동일하게 양육하고 보호할 의무를 지닌다. 입양은 법적으로 완전한 가족관계를 형성하는 행위이며, 쉽게 취소할 수 없다.

④ 아동의 참여 및 의견 존중의 원칙

입양 과정에서 아동의 의견을 존중해야 한다. 특히, 일정한 연령 이상의 아동은 입양에 대한 동의를 구할 수 있으며, 자신의 의사를 표현할 기회를 가져야 한다. 아동의 의견은 입양 결정에 중요한 요소로 고려되어야 한다.

⑤ 친생부모와의 관계 고려의 원칙

입양 유형에 따라 친생부모와의 관계가 달라진다. 일반 입양의 경우 친생부모와의 혈연관계가 유지되지만, 친양자 입양의 경우 법적 관계가 완전히 단절된다. 입양 과정에서 아동의 정서적 안정과 정체성 형성을 위해 친생부모와의 관계를 어떻게 고려할지 신중하게 결정해야 한다.

⑥ 차별 금지의 원칙

입양 과정에서 아동의 인종, 국적, 종교, 장애, 성적 지향 등 어떠한 이유로도 차별받아서는 안 된다. 모든 아동은 동등한 기회를 가져야 하며, 공정하게 평가받아야 한다.

⑦ 전문적인 서비스 제공의 원칙

입양은 복잡한 과정이므로, 입양기관의 전문가들이 상담, 교육, 가정조사, 사후관리 등 전 과정에 걸쳐 전문적인 서비스를 제공해야 한다. 입양을 고려하는 가정은 입양기관을 통해 충분한 정보와 지원을 받아야 한다.

⑧ 비밀 보장의 원칙

입양 과정에서 얻게 된 개인정보는 철저히 비밀로 유지되어야 한다. 특히, 비공개 입양의 경우 아동의 출생에 대한 비밀을 보호해야 한다.

3) 입양의 유형

(1) 일반적 입양의 유형

입양은 혈연관계가 없는 사람들 사이에서 법적인 절차를 거쳐 부모-자녀 관계를 맺는 제도이다. 입양은 여러 기준에 따라 다양한 형태로 나눌 수 있으며, 각 형태는 법적 효력, 친생부모와의 관계, 공개 여부 등에서 차이를 보인다. 주요 입양의 유형을 살펴보면 다음과 같다.

① 친생부모와의 관계 유지 여부에 따른 형태

- **일반 입양**(양자 입양): 입양 후에도 입양아동과 친생부모 사이의 법적 관계가 일부 유지된다. 즉, 친생부모와의 혈연관계는 그대로 존속하며 상속권 등도 유지되지만, 친권은 양부모에게 이전된다. 입양아동은 양부모의 가족구성원이 되는 동시에 친생가족의 구성원이기도 한 이중의 법적 지위를 갖게 된다. 일반적으로 입양 사실을 공개하며, 친생부모와의 교류가 이루어지는 경우도 있다. 과거에는 이 형태의 입양이 대부분이었으나, 현재는 친양자 입양 제도가 도입되면서 그 비중이 줄어들고 있다.
- **친양자 입양**: 입양과 동시에 입양아동과 친생부모 사이의 법적 관계가 완전히 단절된다. 입양아동은 양부모의 친생자와 동일한 법적 지위를 갖게 되며, 성과 본도 양부모의 것을 따르게 된다. 친양자 입양은 아동에게 완전하고 새로운 가정을 제공하는 것을 목적으로 하며, 입양 사실을 비밀로 하는 경우가 많다. 친생부모의 동의가 필요하며, 가정법원의 허가를 받아야 한

다. 일반 입양에 비해 더욱 강력한 법적 효력을 가지며, 아동의 복리 증진에 더 유리하다고 여겨진다.

② 입양 공개 여부에 따른 형태

- **공개 입양**: 입양 사실을 입양아동과 주변 사람들에게 공개하는 형태이다. 경우에 따라 친생부모와의 교류가 이루어지기도 하는데, 아동의 알 권리를 존중하고, 개방적인 가족관계를 형성하는 데 도움이 될 수 있다.
- **비공개 입양**(비밀 입양): 입양 사실을 비밀로 하는 형태이다. 입양아동에게는 출생의 비밀을 숨기고 양부모가 친부모인 것처럼 양육한다. 과거에는 이러한 형태가 일반적이었으나, 현재는 아동의 알 권리 및 정체성 형성에 대한 중요성이 강조되면서 공개 입양의 비중이 늘어나고 있다.
- **개방 입양**: 입양 사실을 공개하는 것을 넘어, 입양아동과 친생부모가 편지, 사진 교환, 만남 등을 통해 관계를 유지하는 형태이다. 아동의 정서적 안정과 정체성 형성에 도움이 될 수 있지만, 친생부모와 양부모 간의 관계, 아동의 혼란 등 신중하게 고려해야 할 사항들이 있다.

③ 입양 대상 아동의 연령에 따른 형태

- **미성년자 입양**: 미성년 아동을 대상으로 하는 입양이다.
- **성년자 입양**: 성년이 된 사람을 대상으로 하는 입양이다. 주로 상속 등의 목적으로 이루어지는 경우가 있다.

④ 입양이 이루어지는 국가에 따른 형태

- **국내 입양**: 같은 국가 내에서 이루어지는 입양이다.
- **국외 입양**(국제 입양): 다른 국가의 아동을 입양하는 것이다. 문화적 차이, 언어 장벽, 입양 후 사후관리 등의 문제점을 고려해야 한다.

표 8-2 입양의 특징 비교

구분	일반 입양	친양자 입양	공개 입양	비공개 입양	개방 입양	국내 입양	국외 입양
친생부모와의 관계	일부 유지	완전 단절	경우에 따라 교류	비밀 유지	적극적인 교류	해당 없음	해당 없음
성과 본	친생부모의 것 유지	양부모의 것으로 변경	해당 없음	해당 없음	해당 없음	해당 없음	해당 없음
입양 사실 공개 여부	일반적으로 공개	일반적으로 비공개	공개	비공개	공개+교류	해당 없음	해당 없음

입양 목적	가정 제공, 양육	완전한 가족 형성	아동의 알 권리 존중	아동보호, 가족 유지	아동의 정서적 안정 및 정체성 형성	해당 없음	해당 없음
법적 효력	친생부모와의 관계 일부 유지	친생부모와의 관계 완전 소멸	법적 효력 동일	법적 효력 동일	법적 효력 동일	국내법 적용	국제법 및 국내법 적용

(2) 법적 근거에 따른 입양의 유형

한국에서 입양은 크게 「민법」에 근거한 입양과 「국내입양에 관한 특별법」에 근거한 입양으로 나눌 수 있다. 이 두 가지는 법적 근거, 성립 요건, 친생부모와의 관계 등에서 중요한 차이를 보인다. 또한, 「민법」에 따른 입양은 일반 입양(양자 입양)과 친양자 입양으로 다시 구분된다. 따라서 법적 근거에 따른 입양의 유형은 다음과 같이 세 가지로 정리할 수 있다.

① 민법에 따른 입양(양자 입양)

양자 입양의 법적 근거는 「민법」 제866조부터 제908조까지이며, 양부모와 양자 간의 합의(입양의 의사 합치)가 있고, 입양 신고를 함으로써 효력이 발생한다. 단, 미성년자를 입양하는 경우 또는 피성년후견인을 입양하거나 피성년후견인이 입양되는 경우에는 가정법원의 허가를 받아야 한다. 입양 후에도 친생부모와의 혈연관계는 유지된다. 즉, 친생부모와의 상속권은 그대로 존속하지만, 친권은 양부모에게 이전된다. 양자는 친생부모의 성과 본을 유지하며 비교적 간편한 절차로 진행될 수 있으며, 입양 사실을 공개하는 경우가 많다.

② 민법에 따른 입양(친양자 입양)

친양자 입양의 법적 근거는 「민법」 제908조의2부터 제908조의8까지이며, 가정법원의 허가를 받아야 한다. 친양자가 될 사람이 13세 이상인 경우에는 법정대리인의 동의를 받아 입양을 승낙해야 하고, 13세 미만인 경우에는 법정대리인이 친양자가 될 사람을 갈음하여 입양을 승낙해야 한다. 또한, 친양자가 될 자의 친생부모가 친양자 입양에 동의해야 한다(일정한 예외 사유 존재). 입양과 동시에 친생부모와의 법적 관계가 완전히 단절되어 양부모의 성과 본을 따르게 된다. 일반 입양에 비해 더욱 강력한 법적 효력을 가지며, 아동에게 완전하고 새로운 가정을 제공하는 것을 목적으로 한다. 입양 사실을 비밀로 하는 경우가 많다.

③ 국내입양에 관한 특별법에 따른 입양

「국내입양에 관한 특별법」에 따른 입양은 가정법원의 허가를 받아야 한다. 친양자 입양과 마찬가지로 친생부모와의 법적 관계가 종료되어 양친의 성과 본을 따르게 된다. 「국내입양에 관한 특별법」은 아동의 복리증진 및 건전한 입양문화 조성을 목적으로 제정되었으며, 특히 아동의 해외 입양에 관한 사항을 규정하고 있다. 입양기관을 통한 입양을 원칙으로 하며, 엄격한 심사 및 사후관리 절차를 거친다.

표 8-3 법적 근거에 따른 입양의 비교

구분	양자 입양(민법)	친양자 입양(민법)	국내입양에 관한 특별법에 따른 입양
법적 근거	민법 제866조~제908조	민법 제908조의2~제908조의8	국내입양에 관한 특별법
성립 요건	합의 및 신고 (일부 법원 허가 필요)	가정법원 허가	가정법원 허가
친생부모와의 관계	유지(혈연, 상속)	단절	단절
성과 본	친생부모의 것 유지	양부모의 것으로 변경	양부모의 것으로 변경
입양 사실 공개 여부	일반적으로 공개	일반적으로 비공개	기관에 따라 다름
주요 대상	일반적인 입양	아동의 복리 증진을 위한 입양	해외 입양 포함, 아동의 복리 증진 중점

4) 입양 현황

(1) 국내 입양 현황

입양 현황을 살펴보면 국내외 입양 건수 모두 뚜렷한 감소 추세를 보이고 있다. 이는 저출산 현상과 더불어 사회 인식 변화, 미혼모 지원 정책 강화 등 여러 요인이 복합적으로 작용하며 변화하는 모습으로 나타나고 있는 것으로 보인다.

① 연도별 입양 현황

2023년 총 입양아동 수는 229명으로 나타났다. 국내 입양 150명, 국외 입양 79명으로 나타나 전년 대비 국내 입양 32명, 국외 입양 63명 감소하였으며, 국내 입양이 전년에 비해 9.3% 증가한 것으로 나타났다.

표 8-4 연도별 입양 현황

(단위 : 명)

구분	계	2010년 이전	2011	2012	2013	2014	2015	2016	2017	2018	2019	2020	2021	2022	2023
계	250,188	238,105	2,464	1,880	922	1,172	1,057	880	863	681	704	492	415	324	229
국내	81,682 (32.6%)	74,409 (31.0%)	1,548 (62.8%)	1,125 (59.8%)	686 (74.4%)	637 (54.4%)	683 (64.6%)	546 (62.0%)	465 (53.9%)	378 (55.5%)	387 (55.0%)	260 (52.9%)	226 (54.5%)	182 (56.2%)	150 (65.5%)
국외	168,506 (67.4%)	163,696 (69.0%)	916 (37.2%)	755 (40.2%)	236 (25.6%)	535 (45.6%)	374 (35.4%)	334 (38.0%)	398 (46.1%)	303 (44.5%)	317 (45.0%)	232 (47.1%)	189 (45.5%)	142 (43.8%)	79 (34.5%)

출처: 보건복지부(2024). 2023년 국내외 입양 통계.

② 입양아동의 성별 및 연령

국내 입양 중 여아의 비중이 59.3%로 2022년 64.2%에서 4.9% 감소한 것으로 나타났고, 연령별로는 3월~1세 미만 아동이 50%로 가장 많은 것으로 나타났다. 그러나 2022년 53.3%에 비해서 3.3% 감소한 것으로 파악되었다.

국외 입양은 남아의 비중이 67.1%로 높았다. 2022년 64.8%에서 2.3% 증가한 것으로 파악되었다. 연령별로는 1~3세 미만 아동이 96.2%로 입양아동의 대부분을 차지하였다. 2022년 97.9%에서 1.7%로 감소하였다.

③ 입양아동 발생 사유

입양아동이 발생한 사유로는 미혼모(부)가 72.9%로 가장 많았으며, 그다음으로 유기아동(23.6%), 이혼, 부모 사망 등 가족해체(3.5%) 순으로 나타났다.

표 8-5 입양아동 발생 사유

(단위 : 명)

연도	계	미혼모(부) 아동 (혼외자 포함)	유기아동	가족해체 등
2021	415	355(85.5%)	49(11.8%)	11(2.7%)
2022	324	279(86.1%)	42(13%)	3(0.9%)
2023	229	167(72.9%)	54(23.6%)	8(3.5%)

(2) 입양국가별 해외 입양 현황

2023년 한국의 해외 입양 아동 수는 79명으로, 과거에 비해 현저히 줄어든 수치이다. 이는 1980년대 연간 수천 명에 달했던 것에 비하면 매우 큰 폭의 감소이다. 2023년 현재 미국이 60.8%로 가장 많았는데, 비중은 전년 대비 2022년 69.7%에서 2023년 60.8%로 8.9% 감소한 것으로 나타났다. 다음은 캐나다(12.7%), 스웨덴(10.1%), 이탈리아(6.3%) 순으로 나타났다. 과거에는 미국으로의 입양이 가장 많았으나, 현재는 유럽 국가들로의 입양이 상대적으로 많아지는 것으로 파악된다.

표 8-6 입양국가별 해외 입양 현황 (단위 : 명)

연도	계	미국	캐나다	스웨덴	이탈리아	노르웨이	호주	룩셈부르크	덴마크	프랑스
2021	189	126 (66.7%)	17 (9.0%)	14 (7.4%)	7 (3.7%)	7 (3.7%)	11 (5.8%)	3 (1.6%)	3 (1.6%)	1 (0.5%)
2022	142	99 (69.7%)	10 (7%)	9 (6.3%)	4 (2.8%)	6 (4.2%)	2 (1.4%)	3 (2.1%)	5 (3.5%)	4 (2.8%)
2023	79	48 (60.8%)	10 (12.7%)	8 (10.1%)	5 (6.3%)	4 (5.1%)	3 (3.8%)	1 (1.3%)	-	-

이러한 해외 입양 감소의 주요 원인으로는 첫째, 국내 입양 중심으로의 정책 변화이다. 정부는 국내 입양을 활성화하고 해외 입양을 최소화하는 방향으로 정책을 전환하고 있다.

둘째, 미혼모 지원정책 강화이다. 미혼모가 아동을 직접 양육할 수 있도록 경제적, 사회적 지원을 강화하는 정책이 시행되면서 해외 입양을 선택하는 경우가 줄어들고 있는 것으로 보인다.

셋째, 한국 사회의 경제 성장 및 복지 수준의 향상이다. 과거 경제적으로 어려웠던 시기에 해외 입양이 불가피한 선택이었던 것에 비해, 현재는 한국 사회의 경제 성장과 복지수준 향상으로 인해 국내에서 아동을 양육할 수 있는 환경이 개선되고 있다.

넷째, 해외 입양에 대한 윤리적 문제가 제기된다. 해외 입양은 아동의 정체성 혼란, 문화적 차이, 입양 과정에서의 인권 문제 등 여러 윤리적인 문제점을 내포하고 있다는 비판이 제기되면서 국제 사회에서도 신중한 접근을 요구하고 있다.

5) 입양의 문제점과 해결 방안

(1) 현황 관련 문제점

입양은 아동에게 새로운 가정을 제공하는 매우 중요한 제도이다. 최근 통계를 중심으로 주요 문제점, 개선 방향을 종합적으로 살펴보면 다음과 같다.

① 입양 자체의 감소

입양 건수 감소는 가정보호가 필요한 아동에게 새로운 가정을 찾아줄 기회가 줄어드는 것을 의미하며, 시설 양육으로 이어질 가능성을 높일 수 있다. 입양 감소의 주요 원인으로는 저출산 현상의 심화, 미혼모 지원정책의 강화, 엄격해진 입양 절차의 변화, 입양대기가정의 감소 등의 요인이 있다. 그러나 이러한 현상은 가정보호의 기회를 감소시키고 시설 중심의 보호체계가 고착화되며, 입양에 대한 사회적 논의조차 위축될 수 있다.

② 국내 입양 활성화의 어려움

국내 입양은 가정보호가 필요한 아동에게 새로운 가정을 제공하는 중요한 제도이지만, 여러 가지 어려움에 직면해 있다. 이러한 어려움은 입양을 고려하는 가정뿐만 아니라, 입양을 기다리는 아동, 입양기관 그리고 사회 전반에 영향을 미친다. 입양 활성에 어려움을 미치는 요인을 살펴보면 다음과 같다.

첫째, 사회적 인식 및 편견이다. 우리 사회는 혈연 중심의 사고방식, 비밀 입양 중심의 문화, 입양에 대한 부정적인 시선이 존대한다.

둘째, 입양 절차 및 제도적 문제점이다. 복잡하고 긴 절차, 입양기관의 역할 및 전문성 부족, 입양 후 사후관리 부족, 입양 정보 접근성 부족 등이 있다.

셋째, 입양아동의 특성에 따른 매칭의 어려움이다. 특히 장애아동 및 고연령 아동의 입양이 더욱 어렵고 아동과 가정의 특성이 불일치하여 매칭에 어려움을 겪는 경우가 발생한다. 예를 들어, 특정 성별의 아동을 원하는 가정, 특정 연령의 아동을 원하는 가정 등이 있을 수 있다.

넷째, 경제적 부담이다. 입양 절차 진행 과정에서 상담료, 서류 발급 비용, 법률 자문 비용 등 입양 관련 비용이 발생할 수 있으며 입양 후 아동 양육에도 경제적인 부담이 발생한다. 이에 대한 입양가정에 대한 경제적 지원이 부족하여 경제적인 이유로 입양을 망설이는 가정이 발생할 수 있다.

다섯째, 주변의 시선 및 가족의 반대이다. 입양 사실 공개에 대한 부담감과 가족구성원의 반대로 인해 입양을 진행하지 못하는 경우도 발생한다.

③ 장애아동 및 고연령아동 입양의 어려움

장애를 가진 아동이나 비교적 나이가 많은 아동의 경우 입양을 원하는 가정을 찾는 것이 더욱 어렵다. 장애아동 및 고연령아동 입양의 주요 어려움은 다음과 같다.

첫째, 사회적 편견 및 차별이다. 이는 장애 자체에 대한 편견으로 많은 사람이 장애아동 양육에 대한 부담감, 경제적 어려움, 사회적 시선 등을 우려한다. 또한 고연령아동에 대한 편견으로 "어릴수록 입양 후 적응이 쉽다"는 생각으로 비교적 나이가 많은 아동(특히 학령기 아동)의 입양은 더욱 어렵다. 더불어 이미 형성된 성격이나 습관에 대한 우려, 새로운 가정에 적응하는 데 어려움을 겪을 것이라는 예상 등이 작용한다.

둘째, 양육 및 경제적 부담이다. 장애아동의 경우 일반아동에 비해 더 많은 시간, 노력, 경제적 비용이 필요하다. 의료비, 치료비, 특수교육비 등 추가적인 지출이 발생할 수 있으며, 24시간 돌봄이 필요한 경우도 있다. 더불어 고연령아동은 과거의 경험으로 인해 정서적인 상처를 가지고 있을 가능성이 높으며, 새로운 가정에 적응하는 과정에서 어려움을 겪을 수 있다. 이에 대한 전문적인 상담 및 치료 지원이 필요할 수 있다. 장애아동 및 고연령아동 입양가정에 대한 경제적 지원이 충분하지 않아, 경제적인 이유로 입양을 망설이는 가정이 발생할 수 있다.

셋째, 입양 정보 및 지원체계 부족으로 장애 관련 정보 부족, 전문적인 상담 및 교육 부족, 입양 후 사후관리 부족 등으로 입양가정의 어려움에 적절하게 대처하지 못하는 경우가 발생할 수 있다.

넷째, 입양기관의 역할 및 전문성 부족이다. 장애아동 및 고연령아동 입양 전문기관이 부족하며 장애아동 및 고연령아동의 특성을 이해하고 전문적인 서비스를 제공할 수 있는 인력이 부족하다.

④ 입양 후 사후관리의 부족

입양은 단순히 법적인 절차의 완료로 끝나는 것이 아니라, 새로운 가족의 탄생과 그 이후의 안정적인 정착을 지원하는 과정이다. 따라서 입양 후 아동과 양부모가 겪을 수 있는 다양한 어려움에 대해 지속적인 관심과 지원이 필수적이다. 그러나 입양 후 아동과 가정에 대한 체계적인 사후관리 시스템의 부족으로 일어나는 문제점은 첫째, 입양가정의 적응 어려움이다. 양부모는 입양 후 아동의 양육과정에서 예상치 못한 어려움에 직면할 수 있다. 특히, 입양아동이 정서적인 문제나 발달상의 어려움을 가지고 있는 경우, 더욱 힘든 시간을 보낼 수 있다. 충분한 사후관리가 이루어지지 않을 경우, 이러한 어려움을 혼자 감당해야 하며, 심한 경우 파양으로 이어질 수도 있다.

둘째, 입양아동의 정서적 불안정이다. 입양아동은 새로운 가정에 적응하는 과정에서 불안감, 혼란, 정체성 혼란 등을 겪을 수 있다. 이러한 정서적인 어려움에 대한 적절한 지원이 제공되지 않을 경우, 아동의 성장 발달에 부정적인 영향을 미칠 수 있다.

셋째, 입양가정에 대한 사회적 지지의 부족이다. 사후관리가 제대로 이루어지지 않을 경우, 입양가정은 사회적으로 고립될 수 있으며, 필요한 도움을 받지 못할 수 있다.

(2) 개선 방안

① 입양 자체 감소를 위한 노력

입양 자체 감소에 대한 해결책으로 첫째, 입양에 대한 긍정적 인식의 확산이 필요하다. 입양에 대한 사회적 편견을 해소하고, 긍정적인 인식을 확산하기 위한 교육 및 홍보 활동을 강화해야 한다. 특히, 공개 입양의 장점을 알리고, 입양가정의 성공 사례를 적극적으로 홍보해야 한다.

둘째, 입양가정에 대한 지원을 강화해야 한다. 입양가정에 대한 경제적 지원 확대, 상담 및 교육 서비스 강화, 입양 후 발생할 수 있는 문제에 대한 전문적인 지원체계를 구축해야 한다.

셋째, 입양 절차 간소화 및 접근성의 향상이다. 입양 절차를 간소화하고, 입양 관련 정보에 대한 접근성을 향상해 입양을 원하는 가정이 쉽게 정보를 얻고 절차를 진행할 수 있도록 해야 한다.

넷째, 다양한 형태의 가정위탁의 활성화이다. 입양뿐만 아니라 가정위탁도 적극적으로 활성화하여 가정보호가 필요한 아동에게 다양한 선택지를 제공해야 한다.

다섯째, 미혼모 및 위기가정에 대한 지원을 강화해야 한다. 미혼모와 위기가정이 아동을 직접 양육할 수 있도록 경제적, 사회적 지원을 강화하여 입양 발생 자체를 줄이는 노력이 필요하다.

② 국내 입양 활성화를 위한 노력

국내 입양을 활성화하기 위한 방법으로 첫째, 입양에 대한 긍정적 인식 확산 캠페인이 필요하다. 미디어를 활용한 홍보, 교육 프로그램 운영 등을 통해 입양에 대한 사회적 편견을 해소하고 긍정적인 인식을 확산해야 한다.

둘째, 입양 절차 간소화 및 정보접근성을 향상해야 한다. 입양 절차를 간소화하고, 온라인 플랫폼 등을 통해 입양 관련 정보를 쉽게 얻을 수 있도록 해야 한다.

셋째, 입양기관의 전문성 강화 및 운영 지원을 확대하여야 한다. 입양기관의 전문성을 강화하고, 안정적인 운영을 위한 재정적 지원이 확대되어야 한다.

넷째, 입양가정에 대한 경제적, 심리적 지원을 강화해야 한다. 입양가정에 대한 양육 수당 지원 확대, 상담 및 교육 프로그램 제공, 멘토링 프로그램 운영 등을 통해 실질적인 지원을 강화해야 한다.

다섯째, 공개 입양의 활성화이다. 공개 입양의 장점을 알리고, 입양가정의 성공 사례를 적극적으로 홍보하여 공개 입양에 대한 긍정적인 인식을 확산해야 한다.

여섯째, 입양 후 사후관리의 강화이다. 입양 후 아동과 가정이 안정적으로 적응할 수 있도록 지속적인 상담 및 지원을 제공하는 체계를 구축해야 한다.

③ 장애아동 및 고연령아동 입양을 위한 노력

장애아동 및 고연령아동 입양의 노력으로 첫째, 장애 및 입양에 대한 사회적 인식개선 캠페인이 가능하다. 미디어를 활용한 홍보, 교육 프로그램 운영 등을 통해 장애 및 입양에 대한 사회적 편견을 해소하고 긍정적인 인식을 확산해야 한다. 특히, 장애아동 및 고연령아동의 긍정적인 성장 사례를 적극적으로 홍보해야 한다.

둘째, 장애아동 및 고연령아동 입양가정에 대한 경제적, 심리적 지원을 강화해야 한다. 양육수당 지원 확대, 의료비 및 치료비 지원, 특수교육비 지원, 전문적인 상담 및 치료 서비스 제공, 멘토링 프로그램 운영 등을 통해 실질적인 지원이 강화되어야 한다.

셋째, 장애 관련 정보 제공 및 전문적인 상담, 교육이 강화되어야 한다. 장애 유형별 특성, 양육 방법, 관련 지원 제도 등에 대한 정보를 쉽게 얻을 수 있도록 정보 제공 채널을 확대하고, 장애아동 및 고연령아동 입양에 특화된 전문적인 상담 및 교육 프로그램을 제공해야 한다.

넷째, 입양기관의 전문성 강화 및 운영 지원을 확대해야 한다. 장애아동 및 고연령아동 입양을 전문적으로 담당하는 기관을 육성하고, 전문인력 양성 및 교육을 강화해야 하며, 기관 운영에 필요한 재정적 지원을 확대해야 한다.

④ 입양 후 사후관리를 위한 노력

입양 후 사후관리를 위한 노력으로 첫째, 사후관리 기간 확대 및 의무화이다. 현행 1년으로 제한된 사후관리 기간을 확대하고, 입양 후 장기간에 걸쳐 지속적인 지원이 제공될 수 있도록 제도 개선이 필요하다. 또한, 사후관리를 의무화하여 모든 입양가정이 서비스를 받을 수 있도록 해야 한다.

둘째, 전문인력 확충 및 전문성 강화이다. 입양기관의 상담인력을 확충하고, 전문적인 교육 및 훈련을 통해 사후관리 서비스의 질을 향상해야 한다. 특히, 아동 심리, 발달, 가족 치료 등에 대한 전문성을 갖춘 인력을 확보해야 한다.

셋째, 사례관리 체계 강화이다. 입양아동 및 가정의 개별적인 특성을 고려한 맞춤형 사례관리 시스템을 구축해야 한다. 아동의 발달단계, 정서적 특성, 가정환경 등을 종합적으로 평가하여 필요한 서비스를 제공해야 한다.

넷째, 다양한 사후관리 프로그램 개발이 필요하다. 상담 서비스뿐만 아니라, 양육교육 프로그램, 부모-자녀 관계 증진 프로그램, 자조모임 운영 등 다양한 사후관리 프로그램을 개발하여 입양가정의 다양한 욕구에 부응해야 한다.

다섯째, 비공개 입양가정에 대한 지원을 강화해야 한다. 비공개 입양가정의 특성을 고려한 맞춤형 지원 방안을 마련해야 한다. 비밀유지를 보장하면서도 필요한 정보를 제공하고, 어려움에 처했을 때 도움을 받을 수 있도록 해야 한다.

여섯째, 사후관리의 중요성에 대한 사회적 인식개선이 필요하다. 입양가정뿐만 아니라 사회 전반적으로 사후관리의 중요성에 대한 인식을 높이기 위한 홍보 및 교육 활동을 강화해야 한다.

입양은 새로운 가족의 시작이기에 지속적인 관심과 지원을 통해 행복한 가정을 만들어 나갈 수 있도록 사회적인 노력이 필요하다. 입양 후 사후관리 강화를 통해 입양가정의 안정적인 정착을 지원하고, 모든 아동이 행복하게 성장할 수 있는 환경을 조성해야 할 것이다.

CHAPTER 09

아동학대와 아동보호

아동학대 대처 방안의 역사는 아동을 바라보는 사회적 시각의 변화와 함께 발전해 왔다. 과거에는 훈육이라는 명목으로 용인되던 체벌이 점차 학대로 인식되기 시작하면서, 아동의 권리를 보호하기 위한 다양한 노력이 이루어져 왔다.

우리 사회의 아동학대 대처 방안의 역사적 흐름은 아동복지에 관한 최초의 법률인 1961년 「아동복리법」이 제정되었지만, 아동학대에 대한 구체적인 정의나 처벌 규정은 미흡했고 시설보호 중심의 정책이 시행되었다. 1980년대 들어 일부 학자 및 사회 운동가들을 중심으로 아동학대 문제에 대한 사회적 논의가 시작되었지만, 여전히 사회적인 관심은 높지 않았다. 이후 2000년 「아동복지법」 개정으로 '아동학대'의 개념이 명시적으로 도입되고, 신고의무 및 처벌 규정이 강화되어 아동학대 문제에 대한 국가의 책임을 명확히 한 중요한 계기가 되었다. 2000년대 중반 이후 아동학대 사건의 사회적 이슈화로 인해 2011년 「아동복지법」 전부개정으로 아동학대 예방 및 피해아동 보호를 위한 내용이 강화되었고, 아동보호전문기관의 역할이 확대되었다. 2014년 「아동학대범죄의 처벌 등에 관한 특례법」 제정, 2020년 아동학대 조사 공공화, 2021년 「민법」상 징계권 삭제(체벌 금지) 등으로 아동을 존중받아야 할 인격체로 인식하는 사회적 변화를 보여주고 있다.

1. 아동학대

1) 아동학대의 정의 및 유형

(1) 아동학대의 정의

「아동복지법」 제3조에서 '아동학대'란 보호자를 포함한 성인이 아동의 건강 또는 복지를 해치거나 정상적 발달을 저해할 수 있는 신체적·정신적·성적 폭력이나 가혹행위를 하는 것과 아동의 보호자가 아동을 유기하거나 방임하는 것을 말한다고 규정하고 있다. 즉, 아동에 대한 적극적인 가해행위뿐만 아니라, 소극적 의미의 방임, 단순 체벌 및 훈육까지 아동학대로 명확히 규정하고 있으며, 이는 아동의 신체적·심리적 잠재력을 발휘하지 못하도록 막은 모든 행위를 포괄한 것이다 (배은영 외, 2022: 155).

따라서, 아동의 복지나 아동의 잠정적인 발달을 위협하는 보다 넓은 범위의 행동을 아동학대로 규정하고, 신체적 학대뿐만 아니라 정서적 학대나 방임, 아동의 발달을 저해하는 행위나 환경, 더 나아가 아동의 권리보호에 이르는 매우 포괄적인 경우를 규정하고 있다.

(2) 아동학대의 유형

아동학대의 유형은 크게 신체학대, 정서학대, 성학대, 방임으로 나누어 살펴볼 수 있다. 「아동복지법」 제3조의 규정과 보건복지부 산하 중앙아동보호전문기관에서 발표한 학대의 유형은 다음과 같다.

① 신체적 학대(physical abuse)

신체학대 행위는 '아동의 신체에 손상을 주는 학대행위'를 말한다. 즉, 신체학대는 보호자를 포함한 성인이 아동에게 우발적 사고가 아닌 상황에서 신체적 손상을 입히거나 신체적 손상을 입도록 허용한 모든 행위를 말하며, 예를 들어 직접적인 신체 가해로 손, 발, 주먹 등으로 때리는 행위, 꼬집거나 물어뜯는 행위, 밀치거나 넘어뜨리는 행위, 목을 조르거나 비트는 행위, 할퀴는 행위 등 직접적으로 신체에 고통을 주는 행위 등이며, 도구를 이용한 신체 가해로 몽둥이, 흉기, 뾰족한 도구 등 도구를 사용하여 때리거나 찌르는 행위를 포함한다. 담뱃불로 지지거나 뜨거운 물, 불 등으로 화상을 입히는 행위인 화상, 뼈가 부러지거나 장기 손상 등 심각한 신체적 손상을 입히는 행위인 중상해, 영아를 심하게 흔들어 뇌 손상을 입히는 행위인 흔들림 증후군 등이 포함된다.

② 정서학대(emotional abuse)

정서학대란 언어적, 정신적, 심리학적 학대라고도 불리며, 보호자를 포함한 성인이 아동에게 무시나 거부 혹은 애정이나 칭찬을 하지 않는 것과 같은 소극적 형태의 학대에서부터 끊임없이 고함을 치거나 위협, 공포, 트집 잡기 혹은 아동에 대한 언어적 모욕 등과 같은 적극적 형태의 학대를 모두 포함하고 있으며 다른 학대 유형에 반드시 동반해서 나타난다. 예를 들어, 아동에게 욕설을 퍼붓는 행위, 감금 행위, 집 밖으로 내쫓겠다고 하거나 원망적·거부적인 언어를 사용하는 행위, 아동발달 수준에 적절하지 않은 비현실적인 기대로 아동을 괴롭히는 행위, 삭발시키는 행위, 아동이 보는 앞에서 부부싸움을 하거나 다른 아동과 부정적으로 비교하는 행위 등을 말한다(조미숙, 2022: 267).

③ 성학대(sexual abuse)

아동에 대한 성학대란 성인이 자신의 성적 만족을 목적으로 18세 미만의 아동에게 행하는 모든 성적 행위를 의미한다. 이는 아동의 발달단계에 적절하지 않은 성적 자극, 접촉 행위를 포함하며, 아동의 신체적, 정신적 건강에 심각한 후유증을 남길 수 있는 심각한 범죄행위이다. 예를 들어, 성적 접촉으로 신체 부위를 만지거나 더듬는 행위(가슴, 성기, 항문 등), 입맞춤, 포옹 등 과도한 신체접촉, 성기를 노출하거나 보여주는 행위, 성적인 행위를 강요하거나 유도하는 행위 등으로 포함한다. 성적노출로서 음란물, 성인용품 등을 보여주거나 접하게 하는 행위, 성적인 내용의 대화나 농담을 하는 행위, 온라인 채팅, 화상통화 등을 통해 성적인 행위를 하도록 유도하는 행위(사이버 성폭력 포함) 등이다. 성적착취로서 아동을 이용한 음란물 제작 및 유포, 아동 성매매, 성적 행위를 강요하여 이득을 취하는 행위 등이다.

④ 유기(abandonment)

「아동복지법」에서는 아동학대를 “보호자를 포함한 성인이 아동의 건강 또는 복지를 해치거나 정상적인 발달을 저해할 수 있는 신체적·정신적·성적 폭력이나 가혹행위를 하는 것과 아동의 보호자가 아동을 유기하거나 방임하는 것”이라고 정의하며, 이 중 유기는 보호자가 아동을 보호하지 않고 버리는 행위에 해당한다. 예를 들어, 물리적 유기로서 길거리, 공원, 공중화장실 등에 아동을 특정 장소에 버리고 돌아오지 않는 행위이며, 시설 유기로서 아동을 아동복지시설 등에 맡기고 연락을 끊는 행위 등이다. 병원 유기, 국내 유기, 국외 유기 등으로 다양한 유형이 나타난다.

⑤ 방임(neglect)

아동의 방임은 보호자가 아동에게 필요한 기본적인 보호와 양육을 제공하지 않아 아동의 건강과 발달을 해치는 행위를 의미한다. 이는 적극적으로 해를 가하는 신체적 학대나 성적 학대와는 달리, 필요한 것을 제공하지 않는 ‘소극적인 학대’라고 볼 수 있다. 하지만 방임 또한 아동에게 심각한 부정적인 영향을 미칠 수 있는 명백한 학대행위이다. 예를 들어, 물리적 방임으로 음식, 옷, 깨끗한 주거환경 등을 제공하지 않는 경우, 위생관리를 소홀히 하는 경우, 위험한 환경에 아동을 방치하는 경우, 적절한 보호·감독 없이 장시간 혼자 두는 경우이다. 교육적 방임으로 아동의 의무교육을 받도록 하지 않거나, 정당한 사유 없이 학교에 보내지 않는 행위, 무단결석을 방치하는 행위 등을 포함한다. 의료적 방임으로 아동에게 필요한 의료적 조치나 개입을 하지 않는 행위, 질병이나 부상이 있음에도 불구하고 병원에 데려가지 않거나 치료를 받게 하지 않는 경우, 예방접종 등 필요한 의료 조치를 하지 않는 경우이다. 정서적 방임으로 지속적인 무관심, 냉담한 태도, 정서적 교류의 부재, 아동의 감정이나 욕구를 무시하는 행위, 애정표현의 부재 등으로 다양하게 나타난다.

(3) 아동학대의 발생 원인

아동학대의 원인은 크게 아동과 부모, 가족, 사회적 요인에서 찾는 것이 일반적이다. 아동 자신의 발달적 특성에서 기인하여 학대가 발생한다고 보는 발달론적 관점과 학대부모들을 비롯한 가해자들의 정신적인 결함, 이상심리적 특성에서 학대의 원인을 찾는 정신병리학적 관점, 가정환경으로 가족배경, 부모의 양육태도, 경제수준 등의 측면을 강조하는 사회심리적 관점, 아동과 가정을 둘러싼 환경에서 원인을 찾는 사회문화적 관점, 그리고 학대가 일어난 아동과 가족을 둘러싼 체계들 간의 관계에서 원인을 찾는 생태학적 관점이 아동학대의 원인을 설명하는 대표적인 접근이다.

① 아동 자신의 발달적 특성에 대한 발달론적 관점

이 관점은 아동학대의 주원인을 아동 자신의 특성에서 찾는다. 발달론적 관점은 아동의 신체적·행동적 특성을 통하여 아동이 자신의 학대를 유발할 수 있다고 설명한다(Picton & Boss, 1981: 127). 문화에 따라 다를 수 있으나 피학대 아동은 대개 미숙아, 지적장애아동, 장기질환아동, 지체아, 기형아, 심히 고집스럽게 울거나 밤에 잠을 자지 않고 보채는 아기 등 양육에서 부담이 크고 보호자의 심리적인 문제를 초래하는 특성을 갖고 있었다고 본다.

이 관점에서는 아동학대가 성별을 불문하고 모든 발달단계에서 일어나고 발달단계별로 그 양상이 다르다고 보며, 유아기나 걸음마 시기에는 양육자와의 애착 형성 실패, 학령전기 아동은 자신감 결여, 적대적 행위, 충동적이고 둔감한 반응, 사회적 요구에 대한 거부, 오이디푸스 콤플렉스에 의한 부모의 갈등 등으로 부모와 역기능적 상호작용으로 학대가 유발된다. 이 관점은 아동의 특성에서 아동학대의 원인을 설명하고 있지만 아동과 가족을 둘러싼 사회환경의 영향과 애착 관계의 형성이 무관하지 않아 사회심리학적 관점과도 연결되는 부분이 있다.

② 학대부모에 대한 정신병리학적 관점

학대부모의 학대행위를 단순한 악행으로만 보기보다는, 개인의 내면적인 어려움이나 정신질환이 학대행위에 어떤 영향을 미치는지를 탐구하는 것이 정신병리이다. 초창기 전문가들이었던 의사들과 정신의학자들은 아동에 대한 각종 부당행위 사례들을 가해자의 이상 성격에 초점을 맞추어 설명하였다. 이 관점은 반사회적 성격장애, 나르시시즘 성격장애, 경계선 성격장애 등의 성격장애와 우울증, 불안장애, 조현병 등의 정신질환, 충동조절 능력의 어려움, 스트레스에 대한 취약성, 애착문제 등의 소인을 가졌을 것을 가정한다. 예를 들면, 가해자들에게 정신적 문제가 있거나 공격적 충동을 억제하지 못하는 성격장애가 있으며, 이러한 문제들은 권리를 침해당했던 아동기를 경험한 성인들에게서 자주 일어난다고 해석하기도 한다. 학대하는 부모들 중 아동기에 학대받은 경험이 있어 그것이 성격 형성에 부정적인 영향을 미치는 것으로 설명될 수 있으며, 이 관점에서 보면 사회경제적, 인구학적 특성은 학대행위 촉진요인일 뿐 직접적인 요인은 아니다.

정신병리학적 접근은 가해자 개인의 성향에 대하여 이해를 하고 가해자들에 대한 임상분석이나 진단, 치료프로그램의 실시, 법적 체계의 구성도 이끌어 낼 수 있게 해 주었다. 그러나 가해자의 외부 변인들을 설명하는 데는 제한적이다.

③ 가정환경에 대한 사회심리학적 관점

사회심리학적 관점은 아동학대의 중요한 원인을 가정환경, 부모의 양육태도, 경제수준 등의 특성에서 설명한다. 가정환경적 특성으로는 부모의 양육에 대한 지식 부족, 부모의 자녀양육 거부 및 포기, 정서적·심리적 불안, 자녀양육 능력 부족, 부부갈등 혹은 별거, 이혼, 부모의 사회적 고립, 대인관계 결함 등을 예로 들 수 있다. 부모의 양육태도가 적대적, 통제적, 안일, 비합리적인 경우에 아동학대가 자주 발생하며, 그 외 가정이 폐쇄적 분위기, 갈등적 분위기, 전제적 분위기에 있을 때 아동학대가 많이 발생된다는 설명(표갑수, 1993: 163)도 이러한 관점에 근거하고 있다.

가정경제적 특성에는 낮은 경제수준, 무직, 실직, 상태와 그로 인한 무력감, 실패로 인한 좌절감, 스트레스가 관련된다. 이러한 설명은 빈곤선 이하의 저소득 계층의 부모가 학대를 더 많이 한다는 것이다(Picton & Boss, 1981: 125-126).

④ 환경에 대한 사회문화적 관점

사회문화적 관점은 아동과 그 가족이 속한 환경에서 학대의 원인을 찾는다. 지역사회에서 이웃과의 관계, 폭력에 대한 용납 수준, 아동에 대한 태도 등이 아동학대에 영향을 준다고 설명한다.

고립과 같은 사회구조적인 스트레스가 아동학대를 유발하는 요인이 될 수 있다. 실업이 된 상태에서 아동학대가 증가한다는 연구와 아동학대가 일어난 가정이 공식적·비공식적 지지체계로부터 소외되어 있다는 연구들이 이러한 설명을 뒷받침하여 왔다. 사회적 분위기가 체벌이나 물리적 힘을 사용하는 것을 허용하는 태도를 갖고 있다면 이러한 환경도 아동학대를 유발할 수 있다. 아동을 부모의 소유물로 보는 인식도 아동학대에 영향을 준다. 아동을 독립된 인격체로 보기보다는 부모의 소유로 봄으로써 아동에 대한 부모의 태도는 부모의 자의적인 아동에 대한 반응을 허용하게 되며 이로써 아동학대의 여지가 커지게 된다.

⑤ 사회체계에 대한 생태학적 관점

생태학적 관점은 아동학대의 원인을 설명하는 여러 관점을 체계적으로 통합하고 있다. 이 관점에 따르면 사회적 체계를 가족과 지역사회, 그리고 사회문화적 사회체계로 구성하고 있다. 아동학대는 가족체계, 이웃의 지지체계, 지역사회와 같은 체계 등 체계 간 상호작용 혹은 조건의 결핍에 의해 발생한다고 본다.

아동 신체학대는 가족 수준에서는 가족의 가치와 아동 양육상황, 지역사회 수준에서는 보건, 복지, 긴급전화, 아동보육프로그램, 하위규범이나 최근의 이사, 범죄수준 등이, 사회적 수준에서는 폭력을 허용하는 문화나 아동에 대한 태도 등이 영향을 주는 요인이 된다. 이 관점은 아동학대에 관련된 광범위한 요소들을 설명할 수 있으나 가설과 진술에 대한 보다 충분한 경험적 근거를 필요로 하고 있다.

표 9-1 아동학대 발생 원인

이론적 관점	관련 요인	
개인발달론적 관점	아동 특성	까다로운 기질, 어린 나이, 신체적·정신적 장애
	부모 특성	자녀에 대한 거부적 태도, 자녀양육기술 부족, 부모역할로 인한 과도한 스트레스
정신병리적 관점	가해자 병리적 특성	우울증, 낮은 자존감으로 인한 좌절 통제력 부족, 분노조절 문제, 감정이입 능력 부족, 약물의존 및 남용, 신체 건강상의 문제
사회·심리적 관점	가정 특성	가정 내 학대행위, 세대 간 학대행위, 부부간의 갈등, 가족 간 긍정적 상호작용 부족, 경제적 스트레스

사회문화적 관점	상황적 요인	낮은 사회경제적 지위, 실직 혹은 불안정한 직업으로 인한 사회적 스트레스, 사회적 고립으로 인한 사회적 박탈감
	사회문화적 요인	사회 전반의 폭력, 신체적 처벌 묵인 분위기, 사회 내 권력 또는 계층 차이

출처: 배은영(2022: 159). 재인용.

(4) 아동학대의 징후

아동학대의 징후는 아동에게 나타나는 여러 가지 신체적, 심리적, 행동적 변화를 통해 감지할 수 있다. 이러한 징후들은 아동이 학대를 받고 있다는 명확한 증거는 아닐 수 있지만, 주의 깊게 관찰하고 추가적인 확인이 필요한 중요한 단서가 될 수 있다. 아동학대는 신체학대, 정서학대, 성학대, 방임 등 다양한 유형으로 나타나기 때문에, 각 유형에 따른 징후들을 종합적으로 파악하는 것이 중요하다. 학대의 유형에 따라 징후가 다르지만, 다음과 같은 상황이 관찰된다면 주의가 필요하다.

표 9-2 아동학대의 징후

징후 / 학대 유형	신체적 징후	행동적 징후
신체적 학대	• 설명하기 어려운 상처와 채찍 자국 발생 및 회복에 있어 시간차가 있는 상처 • 사용된 도구의 모양이 그대로 나타나는 상처 • 설명하기 어려운 화상, 손바닥·발바닥·엉덩이 등에 담뱃불 자국, 양말 모양·장갑 모양·도넛 모양 등의 뜨거운 물에 잠겨서 생긴 화상 자국 • 설명하기 어려운 골절, 복합 및 나선형 골절 • 설명하기 어려운 입, 입술, 눈, 외음부의 상처	• 어른과의 접촉 회피 • 다른 아동이 올 때에 공포를 나타냄 • 공격적이거나 위축적인 극단적 행동 • 부모에 대한 두려움 • 집에 가는 것을 두려워함 • 위험에 대한 지속적인 경계를 보임 • 부모가 손상을 알려옴
정서학대	• 성장장애 • 신체발달 저하 • 언어장애	• 특정 물건을 계속 빨고 있거나 물어뜯음 • 행동장애(반사회적, 파괴적 행동장애) • 신경성 기질장애(수면장애, 놀이장애) • 정신 신경성 반응(히스테리, 강박) • 극단행동 • 지나친 행동 • 발달지연 • 자살시도

성적 학대	• 걷거나 앉는 데 어려움 • 찢어지고 피로 얼룩진 속옷 • 회음부의 동통과 가려움 • 회음부, 질, 항문 부위의 출혈이나 멍 • 십대 이전의 성병 감염 • 임신	• 위축, 화상, 유아적 행동 • 기괴하고 미묘한 성적 행동과 지식 • 친한 친구가 없음 • 가출 • 성적 모독을 호소함
방임	• 지속적인 배고픔, 나쁜 위생상태, 부적절한 옷차림 • 의학적 치료와 치과 치료의 부족 • 지속적인 피로, 불안정감, 수업 중 과도하게 조는 태도	• 음식을 구걸하거나 훔침 • 장기간에 걸친 감독 소홀 • 위험한 행동에 대한 감독 소홀 • 비행 또는 도둑질 • 학교에 일찍 등교하고 집에 늦게 하교함

출처: 배은영 외(2022: 160).

(5) 아동학대 현황

① 아동학대 유형

아동학대 사례 유형은 정서적 학대가 지난 4년 새 급증하여 43.1%로 가장 많은 비율을 차지하였다. 신체학대는 18.3%로 2020년부터 꾸준한 증가세를 보이고 있으나, 여러 요인이 중복되어 발생하는 중복학대는 2023년 28.7%를 차지하였다. 성학대와 방임은 각각 2.3%, 7.7%이다(강선우, 2024: 5).

표 9-3 연도별 아동학대 유형 (단위 : 건, %)

유형	2020년	2021년	2022년	2023년
신체학대	3,807 (12.3)	5,780 (15.4)	4,911 (17.6)	4,698 (18.3)
정서학대	8,732 (28.3)	12,351 (32.8)	10,632 (38.0)	11,094 (43.1)
성학대	695 (2.2)	655 (1.7)	609 (2.2)	585 (2.3)
방임	2,737 (8.9)	2,793 (7.4)	2,044 (7.3)	1,979 (7.7)
중복학대	14,934 (48.3)	16,026 (42.6)	9,775 (34.9)	7383 (28.7)
계	30,905 (100)	37,605 (100)	27,971 (100)	25,739 (100)

출처: 보건복지부(2024). 2023 아동학대 주요 통계 재구성.

② 아동학대 신고 및 피해아동 수

2023년 아동학대로 신고 접수된 건은 48,522건으로 전년 대비 5.2% 증가했다. '양천 입양아동 사망사건' 등으로 신고 접수가 급증한 2021년과 비교하여 감소 추세를 보인 2022년을 제외하면 아동학대 신고는 최근 5년간, 전년 대비 증가 추세를 보이고 있다. 그러나 2023년 아동학대 판정은 25,739건으로 전년 대비 판단율은 7.9% 감소했다. 아동학대 조사 공공화(2020. 10) 이후 아동학대 판단율은 2020년 73.1%에서 2023년 53.0%로 낮아져 학대로 판단되지 않은 사례가 아동학대로 이어진 사례는 없는지 살펴볼 필요가 있다.

표 9-4 연도별 아동학대 신고 건수 및 판단 건수

(단위 : 건, %)

구분	2020년	2021년	2022년	2023년
아동학대 신고	42,251	53,932	46,103	48,522
전년 대비 증가율	2.1	27.6	-14.5	5.2
아동학대 판단 (신고 대비 판단율)	30,905 (73.1)	37,605 (69.7)	27,971 (60.7)	25,739 (53.0)
전년 대비 증가율	2.9	21.7	-25.6	-7.9

출처: 보건복지부(2024). 2023 아동학대 주요 통계 재구성.

③ 아동학대행위자

2023년 아동학대행위자 중 부모 비율은 85.9%이다. 이는 2022년 82.7%보다 3.3% 증가한 수치로, 전체 학대행위자 중 절대적인 비중을 차지할 뿐 아니라 그 비중도 계속 늘어나는 추세이다. 교직원, 시설 종사자 등을 포함한 대리양육자에 의한 아동학대 건수는 2022년 3,047건에서 2023년 1,874건으로 3.6% 감소하였다. 반면 타인에 의한 아동학대는 846건으로 전년 대비 48% 증가하였다.

표 9-5 연도별 아동학대행위자

(단위 : 건, %)

구분	2020년	2021년	2022년	2023년
부모	25,380 (82.1)	31,486 (83.7)	23,119 (82.7)	22,106 (85.9)
친인척	1,661 (5.4)	1,517 (4.0)	879 (3.1)	771 (3.0)

대리양육자*	2,930 (9.5)	3,609 (9.6)	3,047 (10.9)	1,874 (7.3)
타인	565 (1.2)	658 (1.7)	573 (2.0)	846 (3.3)
기타	369 (1.2)	335 (0.9)	353 (1.3)	142 (0.6)
계	30,905 (100)	37,605 (100)	27,971 (100)	25,739 (100)

* 대리양육자는 어떤 형태로든 다른 사람의 자녀를 하루의 일정 시간 동안 대신 양육하는 사람으로 교직원, 시설 종사자 등을 포함

출처: 보건복지부(2024). 2023 아동학대 주요 통계 재구성.

④ 피해아동 발견율

추계 아동(만 0세~17세) 인구 1,000명 대비 아동학대로 판단된 피해아동 수를 의미하는 피해아동 발견율은 2021년 5.0%에서 계속 감소 추세를 보이며, 2023년에는 최저인 3.64%를 기록했다. 2022년 대비 더 낮은 수준이다.

(단위 : %)

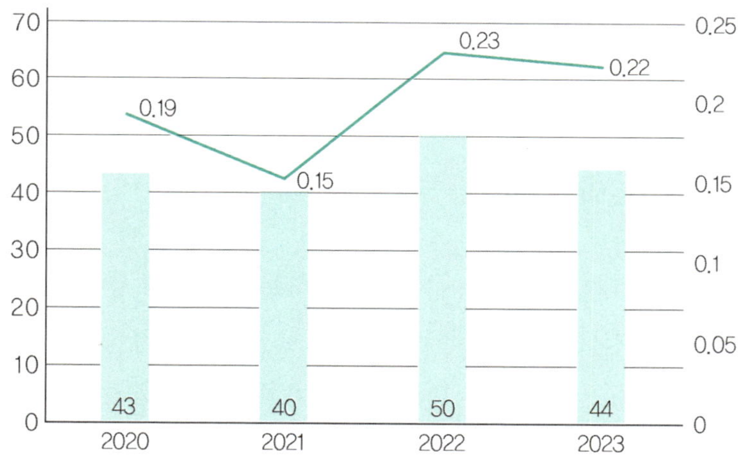

그림 9-1 연도별 피해아동 발견율

출처: 보건복지부(2024). 아동학대 주요 통계 재구성.

2. 학대아동보호서비스

아동보호서비스의 추진 배경은 보호대상아동에 대한 보호계획 수립 및 원가정 복귀 후 사후관리 등 지자체 역할이 법제화되어 있었으나 인력 부족으로 현실에서 보호대상아동에 대한 보호계획 수립, 양육상황 점검, 보호조치 종료 후 사후관리 등이 미작동하고 있다. 또한 아동을 시설 등에 보호를 의뢰한 후 민간기관 위주의 보호가 지속되고, 보호자 의뢰가 없는 경우 아동 상황 변경에 따른 보호조치 변경 및 원가정 복귀 절차가 지자체 내에 부재한 상황이다.

이에 아동보호서비스 전달체계를 통하여 다음과 같은 서비스를 제공하고 있다.

첫째, 아동학대에 대한 개별보호계획 수립 및 양육상황 점검을 통해 아동의 의견을 반영한 보호를 실시하고 적절성 평가 및 변경하는 환류체계를 구축한다.

둘째, 아동의 최상의 이익을 보장하기 위해 개별아동에 대해 전문적·개별적으로 심의할 수 있도록 사례결정위원회를 운영한다.

셋째, 아동보호의 컨트롤타워 역할을 지자체에 부여하고, 아동에 대한 의사결정 및 자원투입 범위를 한정된 자원을 가진 개별시설에서 지역사회로 확대하고 있다.

1) 아동보호서비스의 개념

학대받은 아동에 대한 치료와 예방을 포함하는 아동보호서비스(Child Protective Service)는 아동의 건전한 성장 발달과 아동권리보장이라는 점에서 매우 중요한 사업이다. 아동보호서비스는 부모를 포함한 보호자가 아동의 주 양육자 역할을 수행할 수 없거나, 수행을 거부함으로써 아동이 학대를 받거나 방임되어 결과적으로 아동의 권리가 침해되는 상황에서 정부나 지방자치단체가 개입하여 학대나 방임을 중단시키고, 아동에게 필요한 치료와 보호를 제공하여 학대가 발생한 가정과 가해자에게도 개입하여 상황을 변화시키려는 아동복지서비스이다. 즉, 아동보호서비스는 그 목적을 아동학대와 방임의 예방과 치료에 두고 전문적 개입을 함으로써 아동의 안전과 복리를 제공하는 데 두고 있다. 이 과정에서는 피해아동에 대한 치료와 상담 및 격리보호뿐만 아니라 가해자, 비가해부모와 가족 전체에 대한 치료와 상담 교육, 경우에 따라서는 물질적 지원, 법적 지원 등이 포함된다(배은영 외, 2022: 162).

우리나라 아동보호서비스는 2000년 개정된 「아동복지법」 근거를 두고 보건복지부가 정책 책임을 맡고 실행기관으로서 중앙아동보호전문기관 하에 각 시·도별로 아동보호전문기관을 두어 신고접수·가정조사·사례판별·개입·사후서비스에 이르는 전 과정을 수행하도록 하고 있다(조미숙, 2022: 250 재인용).

2) 아동보호서비스 기본 원칙

(1) 아동의 이익을 최우선적으로 고려

아동에 대한 상담, 보호조치 결정 등 아동보호 전 과정에 걸쳐 아동의 이익을 최우선적으로 고려하여야 한다(아동복지법 제2조제3항). 또한 아동보호는 '시급성'과 '시의 적절성'이 무엇보다 중요하다. 긴급한 보호가 필요한 아동이 있는 경우에 '선보호 후 행정 처리' 원칙에 따라 보호한다(불가피한 사유가 없는 한 즉시 보호 원칙).

(2) 원가정 보호를 위해 최대한 노력

아동의 경우 대부분 원가정 안에서 성장할 때 아동의 이익이 가장 잘 충족될 수 있으므로 원가정 보전을 위해 최대한 노력하여야 한다. 원가정에서 아동이 보호될 수 있도록 지자체 등은 취약아동(가구) 등 사각지대 발굴을 위해 노력하여야 하며, 발굴된 가구에 대해서는 상담, 복지 급여 및 서비스 연계·지원 등을 통해 가족해체를 예방하여야 한다. 예를 들어, 보호자가 아동을 아동복지시설 입소나 입양을 희망하는 경우에도 일률적으로 시설 입소나 입양기관 의뢰 등 절차를 진행하기보다는 우선 원가정에서 보호가 가능한지 여부를 살펴보고, 가능한 경우 최대한 원가정에서 보호될 수 있도록 필요한 조치를 취해야 한다(서비스 연계·지원 등).

아동을 가족의 보호로부터 분리할 때는 가능하다면 일시적이고 최소한의 기간에 한해야 하며, 분리 결정은 주기적으로 다시 검토하여야 하며, 아동에 대한 분리보호 시에도 해당 아동이 최대한 조속히 원가정에 복귀할 수 있도록 원가정에 대한 지원은 지속적으로 실시하여야 한다.

(3) 가정형 보호 우선 원칙

아동을 불가피하게 분리 보호하는 경우, 아동의 개별 특성과 상황을 고려하여 아동의 권리와 자유를 최소한으로만 제한하는 순서로 대안양육 유형을 결정하여야 한다.[1] 즉, 분리 보호 형태를 결정함에 있어서 아동이 가정과 유사한 환경에서 성장할 수 있도록 입양과 가정위탁을 우선적으로 고려하여야 하며, 시설형 보호가 필요한 경우에는 공동생활가정을 우선적으로 고려하여야 한다.

(4) 아동과 보호자의 참여 활성화

아동을 보호조치하는 경우 보호대상아동의 의사를 존중하여야 하며, 아동 및 보호자가 상담, 아동보호 계획 수립 및 보호 등 전 과정에 참여할 수 있도록 지원하여야 한다.[2] 또한 아동에 대한 보호조치 후 보호자와 연락이 단절되지 않도록 주의하여야 한다.

(5) 예방적 접근(통합적 서비스 제공)

취약아동(가구)의 경우 빈곤, 질병, 이혼 등 복합적 욕구가 있는 경우가 많으므로 취약아동(가구)에 대한 보호조치 요청이 있는 경우 단순 신청에 의한 급여 제공에 그치지 않고, 사례관리 등을 통해 아동 및 가구에 대한 위험도를 종합적으로 평가하여 필요한 복지 급여 및 서비스를 통합적으로 제공한다. 또한, 복지 사각지대 취약계층(단전, 단수, 단가스, 사회보험료 체납 등), 아동학대 정보, 의무교육 미취학 및 장기결석 자료 등 공공 빅데이터를 활용하여 위기아동을 사전 발굴·예방할 수 있도록 상시적 발굴·예방 체계를 활성화해야 한다(e아동행복지원시스템).

---

1) (UN대안양육지침 21조) 시설 양육의 활용은 그 환경이 아동 개인에게 특히 적절하고, 필요하며, 건설적이고 아동 최선의 이익에 부합하는 경우로 제한한다.

2) 다만, 아동복지법 제15조제5항에 따라 아동의 보호자가 아동학대범죄의 처벌 등에 관한 특례법에 따른 아동학대행위자인 경우 반드시 보호자의 의견을 듣지 않아도 된다.

(6) 수요자의 편의를 최대한 고려

보호자 등의 신청 또는 사각지대 발굴 등을 통해 보호대상아동(가구)을 발견한 경우 담당자가 해당 가구를 직접 방문하거나, 통합상담을 실시하는 등 보호자가 읍·면·동(또는 시·군·구)에 방문을 최소화하는 방안을 강구하며, 아동보호를 위해 불가피하게 여러 번 상담 등이 필요한 경우, 보호자 등에게 절차 등을 사전에 설명하여 양해를 구하고, 보호자가 희망하는 시간·장소 등을 최대한 반영해야 한다. 또한, 아동을 보호조치하는 경우 가족과의 접촉 및 재결합 가능성을 촉진하고 아동의 생활에 대한 훼손 최소화를 위해서 아동이 살아온 가정에서 최대한 가까운 환경에서 보호해야 한다.

3) 아동보호서비스 유형

(1) 원가정 보호(복귀)

원가정 보호(복귀)는 「아동복지법」 제15조제1항제1호에 근거하여 아동과 보호자에 대한 상담·지도를 실시하고, 가정에서 아동을 보호·양육할 수 있도록 드림스타트 연계 등 필요한 조치를 수행한다. 12세 이하의 취약계층아동으로 가정 내 양육을 위해 지원이 필요한 경우 보호자 동의하에 드림스타트에 우선적으로 연계하고 13세 이상 취약계층아동에 대한 서비스 제공기관 연계는 특화분야 아동복지교사에게 의뢰하되 미배치 시·군·구는 드림스타트에 연계한다.

(2) 친족에 의한 보호·양육

친족에 의한 보호·양육은 「아동복지법」 제15조제1항제2호에 근거하여 「민법」 제777조제1호(8촌 이내의 혈족) 및 제2호(4촌 이내의 인척)에 따른 친족에 해당하는 사람의 가정에서 보호·양육할 수 있도록 조치하는 것이다. 12세 이하의 취약계층아동으로 친족의 가정 내 양육을 위해 지원이 필요한 경우 우선적으로 드림스타트에 연계(13세 이상은 특화분야 아동복지교사)한다. 다만, 아동을 보호할 친족의 가정이 「아동복지법 시행규칙」 제2조(위탁가정의 기준)에 부합할 경우 법 제15조제1항제3호의 가정위탁 신청이 가능하다.

(3) 가정위탁

가정위탁은 「아동복지법」 제15조제1항제3호에 근거하여 보호대상아동을 적합한 유형의 가정에 위탁하여 보호·양육할 수 있도록 조치하는 것이다. 일반가정위탁은 보호대상아동을 가정에서 보호·양육하는 것을 목적으로 하는 가정위탁이며, 전문가정위탁은 보호대상아동 중 피해아동, 2세 이하(36개월 미만) 아동, 장애, 경계선지능(종합심리검사 결과 경계선지능으로 진단) 등으로서 특별한 보호가 필요한 아동을 전문적으로 보호·양육하는 것을 목적으로 하는 가정위탁이다. 일시가정위탁은 보호대상아동의 일시보호조치를 목적으로 하는 가정위탁이다.

(4) 아동복지시설 내 보호

아동복지시설 내 보호는 「아동복지법」 제15조제1항제4호에 근거하여 아동을 보호하기에 적합한 아동복지시설에 아동을 입소시켜 보호하는 것이다. 복지급여 연계 등 지원에도 불구하고 원가정 및 친족에 의한 보호·양육이 어렵거나 위탁가정의 부족 등 가정위탁 보호가 불가능한 경우 아동복지시설 입소를 고려한다.

Plus TIP **아동복지시설의 종류**(아동복지법 제52조)

1. 아동양육시설: 보호대상아동을 입소시켜 보호, 양육 및 취업훈련, 자립지원 서비스 등을 제공하는 것을 목적으로 하는 시설
2. 아동일시보호시설: 보호대상아동을 일시보호하고 아동에 대한 향후의 양육대책 수립 및 보호조치를 행하는 것을 목적으로 하는 시설
3. 아동보호치료시설: 불량행위를 하거나 불량행위를 할 우려가 있는 아동 또는 정서적·행동적 장애로 인하여 어려움을 겪고 있는 아동에게 보호 및 치료 서비스를 제공하는 시설
4. 공동생활가정: 보호대상아동에게 가정과 같은 주거여건과 보호, 양육, 자립지원 서비스를 제공하는 것을 목적으로 하는 시설

※ 장애인 등록 아동의 경우 장애인 부서로 의뢰하여 장애인복지전달체계에서 보호하도록 조치함. 다만, 불가피한 경우 장애인복지전달체계에서 보호되기 전까지 아동복지시설에서 임시보호 가능

(5) 전문치료기관 또는 요양소에 입원 또는 입소

전문치료기관 또는 요양소에 입원 또는 입소는 「아동복지법」 제15조제1항제5호에 근거하여 약물 및 알코올중독·정서장애·발달장애 등으로 특수한 치료나 요양 등의 보호를 필요로 하는 아동에 대하여 전문치료기관 또는 요양소에 입원 또는 입소시킨다.

(6) 입양

입양은 「아동복지법」 제15조제1항제6호와 「국내입양에 관한 특별법」에 근거하여 보호대상아동에게 건전한 가정을 영구적으로 제공하여 신체적·정서적·사회적으로 건강하게 성장할 수 있도록 지원한다. 친생부모가 입양을 결정하기 전, 입양에 관한 충분한 상담으로 양육 및 정부 지원 등에 관한 정보를 친생부모에게 제공함으로써 입양 외 다른 양육 대안을 충분히 고려한 후 자발적인 입양 결정이 이루어지도록 한다. 입양 의뢰된 아동은 국내 입양을 우선으로 추진하며, 입양은 가정법원의 허가로 성립된다.

4) 아동보호서비스의 절차

아동보호서비스 절차별 주요 내용은 다음과 같다(보건복지부, 2024: 73).

(1) 1단계: 상담·조사·사정

① **접수상담**: 최초 방문자를 통해 기초정보 파악 및 상담 결과에 따른 대상자 접수, 서비스를 연계한다.

② **일시보호**: 접수상담 과정에서 긴급하게 아동을 분리 보호할 필요가 있다고 판단하면, 아동을 즉시 일시보호시설 또는 일시위탁가정 등에 보호조치 결정 시까지 보호한다.

③ **욕구조사 등**: 아동과 가정의 문제 및 욕구를 파악하고, 보호서비스 제공 및 방향 등을 사정한다.

(2) 2단계: 개별보호·관리 계획 수립 및 결정

① **개별보호·관리 계획 수립**: 상담·조사·사정 결과를 바탕으로 보호조치 유형 및 보호기간, 사례관리 등 계획을 수립한다.

② **보호결정**: 사례회의 결과를 바탕으로 사례결정위원회에서 아동의 보호조치를 결정한다.

(3) 3단계: 보호조치

① **서비스 계획 수립 및 제공**: 아동의 분리보호 시 원가정 외 보호기관(가정위탁지원센터, 공동생활가정, 양육시설, 입양기관 등)과 협업하여 아동에 대한 서비스 계획을 수립 및 제공한다.

② **양육상황 점검**: 아동의 분리보호 후 서비스 제공기관의 서비스 제공 상황, 원가정 상황 등을 정기적으로 점검하여 보호조치 및 서비스 제공 계획 변경 필요성을 검토한다.

(4) 4단계: 보호조치 종결

양육상황, 점검결과, 보호조치, 목적달성 여부 등을 평가하여 사례결정위원회를 통해 보호조치를 종결한다.

(5) 5단계: 사후관리

보호종료 후 아동의 가정방문 및 서비스기관(드림스타트, 희망복지지원단, 청소년복지기관 등) 연계 등 해당 아동의 복지증진을 위한 필요한 지도·관리를 제공한다.

10

CHAPTER

빈곤가족 아동

빈곤 개념은 각 국가의 경제발전 수준, 사회·문화·환경 등의 요인에 따라 그 정의가 달라질 수 있다. 최근에는 소득 차원의 빈곤뿐만 아니라 다양한 차원을 포함하는 개념으로 사회적 배제 개념이 주목받고 있다.

1. 빈곤과 빈곤아동

빈곤은 단순히 경제적인 궁핍의 문제가 아니라 보다 복잡한 문제이다. 물론 빈곤은 경제적인 문제이지만 그 결과는 아동과 아동을 둘러싼 가정과 사회의 심리적·사회적·문화적 요소에 막대한 영향을 준다. 예를 들어, 한 가족의 빈곤문제는 부부간의 불화로 인한 이혼, 아동의 비행, 학업문제 등 단순한 원인에 비해 다양한 결과를 드러낼 수 있다. 대부분의 빈곤문제는 인간의 삶을 황폐하게 만드는 부정적인 결과를 나타낸다. 이렇게 빈곤은 아동에게 정상적인 발달과업을 성취하는 데 장애를 가져올 뿐만 아니라, 성인이 되어서까지 부정적인 영향을 미치게 된다. 학교 실패, 실업의 가능성, 만성적인 복지 의존성, 강력범죄, 무기력감과 절망감 등이 모두 빈곤과 연결되어 있다고 보고되고 있다(조미숙, 2022: 324).

1) 빈곤의 개념

빈곤(貧困, poverty)은 인간의 기본적 욕구를 충족할 수 있는 생활수단이 부족한 상태이다. 이때 빈곤은 기아로 인해 또는 입을 것이 없어서 죽음에 직면한 상태만을 가리킨다. 기본적 욕구는 넓은 의미에서 '공동체의 일반적인 생활수준을 반영하는 것'이다. 이때 빈곤은 영양상태, 주거조건, 의복 등의 상태가 생존에는 영향을 주지 않지만, 공동체 전체의 생활수준에 미치지 못하는 사람들을 포함한다.

영국의 웹(Webb) 부부는 빈곤을 생활필수품의 결핍으로 건강을 해치고 목숨까지 잃을 위험한 상태라 하고, 빈곤은 육체적, 정신적 황폐를 가져오는 것이라 하였다. 빈곤이 가지는 비경제적인 의미까지 고려하면 빈곤의 개념은 더욱 복잡하다. 예를 들어, 빈곤은 나쁜 건강상태, 낮은 교육, 기술 수준, 사회부적응이나 적응할 의사가 없는 경우, 빈번하게 일어나는 무질서한 행위, 경솔함 같은 상태를 가리키기도 한다(김귀환 외, 2009: 81-82). 즉, 빈곤을 경제학적 관점으로 볼 때 빈곤이란 재화나 서비스의 부족을 말하고 사회문화적 관점에서 보면 사회·문화·정치제도상에 있어서 기회, 수단, 자원 등의 상대적 박탈감을 말한다. 현대와 같은 정보화의 시대에 있어서는 정보의 결핍을 빈곤이라고 부른다(한국사회복지행정학회, 2014: 300).

이러한 목적의 빈곤정책은 방법론적 차원에서 세 가지로 구분된다.

첫째, 자산소득조사(means test)를 통한 가구의 소득이 최저생계비 이하일 때, 그 부족분을 보충해 주는 방법으로서, 우리나라의 경우 국민기초생활보장제도의 생계급여가 이에 해당된다.

둘째, 자산조사와 함께 개인이 부가적인 수급조건을 충족할 경우에만 급여의 수급자격을 부여하는 방법으로서, 개인이 근로활동의 요건을 충족해야 하는 조건부 급여인 우리나라의 근로장려세제(Earned Income Tax Credit, EITC)가 해당된다.

셋째, 빈곤성과 관련성이 높은 특정한 지표(아동의 부양, 노령, 질병상태 등)와 같이 별도의 자산조사 없이 모두에게 동일한 수준의 급여를 보편적으로 제공하는 제도로서, 조세를 재원으로 하는 아동수당(child benefit)이나 기초연금제도(basic pension system)가 해당된다(이정우, 2013: 475-467). 최근에는 사회적 결핍의 개념을 사용하여 빈곤을 설명하고 있으며 일반적으로 절대적 빈곤, 상대적 빈곤, 주관적 빈곤으로 구별하고 있다(박석돈, 2006: 82; 한국사회복지행정학회, 2014: 301; 윤석범, 1994: 220).

(1) 절대적 빈곤

절대적 빈곤이란 최소한의 생존수준에도 미치지 못한 상태, 즉 먹을 것과 인접한 물과 집, 신체적 건강과 같은 기본적인 욕구를 충족시키지 못하는 상태를 의미한다. 즉, 절대적 빈곤은 소득과 소비에 기준을 두고 소득의 기준이 기본적 생존을 위한 수준에 미치지 못하는 경우로서, 이는 사회의 소득불평등의 문제가 아니라 절대적 자원이 부족한 생존의 문제로 언급되는 경우가 더 많다(김정현, 2002: 267). 중요한 개념인 빈곤선은 최저생활에 필요한 기본수요를 추정함으로써 정의된다. 이러한 기본수요에는 첫째, 최저생존을 위한 방식, 둘째, 질병보호와 의·식·주 시설을 포함한 계속적 생존에 필요한 수요, 셋째, 생산적 수요에 필요한 재화나 용역 기본수요, 넷째, 사회에서의 상대적·경제적 위치 및 사회참여도 등을 고려한 기본수요 등의 단계로 구분된다(조미숙, 2022: 314). 그러나 절대적 빈곤의 개념은 최저한의 생활수준이라는 개념이 매우 가변적이고 사회의 통념, 문화적 차이, 관습 등에 따라 달라질 수밖에 없다는 문제점이 지적되고 있다.

(2) 상대적 빈곤

상대적 빈곤을 주장한 대표적인 학자 타운센드(Townsend)에 의하면, 상대적 빈곤이란 “일상식품을 획득하고 사회활동에 참여하며, 그들이 속한 사회에서의 관례적인 생활조건과 편의시설을 갖기에 필요한 자원이 결여되어 있는 사람”이라고 정의했다(김귀환 외, 2009: 82). 즉, 상대적 빈곤은 한 사회의 평균적인 생활수준에 비교하여 빈곤을 규정하므로 절대적 빈곤 개념과는 달리 불평등으로서의 빈곤(poverty as inequality)과 관련된다. 절대적 빈곤은 사회구성원의 전반적인 생활수준을 고려하지 않은 개념인 데 반하여, 상대적 빈곤은 특정사회의 전반적 생활수준을 고려한 상대적 박탈과 불평등의 개념들을 중시한다. 따라서 그 사회의 생활수준 또는 생활양식과 비교하여 일정 소득수준에서 박탈당하는 경우 빈곤계층으로 인정하고 있는 것으로, 사회관계의 부족과 같은 비물질적 요소까지 포함하는 개념이다(한국사회복지행정학회, 2014: 302).

상대적 빈곤에 관한 내용과 수준을 한 사회의 생활양식과 연계시킨 관점은 타운센드의 빈곤연구에서 찾을 수 있다. 그는 일반적으로 인정되는 기본적인 생활양식을 규정하고, 생활양식을 구성하는 60개의 지표를 설정하여 박탈지표를 수집했다. 그리고 정상에서 벗어난 사람을 상대적으로 박탈되었다고 간주했다. 이와 같이 생활양식을 구성하는 지표를 통해서 빈곤을 측정한 시도는 인간의 욕구가 생존에만 있지 않고 삶 전체에 있다는 사실을 반영하고 있다. 이와 같은 지표를 통한 빈곤의 측정은 욕구의 측정에도 많은 시사점을 주고 있다(임정문 외, 2020: 322).

(3) 주관적 빈곤

네덜란드 라이덴 대학의 학자들에 의해 개발된 라이덴(Leyden) 방식이 이러한 주관적 빈곤 개념에 바탕을 두고 있다. 주관적 빈곤은 사회의 일반적인 생활수준과 관계없이 본인 스스로 빈곤하다고 느끼는 상태를 의미한다. 즉, 사람들에게 자신의 상황을 고려할 때 그럭저럭 살아가는 데 필요한 최소 소득을 묻고, 이를 바탕으로 그들이 판단한 최소 소득과 그들의 실제 소득과의 관계를 분석하여 결정한다. 따라서 절대적 빈곤과 상대적 빈곤은 그것들이 '과학적'으로 결정되든 아니면 '정치적'으로 결정되든 제삼자에 의해서 객관적인 기준이 정해지는 데 반해 주관적 빈곤 개념은 각자가 빈곤으로 인식하는 수준에서 결정된다.

이 개념은 각자의 생활 상태에 대해서 사람들이 가지는 느낌이 중요한 의미를 가진다. 빈곤이 인간 개개인이 느끼는 안녕(well-being)과 관련되는 문제이므로 객관적 기준보다는 어떠한 관점에서 주관적인 기준에 의한 빈곤 개념이 보다 중요한 의미를 가질 수도 있다(박석돈, 2006: 88).

2) 빈곤아동의 정의

빈곤아동이란 빈곤가족에서 생활하는 18세 미만의 아동으로 「아동의 빈곤예방 및 지원 등에 관한 법률」 제3조에서 아동빈곤을 "아동이 일상적인 생활여건과 자원이 결핍하여 사회적·경제적·문화적 불이익을 받는 빈곤한 상태"로 규정하고 있다. 이러한 빈곤아동의 범위로는 「아동복지법」 제3조제4호 및 제5호에 따른 보호대상아동 및 지원대상아동, 「국민기초생활보장법」 제2조제2호에 따른 수급자인 아동, 「한부모가족지원법」 제4조제2호에 따른 한부모가족 아동, 「다문화가족지원법」 제2조제1호에 따른 다문화가족 아동으로 규정하고 있다(조미숙, 2022: 316).

아동빈곤은 화폐소득의 결핍이라는 단일한 차원의 정의로 충분히 포괄하기 어렵다. 빈곤 상태에서 생활하는 아동은 그들이 성장하고 발달하기 위해 필요한 물질적,

정신적, 정서적 측면을 포함하는 다차원적 측면에서 다양한 결핍(deprivation)을 경험하게 된다. 그 결과, 우리 사회의 동등한 구성원으로서 누려야 할 아동의 기본적인 권리를 보장받지 못하며, 아동이 지닌 잠재력 실현이 제한된다. 이처럼 아동빈곤은 물질적 결핍의 다차원성을 특징으로 하며, 이는 생존과 생활에 필수적인 재화와 서비스, 건강과 돌봄, 교육, 문화, 안전과 주거환경에 대한 아동의 접근성 문제와 연결된다(배은영 외, 2022: 178).

2. 빈곤이 아동에게 미치는 영향

빈곤은 단순히 경제적인 어려움을 넘어, 아동의 성장과 발달에 심각한 영향을 미치는 복합적인 문제이다. 빈곤 속에서 자라는 아이들은 신체적, 정신적, 사회적으로 다양한 어려움을 겪게 되며, 이러한 어려움은 성인이 되어서까지 그 영향력을 이어갈 수 있다. 또한 부모나 지역사회로부터 적절한 자극과 모델이 계속적으로 부재한 상황에서 빈곤아동의 인지발달, 언어발달, 행동발달 및 성격발달은 지체될 수도 있다(배은영 외, 2022: 178).

빈곤이 아동에게 미치는 영향은 전반적인 발달 영역에 걸쳐 나타난다. 빈곤은 아동이 정상적인 발달과업을 성취하는 데 장애를 가져올 뿐만 아니라, 그 장애들이 누적되어 성인이 되어서까지 부정적인 영향을 미친다. 빈곤아동이 경험하는 문제는 크게 아동의 신체적인 저하, 인지능력 저하, 학업성취, 심리사회적 문제 등으로 나누어 살펴볼 수 있다(조미숙, 2022: 319).

1) 신체적 저하

빈곤가족에서는 생계유지에 우선적인 초점이 주어지고 아동양육 지식과 시간적 여유가 부족하기 때문에, 아동을 돌보지 못하는 '의도하지 않은 학대와 방임'이 종종 발생한다. 비빈곤가족의 아동과 빈곤가족의 아동들을 다양한 기준으로 비교해 볼 때 빈곤가족의 아동들은 신체건강에 있어서 부정적인 결과를 보인다. 일례로 미국의 국민보건조사에 따르면, 비빈곤가족 아동의 경우 유아사망률이 100명당 0.8명인 데 비해 빈곤가족은 1.4명으로 1.7배 높은 것으로 나타났으며, 0세부터 14세까지 아동기의 사망률은 비빈곤가족은 0.8명인 데 비해 빈곤가족은 1.2명으로 나타났다. 또한, 부모가 건강상태가 아주 좋다고 평가한 비율은 비빈곤가족의 경우 55.2%인 데 비해 빈곤가족은 37.4%에 불과했으며, 지난 1년간 병원에 입원한 기간을 살펴보면 비빈곤가족 아동의 경우 3.8일이나 빈곤가족 아동의 경우는 5.3일로 나타나는 등 빈곤가족 아동의 건강상태가 비빈곤가족 아동에 비해 전반적으로 낮게 나타나고 있음을 보여준다(조미숙, 2022: 319).

2) 인지능력 저하

빈곤가족 아동의 경우 비빈곤가족 아동에 비해 상대적으로 자원이 부족하기 때문에 비빈곤가족 아동에 비해 낮은 것으로 나타나고 있다. 일례로 미국의 국민보건조사에 따르면, 17세까지 아동기의 인지발달 지체 비율이 비빈곤가족 아동은 3.8%이나 빈곤가족은 50%로 높게 나타났고, 학습장애 비율도 비빈곤가족은 6.1%이나 빈곤가족 아동은 8.3%로 높게 나타나고 있다(조미숙, 2022: 320 재인용).

3) 학업부진 및 학교부적응

학교는 아동이 가정 다음으로 가장 많은 시간을 보내는 장소이며, 아동이 필요로 하는 신체적·인지적·정서적·사회적 발달을 도모할 수 있는 곳이다. 따라서 학교적응은 빈곤아동의 사회적 적응과 성취를 위해 필수적이다. 빈곤은 흔히 가족 내에서 아동을 위한 공부방 등 학습공간의 부족 및 학업에 필요한 물품이나 교육자료 등의 결핍을 초래하여 학업성취를 저해한다. 빈곤가족의 부모들은 밤늦게까지 일을 해야 하므로 자녀들과 보낼 시간이 없거나 생활에 여유가 없어 자녀들과 접촉할 기회가 적어 아동에 대한 관리·감독에 어려움을 겪는 경우가 많다(배은영 외, 2022: 179).

빈곤가족 아동의 학업성취를 비빈곤가족 아동과 비교해 보면 낮은 것으로 나타나고 있다. 일례로 미국의 국민보건조사에서 유아부터 17세까지 아동을 비교해 볼 때, 학년 유급에 있어서는 비빈곤가족 아동의 경우 14.1%인 데 비해 빈곤가족의 아동은 28.8%로 2배 이상 높은 것으로 나타났고, 정학이나 퇴학 등의 학교징계를 경험한 비율에 있어서도 비빈곤가족의 아동은 6.1%인 데 비해 빈곤가족의 아동은 11.9%로 조사되었다(조미숙, 2022: 320 재인용).

교사의 빈곤아동에 대한 낮은 기대와 지지, 그리고 또래집단의 지지는 학교적응에 중요한 요인이다. 빈곤지역의 학교는 교육청과 지역사회로부터의 지원이 낮고 교사들이 기피하는 경향이 있다. 또한 빈곤아동은 학업성취가 낮을 것이라는 교사의 편견이 아동의 성취를 방해한다. 또래집단으로부터의 지지 부족이나 소외는 아동의 자존감을 떨어뜨리고 비행을 초래하기도 한다(배은영 외, 2022: 179).

4) 비행

빈곤은 아동을 다양한 환경적 위험에 노출하기 때문에 비행의 근본 원인 중의 하나로 간주되고 있다. 하지만 비행에 관한 연구들은 빈곤이 아동의 비행에 직접적으로 영향을 미치기보다는 가정 내의 부모 요소라는 매개체를 통해 간접적으로 이루어진다고 지적하고 있다. 빈곤은 부모의 지도·감독이나 양육방식 등에 영향을 미치고 다시 이것이 아동에게 영향을 준다는 것이다. 그런데 부모의 양육행동에 관한 연구들은 빈곤부모들의 훈육이 비일관적이거나 위협적·강압적이며, 부모-자녀 간 애착이 약하고 자녀에 대한 지도·감독의 수준이 낮고 신체적 체벌을 더 자주 사용하며 자녀에게 낮은 수준의 정서적 지지를 제공한다고 보고하고 있다(배은영 외, 2022: 179).

아동의 빈곤 경험은 아동들의 지적 능력에만 영향을 주는 것이 아니라 친구관계, 학교에서의 품행문제, 자아존중감에 영향을 주고 지속적인 가난은 심리사회적 적응에 영향을 주며, 비행 등의 외면화 행동문제를 일으키기 쉽다.

3. 빈곤아동의 현황

한국보건사회연구원이 발간한 『2022년 빈곤통계연보』(김태완 · 한수진 · 이주미, 2022)에 따르면 우리나라의 아동빈곤율은 2016년 이후 꾸준히 감소하고 있다. 통계청이 매년 실시하는 가계금융복지조사의 데이터를 분석하여 빈곤을 추정한 결과, 전체 아동 가운데 중위소득 50% 미만의 빈곤아동 비율은 2016년 15.2%였지만, 매년 조금씩 줄어들어 2020년에는 9.8%로 나타났다. 같은 기간 동안 전체 인구 빈곤율도 2016년 17.6%에서 2020년 15.3%로 줄어들었지만, 그 감소 폭은 아동빈곤율보다 작았다.

이러한 차이는 소득이 적은 가구일수록 출산율의 하락이 크다는 최근 우리나라의 경향에 기인하는 것으로 보인다(유진성, 2022: 233-258). 즉, 소득 하위층의 출산율이 소득 중위층과 상위층보다 낮으므로 빈곤 상태의 아동 비율이 전체 빈곤율보다 더 큰 폭으로 감소한다고 이해할 수 있다. '2023 아동종합실태조사'를 토대로 아동의 빈곤을 살펴보고자 한다.

1) 아동빈곤율

국제 비교 관점에서 살펴보면 우리나라의 아동빈곤율은 비교적 낮은 편에 속한다. 2020년 기준 우리나라의 아동빈곤율은 9.8%로 나타났고, 우리나라보다 낮은 수준의 아동빈곤율을 기록한 나라는 핀란드(2.4%), 슬로베니아(6.0%), 폴란드(7.1%), 캐나다(7.3%), 아일랜드(7.4%), 노르웨이(7.6%), 체코(7.8%), 벨기에(8.0%), 스웨덴(8.8%) 등이었다. 네덜란드, 독일, 스위스는 10%대의 아동빈곤율을 보였고, 영국과 미국은 각각 11.9%와 18.6%를 나타냈다. 남유럽 국가들은 모두 15%를 넘는 높은 아동빈곤율을 보였는데, 특히 스페인은 21.8%로 가장 높은 수치를 기록했다. '2023 아동종합실태조사' 중 아동의 물질적 환경에 관한 조사 결과를 사회경제적 기준에 따라 집단별로 살펴보고, 2018년 조사결과와 비교하여 보면, 우리나라의 아동빈곤율은 2016년 이후 꾸준히 감소하여 전체 아동 가운데 중위소득 50% 미만의 빈곤아동 비율은 2016년 15.2%였지만, 매년 조금씩 줄어들어 2020년에는 9.8%

까지 낮아졌다. 2020년 기준 우리나라의 아동빈곤율은 9.8%로 OECD 회원국 가운데 열 번째로 낮은 것으로 나타났다(한국보건사회연구원, 2023: 545).

2) 아동가구의 경제적 상황

2018년 조사 결과와 비교하면 2023년 아동가구의 경제상태는 전반적으로 개선된 것으로 분석되었다. 2023년 기준 월 근로소득은 약 531.3만 원, 월평균 세금과 사회보장부담금은 약 53.0만 원, 월평균 처분가능소득은 약 388.9만 원, 월평균 총 생활비는 약 326.4만 원으로 나타나 모든 항목의 수치가 2018년보다 증가했다.

3) 빈곤박탈점수, 결핍지수, 빈곤걱정

2018년 조사 결과와 비교하면 아동가구의 평균 박탈점수는 1.58점에서 1.15점으로 감소했고, 모든 연령 집단에서 2018년보다 2023년에 비해 아동 결핍지수도 낮아졌다. 자신의 가정 형편에 대한 아동의 주관적 인식과 아동의 빈곤에 대한 걱정도 2018년 조사결과 대비 개선되었다. 그러나 2018년과 2023년의 조사 결과를 비교하면 전반적으로 경제적 어려움을 경험한 아동가구의 비중은 오히려 증가했고, 수급, 한부모·조손 가구 등의 아동 결핍지수는 높고, 기타가구, 수급가구의 아동 박탈점수가 여전히 높고 일반가구와 수급가구 사이의 가정형편에 대한 인식과 빈곤에 대한 걱정에 있어 격차는 여전히 큰 것으로 파악되었다.

4) 주거환경

주거환경에서도 일반가구와 수급가구의 격차가 확인되었다. 자가주택 보유 비율이 2023년 65.4%로 과거 조사 대비 가장 높게 나타나 아동가구의 3분의 2 정도가 자가주택을 보유하는 것으로 나타났지만, 수급가구의 경우 자가주택 보유 비율은 13.8%에 그쳤고, 보증부 월세(54.4%) 또는 월세(7.8%)인 비율은 60.0% 이상으로 나타났다.

종합적으로 2018년과 비교하면 2023년의 조사 결과는 전체 아동의 물질적 환경은 개선되었지만, 일반가구와 사회경제적으로 취약한 아동 가구의 물질적 환경에는 격차가 여전히 크게 존재하고 있어 저소득가구에 대한 지원 확대의 필요성이 제기되었다.

식생활, 의생활, 주거환경과 주거공간, 학습 환경, 놀이와 문화활동, 사회적 자본 형성, 절대적 박탈 등 모든 영역에서 수급가구 아동의 결핍과 박탈 수준을 일반가구 아동과 비교하면 매우 높은 수준이다.

4. 빈곤아동을 위한 복지대책

빈곤아동에 대한 지원은 현재 아동 및 가족이 당면하고 있는 빈곤문제를 해결하기 위한 방안이기도 하지만 장기적으로는 빈곤에 대한 예방책이기도 하다.

우리나라의 빈곤가족을 위한 대책은 두 가지로 구분된다. 하나는 빈곤선 이하의 빈곤가족의 최저생활을 보장하는 기초생활보장으로 직접적인 대책으로 대응적이고 사후적이다. 다른 하나는 빈곤층을 대상으로 빈곤의 예방이나 빈곤으로부터의 탈피를 목적으로 하는 자활지원으로, 이는 생계보호에 비해 예방적이고 사전적이며 간접적인 대책으로서 대상자의 자립의지의 유무가 중요한 변수가 된다(배은영 외, 2022: 182).

1) 빈곤가족 아동복지정책

(1) 아동의 빈곤예방 및 지원 등에 관한 법률

빈곤아동에 대한 가장 중요한 법률은 2012년 8월 15일부터 시행된 「아동의 빈곤예방 및 지원 등에 관한 법률」이다. 빈곤아동이 복지·교육·문화 등의 분야에서 소외와 차별을 받지 아니하고, 한 사회의 구성원으로 건강하게 자랄 수 있도록 제도적 기반을 마련하기 위한 목적으로 제정되었다.

이 법에서는 아동이 경제적·사회적·문화적·정신적으로 빈곤상태에 있는 아동을 위하여 국가 및 지방자치단체가 빈곤아동정책의 수행에 필요한 법적·제도적 장치를 마련하고, 업무 수행에 필요한 재원을 안정적으로 확보하기 위해 노력하도록 규정하고 있으며, 빈곤아동이 어떠한 종류의 차별도 받지 않도록 필요한 시책 마련을 규정하고 있다.

보건복지부는 빈곤아동의 복지·교육·문화 등의 기본적인 욕구 등에 대한 실태조사를 실시하여 빈곤아동 지원에 관한 기본계획을 매년 5년마다 수립하도록 규정하고 있으며, 기본계획에 따라 보건복지부장관, 관계 중앙행정기관의 장, 시·도지사, 시·도교육감은 연도별 시행계획을 수립·시행하도록 규정하고 있다.

종합적인 빈곤아동정책의 수립 및 관계기관 간의 연계·조정과 상호협력을 위하여 아동정책조정위원회의 분과위원회로 아동빈곤예방위원회를 설치하여 기본계획과 추진전략의 수립, 국제조약의 이행·평가 및 조정에 관한 사항을 심의·조정하도록 하였다. 그리고 시·도 및 시·군·구에는 지역아동빈곤예방위원회를 설치하여 지역의 아동빈곤 예방 및 지원에 관한 중요사항을 심의하도록 규정하고 있다(조미숙, 2022: 321).

(2) 관련 법률

빈곤가족 아동지원정책은 「아동복지법」, 「국민기초생활보장법」, 「한부모가족지원법」, 「건강가정기본법」, 「다문화가족지원법」, 「영유아보육법」 등을 근거로 추진되고 있다. 「국민기초생활보장법」에서는 만 18세 미만의 아동이 수급대상에 포함될 경우 교육급여, 의료급여를 지급하며, 「한부모가족지원법」에서 학자금 및 교육비 지원, 교복 및 학용품비 지원이 있다. 「건강가정기본법」에서는 국민기초생활수급권자, 한부모가족, 다문화가족, 조손가족 등을 취약가족으로 보고 필요한 지원서비스를 우선적으로 제공하도록 하고 있다(배은영 외, 2022: 183).

2) 드림스타트

드림스타트사업은 빈곤이 아동발달에 악영향을 유발하고 부적절한 양육환경과 기회불평등을 야기함에 따라 기존의 문제 발생 이후의 단편적이고 사후관리적인 아동복지서비스를 탈피하여, 사전예방적 통합적 측면의 서비스를 통해 빈곤 탈피를 목적으로 하고 있는 '빈곤 대물림 끊어주기' 사업으로 아동에게 공평한 기회 보장을 제공하기 위한 새로운 서비스이다. 0~12세 빈곤아동들에게 교육, 보건, 주거, 복지서비스를 맞춤형으로 제공하는 것을 목적으로 한다.

사업수행을 위해 시·군·구 단위의 전담조직인 드림스타트센터를 설치하게 되는데, 센터를 통해 지역사회 아동의 신체·건강, 인지·언어, 정서·행동 등의 영역을 포괄하는 통합 서비스를 총괄 조정하게 된다. 센터의 주요 기능은 지역사회 내 통합 서비스 지원이 필요한 아동 발굴, 지역자원을 조사·발굴하여 서비스 연계망을 구축, 서비스 전달 연계의 중심축 역할수행, 욕구조사, 위기도 검사를 통한 사례판정 및 연계 서비스 기획·조정, 사례점검, 재사정 등 통합 사례관리 실시[1] 등이다. 센터는 시·군·구 단위로 빈곤아동이 밀집한 면·동 등 거점지역에 설치한다.

3) 지역아동센터

지역아동센터는 지역사회 아동의 보호, 교육, 건전한 놀이와 오락 제공, 보호자와 지역사회 연계 등 아동의 건전 육성을 위한 아동복지서비스를 지원하는 기관으로, 2004년부터 민간 공부방이 2004년 7월 개정된 「아동복지법」에 '지역아동센터'로 명시화됨으로써 사회복지시설로 인정을 받게 되었으며, 2004년 7월 발표된 '빈곤아동청소년종합대책'의 발표로 인해 정부 지원을 본격적으로 받게 되었다. 지역아동센터의 기능은 첫째, 지역사회 안에서 아동의 권리보장과 안전한 보호 및 급식 지원으로 결식을 예방하여 취약계층아동의 지역 내 보호 개념을 실현하며, 둘째, 아동의 학습능력 제고, 학교부적응 해소 등이다.

4) 교육복지투자우선지역 사업

교육복지투자우선지역 사업은 지역사회 교육전문가라는 명칭을 가진 전문인력을 학교에 비치하여 빈곤아동들에게 교육, 복지, 문화서비스를 총괄적으로 제공하

1) 사례관리 과정에서의 서비스 개입은 지역자원과 연계하여 지원한다.

고 있다. 이 사업은 2002년 8·15 대통령 경축사에서 발표한 도시 저소득지역 교육환경 개선을 주 내용으로 하는 도시 저소득지역 교육복지 종합대책 수립계획을 구체화한 사업이다. 대도시 내에서 교육·문화적 환경이 상대적으로 열악한 지역을 교육복지투자우선지역으로 선정하여 다른 부문보다 많은 정책적 배려와 지원을 함으로써, 해당 지역의 교육·문화·복지 환경과 서비스의 질을 개선하는 것을 주요 골자로 하고 있다. 2011년 보통교부금을 사업재원으로 하는 교육복지투자우선지역 지원사업으로 전환되었으며, 종래 지역(zone)단위로 사업학교가 선정되었던 지정기준이 취약집단학생이 밀집한 단위학교로 전환되어 지역단위뿐만 아니라 개별학교 단위로도 지역사회와 연계한 사업 추진을 할 수 있도록 변경되었다.

이 사업의 목적은 지역단위 사업으로 저소득층 지역의 교육, 문화, 복지 수준을 총체적으로 제고하여 지역의 유아 및 학생들에게 실질적인 교육 기회를 제공하고, 지역 간, 학교 간 격차를 해소하고, 저소득 소외계층 학생들의 총체적 복지감 향상이다(임정문 외, 2018: 309).

5) 디딤씨앗통장

디딤씨앗통장은 「아동복지법」 제42조(자산형성지원사업), 제43조(자산형성지원사업 관련 업무), 제44조(자산형성지원사업 관련 업무의 위탁)에 근거하여 취약계층아동이 사회에 진출할 때 필요한 초기비용 마련을 지원하고자, 정부에서 운영하는 유일한 아동자산형성 지원사업이다. 2007년 4월부터 미래 성장 동력인 아동에 대한 사회투자로 빈곤의 대물림을 방지하고 건전한 사회인 육성을 위해 '아동발달지원계좌(CDA, Child Development Account)'를 추진하였다.

디딤씨앗통장의 목적은 저소득층 아동의 사회 진출 시 학자금·취업·창업·주거 마련 등에 소요되는 초기비용 마련을 위한 자산 형성을 적극적·장기적으로 지원하는 데 있다.

지원 대상은 만 18세 미만의 기초생활수급가구 아동, 중위소득 50% 이하의 수급가구(생계, 의료, 주거, 교육 급여) 아동, 아동복지시설(아동양육시설, 공동생활가정) 보호아동, 가정위탁 보호아동, 장애인거주시설 아동, 소년소녀가정 아동, 일시보호시설 아동은 3개월 이상 장기 보호되었거나 보호될 것으로 예상(베이비박스 아동, 입양 의뢰, 부모 사망 등)되는 경우에 대상이 될 수 있다.

지원 내용은 아동이 보호자, 후원자의 후원으로 2020년 기준 월 5만 원 이내의 기본 적립금을 적립하면 국가 또는 지방자치단체에서 만 18세까지 같은 액수(1 : 1 매칭펀드)를 지원하는 것으로 적립금의 사용 용도는 아동의 만 18세 이후 학자금, 기술자격 취득 및 취업 훈련비용, 창업지원금, 주거마련비 등 자립의 용도(제한적)로 사용하도록 하고 있다.

CHAPTER 11

한부모가족 아동

가족이란 한 개인의 발달 과정을 포함하고 있고 최초의 사회적 관계가 시작되는 곳이기에 더욱 그 중요성이 강조된다. 가족이라는 공동체 속에서 현재 우리의 삶의 변화는 자기중심적 사회 가치로 점점 변화하고 있으며, 이에 따라 가족 형태도 많이 변화되었다. 가정이란 어떤 한 개인의 발달에 있어 최초의 사회적 관계가 시작되는 곳이며, 자아가 발달하는 하나의 터를 마련해 주는 기본적인 존재의 틀이 되기 때문에 그 중요성이 강조된다.

1. 한부모가족의 정의와 형태

한부모가족은 일반적으로 부모 중 한쪽의 사망, 이혼, 유기, 별거 및 미혼모(미혼부) 등으로 한부모와 자녀로 이루어지거나 미혼모 또는 미혼부와 자녀로 이루어진 가족을 의미한다. 즉, 부모 중 한쪽이 부재하여 아버지나 어머니 중 한 사람이 단독으로 부모의 역할을 수행하기 때문에 그로 인한 복합적 문제에 처할 가능성이 높아 사회복지의 일차적 관심 대상이 되고 있다.

1) 한부모가족의 정의

「한부모가족지원법」에서는 이혼, 사별, 유기, 미혼모에 의하여 발생하는 가족으로 현재 18세 미만의 자녀와 살면서 자녀를 부양하고 부모 역할을 담당하고 있는 한부모와 자녀의 집단을 의미하며, 청소년 한부모란 24세 이하의 모 또는 부를 말한다. 우리나라에서 한부모가족의 정책 대상에는 여성 한부모가족과 남성 한부모가족 외에도 소년소녀가장가구, 조손가족 그리고 과거 미혼모·부가족으로 불리던 청소년기 한부모가족이 포함되고 있다. 조손가정은 2007년부터 「모부자복지법」이 「한부모가족지원법」으로 개정되면서 지원대상자 범위에 대한 특례(제5조의2제2항)로서 지원받을 수 있는 법적 근거를 마련하였다.

현재 한부모가족은 한부모가정과 한부모가족, 한부모가구 등 각기 다른 명칭으로 혼용되어 사용되고 있다. 일반적으로 가족복지의 관점에서는 한부모가족으로, 「한부모가족지원법」에 근거한 행정적 관점에서는 한부모가정으로, 인구주택총조사에서는 조사단위를 한부모가구로 쓰고 있다. 가족복지에서의 한부모가족은 과거 모자복지의 한 분야로 인식되어 왔으나 산업화, 도시화로 인한 사회구조 및 가족구조의 변화, 가족해체 등의 문제로 부자가족이 빠른 속도로 등장하면서 한부모가족이 가족복지의 중요한 분야로 등장하였다(이영실, 2016: 250).

2) 한부모가족의 유형

한부모가족의 개념을 다양한 유형별로 분류해 보면 다음과 같다.

첫째, 부모집단의 유형에 따른 분류로서, 부모가 결혼을 한 사람들인지 아니면 결혼을 하지 않고 동거상태로 살다가 한부모가 된 사람인지 등으로 분류하는 것이다. 예를 들면, 미혼모가족과 미혼상태의 입양가족 등을 들 수 있다.

둘째, 가족해체의 발생유형에 따른 분류로서, 해체의 유형이 아버지나 어머니의 사망에 기인한 것인지, 부모의 별거나 이혼에 의한 것인지, 배우자의 장기입원이나 장기구속에 의한 것인지, 아니면 미혼의 어머니에 의한 것인지 등으로 분류하는 것이다. 예를 들어, 사망, 이혼, 별거, 유기가족, 미혼모가족 등으로 구분할 수 있다.

셋째, 가족의 결합상태에 따라 부와 자녀로 이루어진 부자가족과 모와 자녀로 이루어진 모자가족으로 분류한다. 즉, 자녀를 누가 돌보는가 하는 주체에 따른 분류로서, 부모 역할을 누가 맡느냐에 따라 어머니가 자녀에 대한 보호를 맡고 있는 모자가족과 아버지가 자녀를 보호하고 있는 부자가족으로 분류될 수 있다.

3) 한부모가족의 형태

(1) 부자가족

부자 세대주이거나 세대주가 아니더라도 실질적으로 세대원을 사실상 부양하는 가족을 말한다. 이 가족의 범주에 아동이 포함된다.

(2) 모자가족

모자 세대주이거나 세대주가 아니더라도 실질적으로 세대원을 부양하는 자를 말한다. 이 가족의 범주에 아동이 포함된다.

(3) 청소년 한부모가족

연령으로 보았을 때 24세 이하의 모 또는 부를 말한다. 이는 「청소년 기본법」에서의 청소년 정의와 관련된다. 단, 취학 중인 경우에는 22세 미만을 말하되, 「병역법」에 따른 병역의무를 이행하고, 취학 중인 경우에는 병역의무를 이행한 기간을 가산한 연령 미만을 말한다.

2. 한부모가족 아동의 현황

2019 통계청 통계에 의하면 이혼 및 사별에 의한(미혼 포함) 한부모가구는 1,529천 가구로 집계되었으며, 세대구성별로는 모+미혼자녀 가구가 965천 가구, 부+미혼자녀 가구는 280천 가구였다(통계청, 2020).

'2021년 한부모가족 실태조사' 결과에 의해 한부모가족 아동의 현황을 살펴보면 다음과 같다(여성가족부, 2021b: 33-545).

1) 일반적 특성

‘2021년 한부모가족 실태조사’ 응답자들의 일반적 특성으로 응답자들의 연령분포는 40대가 60.7%로 가장 많았고, 30대 이하 23.7%, 50대 이상이 15.7%의 비율을 차지하고 있었다.

학력의 경우 고졸 이하 55.4%, 대학 이상 40.4%, 중졸 이하 3.9%였고, 혼인상태는 이혼 81.6%, 사별 11.6%, 기타 6.8% 순으로 나타났다.

가구 구성은 모자로 구성된 가구가 53.4%로 가장 많았으며, 그다음이 부자가구(20.7%), 모자 + 기타가구(14.0%), 부자 + 기타가구(11.9%)로 이루어져 있었다.

연령이 가장 낮은 자녀의 연령은 중학생 이상인 경우가 56.3%로 가장 많았고, 초등학생인 경우가 31.7%, 미취학 아동인 경우가 12.1%였다.

경제활동을 하고 있는 응답자는 77.7%였는데, 종사상 지위가 상용근로자인 경우가 38.2%로 가장 많은 분포를 보였고, 임시·일용근로자는 26.2%, 자영업 혹은 무급 가족종사자는 13.3%인 것으로 나타났다.

기초보장, 저소득 한부모 지원 등 정부지원을 받는 가구는 54.4%, 지원받지 않는 일반가구는 45.6%로 절반을 넘는 한부모가 정부지원을 받고 있는 것으로 나타나고 있다.

소득수준은 100만 원 미만이 3.3%, 100~200만 원 미만이 34.7%, 200만 원 이상 300만 원 미만이 34.2%, 300만 원 이상이 27.8%였다.

한부모가 된 기간은 5년에서 10년 미만인 응답자가 42.6%로 가장 많았고, 그다음으로 5년 미만인 경우가 22.2%, 10년 이상인 경우가 35.2% 순으로 나타났다.

2) 소득 및 지출

(1) 소득

지난 1년간 가구 월평균 소득(세금, 사회보험료 등 제외)을 함께 사는 모든 가구원의 소득을 합산하여 응답받은 결과, 평균 245.3만 원인 것으로 나타났다. 200만 원 이상인 집단이 62.0%로 가장 많은 비중을 차지하였고, 100~200만 원 미만 집단이 34.7%, 100만 원 미만인 집단이 3.3%로 나타났다. 지난 차수와 비교해 보면, 200만 원 이상 집단이 38.1%(2015년), 50.0%(2018년), 62.0%(2021년)로 점차 증가하였다. 평균 가구소득도 189.6만 원(2015년), 219.6만 원(2018년), 245.3만 원(2021년)으로 시간이 지날수록 증가하는 추세를 나타냈다.

조사 항목이 동일하지 않아 일괄 비교는 어렵지만, 한부모가구의 소득수준을 「2021년 가계금융·복지조사」의 결과와 비교한 결과 2021년 우리나라 전체 가구의 처분가능소득의 평균은 약 416.9만 원으로 확인되었고(통계청, 2021), 한부모가구의 처분가능소득(245.3만 원)은 전체 가구에 비해 약 58.8% 수준에 불과한 것으로 드러났다.

(단위: %, 2015년: n=2,552, 2018년: n=2,500, 2021년: n=3,300)

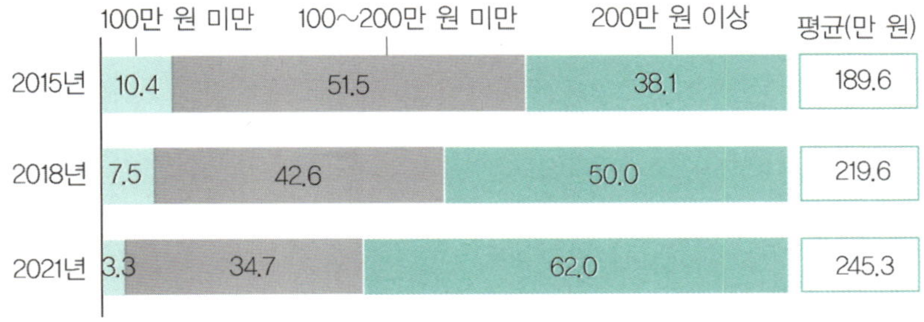

그림 11-1 가구 월평균 소득

출처: 여성가족부(2021b: 168).

가구 월평균 소득을 집단별로 살펴보면, 한부모 연령이 낮을수록, 막내 자녀 연령이 낮을수록, 한부모의 학력이 높을수록, 한부모가 된 기간이 짧을수록 월평균 소득이 높게 나타났다. 또한 혼인상태가 사별인 집단이 월평균 소득이 280.8만 원으로 이혼인 집단(239.1만 원)에 비해 높았고, 가구 구성이 부자+기타인 집단이 335.0만 원으로 모자가구(202.7만 원)나 모자+기타가구(298.3만 원), 부자가구(268.1만 원)보다 월등히 높았다. 또한 종사상 지위가 자영업/무급가족인 집단의 월평균 소득이 326.0만 원으로 상용근로자(295.5만 원)보다 더 높게 나타났다.

(2) 지출

지난 1년간 가구의 월평균 지출 금액을 확인한 결과, 약 185.3만 원인 것으로 나타났다. 그중에서는 식료품비가 70.2%로 가장 많은 비중을 차지하였고, 자녀교육비(26.9%), 주거관리비(21.5%), 교통통신비(21.3%)의 순으로 확인되었다. 지난 조사와 비교해 보면, 가구 월평균 지출액은 151.7만 원(2015년), 166.3만 원(2018년), 185.3만 원(2021년)으로 증가하는 추세를 보였다. 구체적인 항목별 비중을 보면, 식료품비가 차지하는 비중이 48.3%(2015년), 56.0%(2018년), 70.2%(2021년)로 시간이 지날수록 가장 큰 폭으로 증가한 반면, 주거 관리에 들어가는 비용은 23.6%(2015년), 23.3%(2018년), 21.5%(2021년)로 소폭 감소하였다.

(단위: 만원, 2015년: n=2,550, 2018년: n=2,500, 2021년: n=3,300)

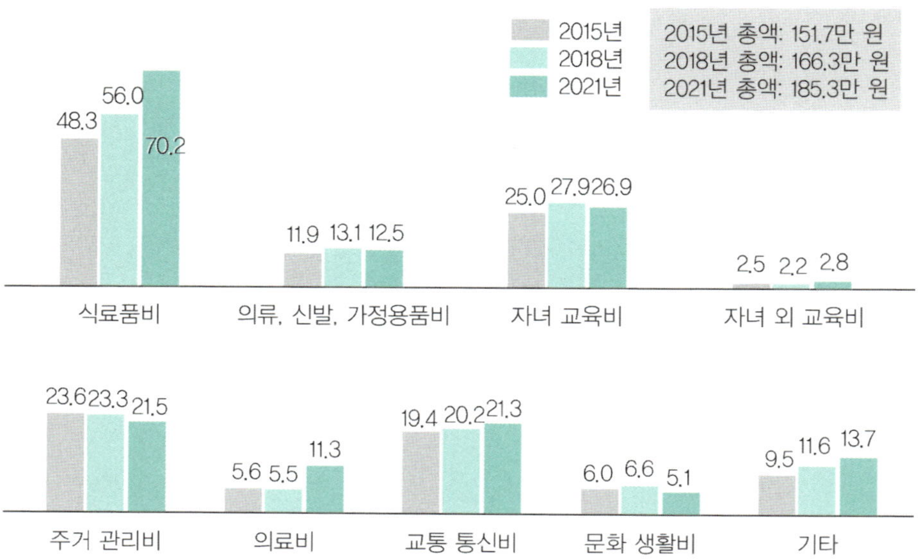

그림 11-2 가구 월평균 지출

출처: 여성가족부(2021b: 173).

3) 자녀돌봄

한부모가족의 주요 돌봄의 유형을 살펴보면 다음과 같다.

(1) 미취학 자녀(만 7세 미만)

한부모들이 미취학 자녀를 돌보는 주요 방법(1순위)은 보육시설(어린이집)이 64.8%로 가장 많고, 유치원(19.2%), 본인 직접 돌봄(9.0%), 조부모 돌봄(5.5%) 등의 순이다. 이를 2018년 조사와 비교해 보면, 보육시설(어린이집)(-0.2%p)과 본인 직접 돌봄

(-0.1%p), 유치원(-2.3%p)은 감소한 반면, 조부모 돌봄(+1.8%p)은 증가한 것으로 확인된다. 정부지원 아이돌봄서비스의 경우, 2018년 0.3%에서 2021년 0.2%로 소폭 감소하였다.

보육시설(어린이집)을 이용하여 미취학자녀를 돌본다는 응답은 30대 이하(68.1%), 중졸 이하(89.7%), 모자+기타가구(69.9%) 및 부자가구(71.1%), 상용근로자(72.2%)와 임시/일용근로자(75.7%)에게서 상대적으로 많다. 반면, 본인이 직접 미취학 자녀를 돌보는 경우는 모자가구(11.0%, 부자가구 1.3%)와 모자+기타가구(14.7%, 부자+기타가구 0.0%)와 비취업자(25.3%, 상용근로자 1.0%), 저소득지원가구(12.0%), 소득수준이 낮은 집단(100만 원 미만 31.2%, 100~200만 원 미만 13.8%)에서 두드러진다.

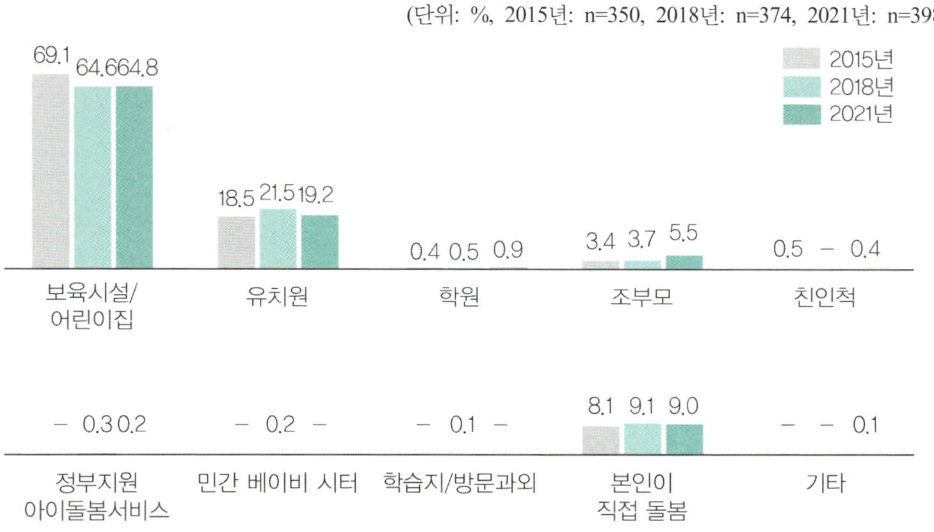

그림 11-3 돌봄유형 : 미취학아동(1순위)

출처: 여성가족부(2021b: 67).

(2) 초등학생 자녀(만 7세~만 13세 미만)

초등학생 자녀의 경우, 주된 돌봄 유형은 '초등돌봄/방과후교실'(48.4%)이 가장 많고, 학원(17.6%), 본인 직접 돌봄(13.0%), 조부모 돌봄(11.5%), 지역아동센터(6.1%) 등의 순이다. 2018년 조사에 비해 '초등돌봄/방과후교실'(-5.5%p), '학원'(-3.4%p)의 비중은 감소한 반면, '본인 직접 돌봄'(+7.4%p)이 비교적 크게 늘어 차이를 보인다.

'조부모 돌봄'(+1.4%p), '지역아동돌봄센터'(+0.4%p), '정부지원 아이돌봄서비스'(+0.7%p)도 소폭 증가하였다.

'초등돌봄/방과후교실'을 주된 돌봄 유형으로 응답한 경우는 30대 이하(52.0%), 중졸 이하(74.7%), 상용근로자(54.2%), 저소득지원가구(50.0%), 소득수준이 100만 원 미만(61.5%)에서 상대적으로 많다. '학원'의 경우, 40대(18.5%), 대학 이상(20.2%), 상용근로자(19.1%)와 자영업/무급가족종사자(30.4%), 일반가구(22.7%), 소득수준 100만 원 미만(21.1%)과 300만 원 이상(26.1%) 한부모의 응답비율이 높다.

'조부모 돌봄'은 40대(13.9%), 대학 이상(14.0%)과 이혼한 부모(13.0%), 모자+기타가구(29.7%)와 부자+기타가구(29.4%), 상용근로자(14.6%)와 자영업/무급가족종사자(20.7%), 일반가구(17.7%), 소득수준 300만 원 이상(24.3%)에서 응답비율이 높다.

'본인 직접 돌봄'이라고 응답한 경우는 30대 이하(16.6%)와 50대 이상(26.6%), 모자가구(16.2%, 부자가구 8.2%)와 비취업자(30.8%), 저소득지원가구(18.2%), 소득수준 200만 원 미만(100만 원 미만 14.1%, 100~200만 원 미만 21.2%)에서 많다.

(단위: %, 2015년: n=918, 2018년: n=979, 2021년: n=1,116)

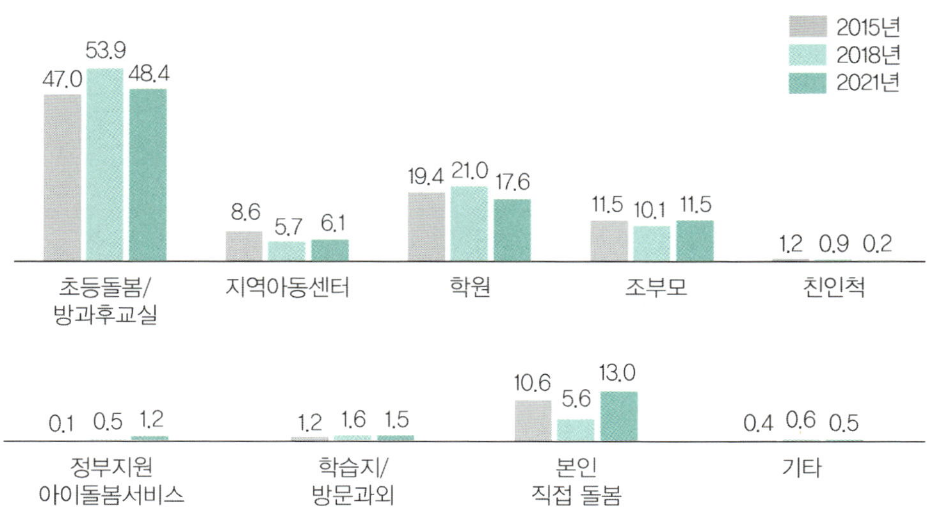

그림 11-4 돌봄 유형 : 초등학생(1순위)

출처: 여성가족부(2021b: 67).

4) 경제활동

부모들의 경제활동 특성 중 취업상태, 구직현황 등을 살펴보면 다음과 같다.

(1) 취업여부

'지난 1주일 동안 수입을 목적으로 1시간 이상 일을 했거나 돈을 받지 않고 동일 가구 내 가족이 경영하는 사업체나 농장 등에서 18시간 이상 일을 하는 경우'를 취업상태로 취업 여부를 묻는 질문에 '그렇다'고 응답한 한부모들은 77.7%로 3/4 이상의 한부모들은 취업활동을 하고 있었다. 다만 2015년 조사(87.4%)에 비해서는 9.7%p, 2018년 조사(84.2%)에 비해서는 6.5%p 낮은 수치인데, 이는 2019년 말부터 전 세계적으로 확산된 코로나19의 여파로 일자리를 잃었거나 자녀돌봄 등을 위해 취업활동을 하지 않고 있었기 때문으로 짐작된다.

한부모가족이 된 당시를 기준으로 살펴보면 64.9%, 한부모가족이 되기 1년 전은 58.3%가 취업활동을 하고 있었다고 응답해 한부모가족이 된 당시에 비해서 현재를 기준으로 했을 때 취업을 하고 있다는 비율이 비교적 큰 폭으로 높게 나타났다.

(단위: %, 2015년: n=2,552, 2018년: n=2,500, 2021년: n=3,300)

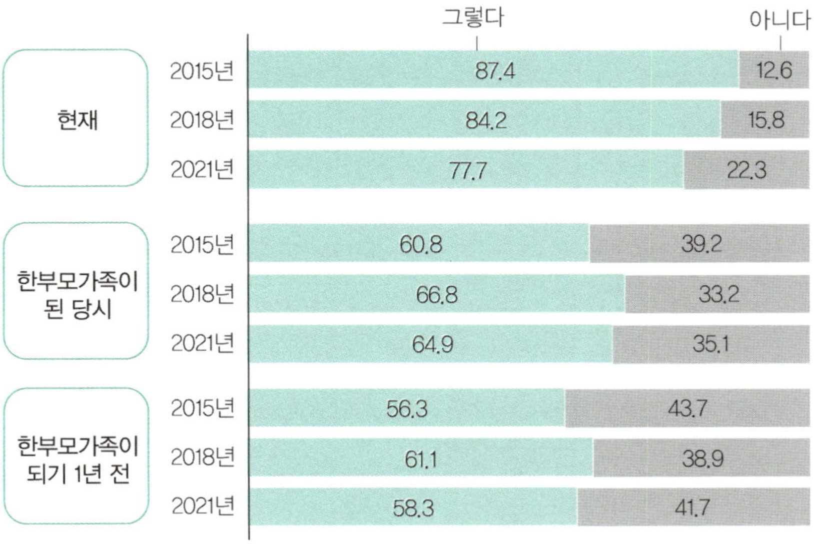

그림 11-5 취업여부

출처: 여성가족부(2021b: 278).

(2) 직업 및 종사자 지위

취업자들의 직업과 종사상 지위를 조사한 결과는 다음과 같다. 취업자인 응답자들(n=2,565) 중 현재 직업은 서비스종사자(33.6%)가 가장 많고, 그다음이 사무종사자(21.1%), 판매종사자(18.2%) 순이었다. 2015년 및 2018년 조사와 비교했을 때 취업한 한부모들의 직업 구성에 현저한 차이는 보이지 않는다. 한부모가족이 된 당시를 기준으로 했을 때 취업자였던 응답자(n=2,143)의 직업을 살펴본 결과에서도 서비스종사자(31.1%), 사무종사자(24.3%), 판매종사자(18.8%) 순이고, 한부모가족이 되기 1년 전 취업자였던 응답자(n=1,922) 또한 서비스종사자(29.7%), 사무종사자(24.7%), 판매종사자(15.5%) 순으로 나타나 한부모가족이 된 당시 및 한부모가족이 되기 1년 전을 기준으로 했을 때도 직업의 분포는 비교적 유사하다. 이와 함께 2015년 및 2018년 조사와 비교했을 때도 직업별로 약간의 비중 증감은 있었으나 눈에 띄는 차이를 나타내지는 않았다.

(단위: %)

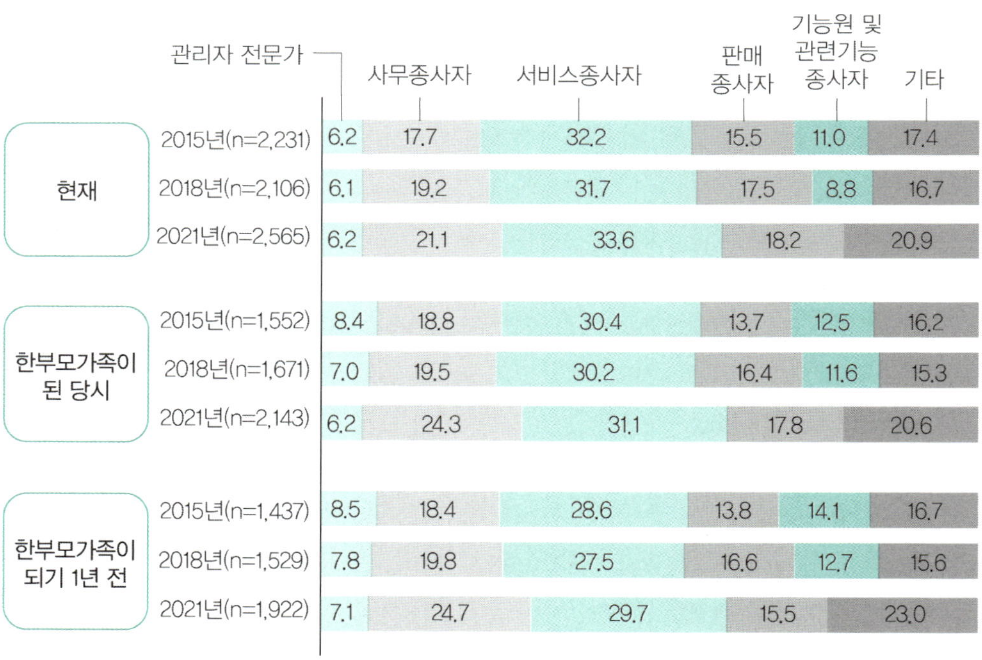

그림 11-6 직업분포

출처: 여성가족부(2021b: 282).

서비스종사자가 전체의 33.6%로 가장 많았는데, 30대(34.8%), 고졸 이하(38.6%), 모자가구(42.8%), 가장 어린 자녀가 미취학 상태인 경우(37.6%), 임시/일용근로자(48.1%), 저소득지원 가구(41.5%)에서 상대적으로 그 비중이 높게 나타났다. 특히 모자, 모자기타가구인 경우에는 부자 또는 부자기타가구에 비해서 서비스종사자 비율이 비교적 큰 폭으로 높게 나타나 직업에 있어서의 성별 차이를 비교적 선명하게 확인할 수 있었다.

이와 함께 소득수준별로는 상대적으로 소득이 낮을수록 서비스종사자의 비중이 높게 나타났다. 사무종사자의 경우 30대 이하(28.9%), 대학 이상(34.5%), 상용근로자(39.2%), (저소득지원 가구가 아닌) 일반가구(28.0%)에서 비교적 높은 비중을 차지하고 있었으며, 소득별로는 상대적으로 높은 정도의 소득범주에 속하는 이들의 경우 사무종사자가 차지하는 비중 또한 높게 나타나 높은 정도의 학력수준과 소득수준을 가진 집단에서 사무종사자가 상대적으로 많음을 알 수 있다.

관리자·전문가에 해당하는 비율은 한부모 취업자의 6.1%를 차지하였는데, 50대 이상인 경우(7.6%), 교육수준이 대학 이상인 경우(8.2%), 가장 어린 자녀가 미취학 상태인 경우(9.6%)에 상대적으로 높게 나타났으며, 취업자의 18.2%를 차지하고 있는 판매종사자의 경우 고졸 이하(20.6%), 사별(21.7%), 가장 어린 자녀가 중학생 이상인 경우(21.0%)에 비교적 많은 것으로 집계되었다.

5) 건강 및 주거 실태

(1) 건강상태

본인이 지각하는 평소 건강상태의 경우 '좋은 편이다'라는 응답이 60.8%로 가장 많았다. 그러나 '나쁜 편이다'라는 응답과 '매우 나쁘다'라는 응답도 각각 22.5%, 4.1%로 나타나 전체 응답자의 약 1/4가량은 자신이 건강하지 않다고 느끼는 것으로 조사되었다. 이를 2018년 결과와 비교해 보면 전반적인 응답 경향은 유사한 편이며, '매우 좋다'는 응답이 9.8%에서 12.6%로 다소 증가하였고, '매우 나쁘다'는 응답도 3.9%에서 4.1%로 소폭 증가하였다. 이는 2020년 「사회조사」에서 자신의 건강상태에 대해 '매우 좋다', '좋은 편이다'라고 응답한 사람의 비율이

50.4%(통계청, 2020: 26)인 것과 비교하면 상당히 높은 편이다.

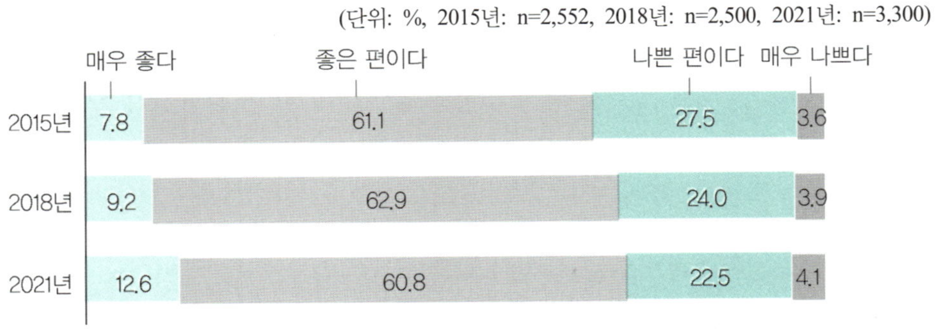

그림 11-7 평소 건강상태

출처: 여성가족부(2021b: 356).

응답자 본인이 평가하는 건강상태는 연령대가 높을수록, 교육수준이 낮을수록, 모자가구 한부모가 다른 가구형태 한부모보다, 종사상 지위에 있어 취업하지 않은 한부모가 취업한 한부모보다, 정부지원 유형이 저소득지원 가구이거나 소득수준이 낮은 등 경제적 상황이 열악한 한부모가 그렇지 않은 한부모보다 자신의 건강상태에 대해 부정적으로 평가한 비율이 상대적으로 높았다.

(2) 주거

'자기집'에 거주하는 자가가구는 20.7%인 것으로 조사되었고, '전세'(23.6%), '보증금 있는 월세'(26.4%), '무상으로 가족, 친지집에 거주'(9.5%), '공공임대'(17.7%) 등으로 나타났다. 이는 자가 점유율 57.9%로 나타난 '2020년도 주거실태조사 결과' 발표(국토교통부, 2021)의 주거 안정성과 비교할 때 자가가구의 비율이 현저히 낮은 수준으로 주거안정성이 상당히 낮은 수준인 것으로 나타났다.

2018년 조사결과와 비교했을 때 자가 비율은 다소 감소하고, 전세·보증부월세의 비율은 상당히 증가한 것으로 나타나 주거안정성은 낮아진 것으로 나타나고 있다. 아울러 앞서 소득·지출 영역에서 살펴본 것처럼 주거비 마련을 위해 빚을 진 비율이 상당히 증가하여 가계수지에는 부정적 영향을 미치고 있는 것으로 나타나고 있다. 또한, 공공임대에 거주하는 비율 또한 낮아졌으며, 보증부월세가 증가한 것을 보면, 주거안정성은 지난 조사 대비 많이 낮아진 것으로 볼 수 있다.

(단위: %, 2015년: n=2,552, 2018년: n=2,500, 2021년: n=3,300)

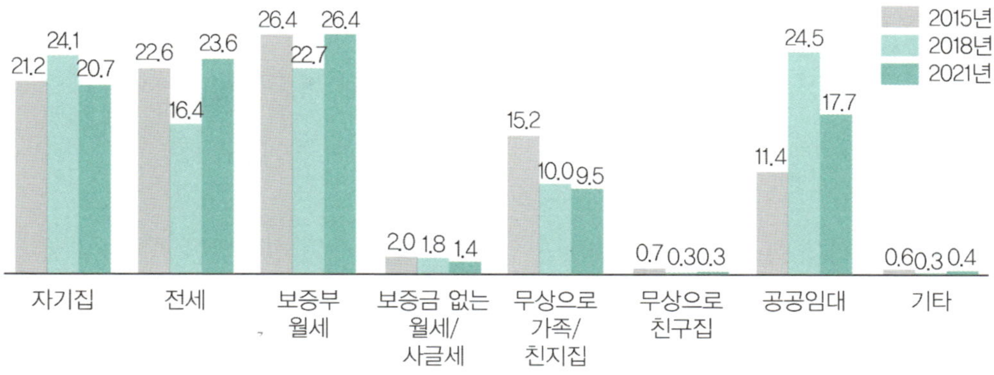

그림 11-8 거주 형태

출처: 여성가족부(2021b: 378).

한부모의 학력이 대학 이상인 경우, 부자기타가구인 경우, 종사상 지위가 자영업 무급가족종사자 또는 상용근로자인 경우, 지원받지 않는 일반가구인 경우, 소득수준이 높은 경우 등은 자가 비율이 상대적으로 높게 나타난 반면, 연령이 50대 이상인 경우, 학력이 중졸 이하인 경우, 모자가구인 경우, 비취업, 저소득지원 대상가구, 소득수준이 200만 원 미만인 경우, 한부모가 된 기간이 10년 이상인 경우는 공공임대 비율이 상대적으로 높게 나타나 한부모 내에서도 계층에 따른 주거 이분화의 경향이 발견되고 있다.

응답자가 거주하는 주거지의 주택 형태는 '아파트'(53.6%)가 가장 많았고, '연립주택/다세대주택'(30.7%), '단독주택'(15.0%) 순으로 조사되었다. 이는 아파트 51.1%, 단독주택 31.0% 연립주택/다세대주택 11.5% 등의 순으로 조사된 「2020년도 주거실태조사 -통계보고서-」(강미나 외, 2021: 5-11)의 주택 점유 형태 결과와 비교할 때 '아파트'는 다소 높지만 '단독주택'의 비율은 낮고, '연립주택/다세대주택'의 비율은 월등히 높은 수준으로 나타나고 있다. 2015년, 2018년과 비교하면 연립주택/다세대주택의 비율은 높아진 반면 아파트와 단독주택의 비율은 다소 낮아진 것으로 나타나 전반적으로 2018년에 비해서는 다소 주거 형태가 열악해진 것으로 나타나고 있다.

6) 정책지원 욕구

한부모가족에게 가장 필요한 정책지원에 대한 1순위 응답은 '생계비, 양육비 등 현금 지원'이 60.0%로 가장 높았으며 '시설/임대주택 등 주거지원' 13.6%, '아이돌봄 관련 서비스 지원' 6.9%, '건강을 위한 의료지원' 6.8%, '직업훈련/취업/학업계속 지원' 3.6%의 순으로 나타났다. 2018년 조사결과와 비교하여 2021년에는 가장 필요한 정책지원 1순위로 '시설/임대주택 등 주거지원'과 '아이돌봄 관련 서비스 지원'에 대한 수요가 다소 증가한 것으로 나타났다.

인구사회학적 특성에 따라 살펴보면 '생계비/양육비 등 현금지원'을 1순위로 응답한 비율이 한부모 연령 30대 이하, 중졸 이하, 이혼 및 사별이 아닌 기타 한부모, 모자가구, 가장 어린 자녀가 미취학, 비취업자, 저소득지원 가구, 소득수준 100만 원 미만, 한부모가 된 기간 10년 이상인 경우 상대적으로 높게 나타났다.

'시설/임대주택 등 주거지원'을 1순위로 응답한 비율은 한부모 연령 50대 이상, 고졸 이하, 사별 한부모, 부자가구, 가장 어린 자녀가 중학생 이상, 임시/일용근로자, 저소득지원 가구, 소득수준 100~200만 원 미만, 한부모가 된 기간 10년 이상인 경우 상대적으로 높았다. '아이돌봄 관련 서비스 지원'을 1순위로 응답한 비율은 한부모 연령 30대 이하, 대학 이상, 이혼 및 사별이 아닌 기타 한부모, 부자가구, 가장 어린 자녀가 미취학, 자영업/무급가족, 일반가구, 소득수준 300만 원 이상, 한부모가 된 기간 5년 미만인 경우 상대적으로 높았다.

(단위: %, 2015년: n=2,543, 2018년: n=2,500, 2021년: n=3,300)

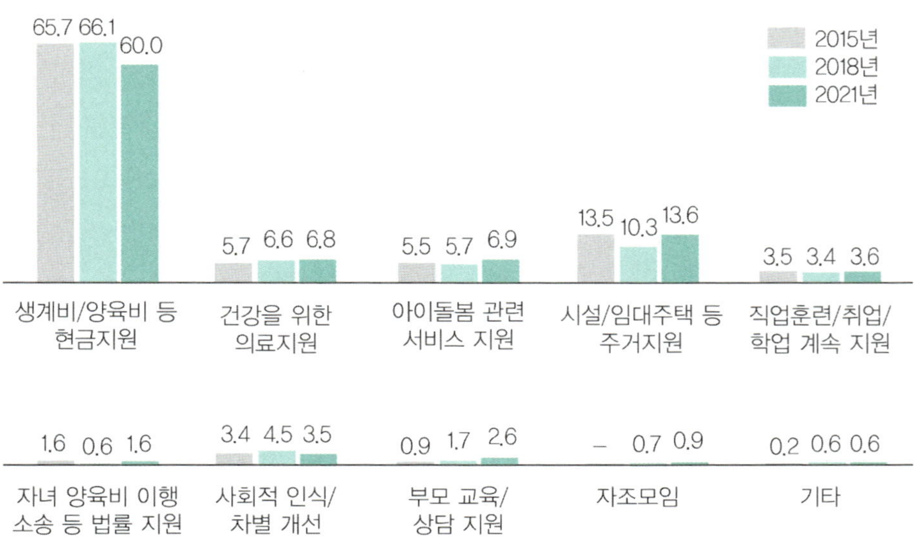

그림 11-9 필요하다고 생각하는 지원(1순위)

출처: 여성가족부(2021b: 513).

3. 한부모가족 아동을 위한 복지정책

한부모는 다양한 정책의 대상이 될 수 있다. 한편으로는 저소득층을 대상으로 하는 정책들의 대상자가 될 수 있으며, 또한 여성가족부에서 2010년부터 시행하고 있는 '청소년 한부모 자립지원사업' 등 특화된 사업의 대상자가 될 수 있다. 한부모가 이용할 수 있는 정책을 자녀돌봄서비스 지원, 현금급여 지원, 양육비이행 지원, 직업훈련·교육 및 고용지원, 주거지원, 건강 및 상담서비스 지원으로 분류하여 살펴보고자 한다.

1) 한부모가족 아동을 위한 복지정책 현황

한부모가족 아동을 위한 복지정책은 '2021년 한부모가족 실태조사'를 정리하여 살펴보고자 한다(여성가족부, 2021b: 581-610).

(1) 자녀돌봄서비스 지원

① 보육·유아교육서비스 지원

정부는 아동보육 지원과 관련하여 다양한 차원의 서비스를 제공하고 있다. 현재 어린이집과 유치원에 다니는 만 0세에서 5세까지의 아동이 있는 가구는 소득수준에 관계없이 보육료를 지급 받을 수 있다. 정규근로 시간과 관련된 보육뿐만 아니라 야간과 24시간 보육과 관련하여서도 지원하고 있다. 이외에도 만 12세 이하 취학아동의 방과 후 보육료를 지원하는 제도를 통해서 한부모는 도움을 받을 수 있다. 최근의 영유아보육과 관련된 정부의 지원은 2000년 초반과 비교해 크게 개선되어, 홀로 생계를 책임지며 아동을 키우는 한부모에게 큰 도움을 주고 있다.

또한 보육료 지원과 발맞추어 유치원 이용비용에 대한 지원 확대도 이루어지고 있다. 2012년 5세 누리과정이 도입된 이후, 2013년에는 지원 아동의 연령을 만 3~4세까지 확대하여, 해당 가구의 소득수준과 관계없이 만 3세에서 5세 아동이 있는 가구의 유치원 재원아에 대하여 전자바우처 방식의 카드를 활용하여 입학금 및 수업료, 급식비 등 각종 지원이 이루어지고 있다.

② 아이돌봄 지원

정부는 가구평균소득 이하이면서 만 3개월~만 12세 이하의 아동이 있는 가족을 위해서 아이돌봄서비스를 제공하고 있다. 아이돌봄사업은 가구 소득수준에 따라서 정부지원금 비율과 본인부담 비율에 차이가 있는데, 저소득 한부모가족이나 그 외 한부모가족에게 서비스 이용 우선권을 제공하고 있다. 시간제 돌봄이 중심이지만, 0세아를 대상으로는 종일제 돌봄서비스를 실시하고 있다.

③ 가정양육수당 지원

엄밀한 의미에서 서비스 지원은 아니지만 서비스를 대체하는 현금급여로 양육수당이 있다. 양육수당은 보육시설, 유치원, 종일제 아이돌봄서비스를 이용하지 않는 아동에게 현금으로 지급하는 수당으로, 아동의 개월 수에 따라 월 100~200천 원의 수당이 지급된다.

④ 초등돌봄 지원

- 지역아동센터

지역아동센터는 지역사회 아동의 보호, 교육, 건전한 놀이와 오락의 제공, 보호자와 지역사회의 연계 등 아동의 건전 육성을 위하여 종합적인 아동복지서비스를 제공하는 시설이다(아동복지법 제52조제8항). 지역아동센터는 시·군·구(또는 드림스타트센터)로부터 지역아동센터 돌봄서비스 결정 통지서를 받아 취약계층아동, 승인아동, 일반이용아동 등으로 등록한다. 이용아동의 경우, 만 18세 미만의 아동으로 시설별 신고정원의 80% 이상은 우선보호아동(선정기준에 따른 소득기준, 가구특성기준, 연령기준을 모두 만족하는 경우의 아동 또는 우선보호특례에 해당하는 아동)이어야 하며, 일반아동은 시설별 신고정원의 20%를 초과할 수 없다.

지역아동센터는 지역사회의 저소득아동과 가정여건이 어려운 아동이 주로 이용하는 시설이므로 서비스 이용료는 무료를 원칙으로 하지만, 지역여건 및 센터별 사정 등에 의해 이용료 수납이 특별히 필요하다고 판단되는 경우, 시설장은 운영위원회와 보호자의 사전 동의를 거쳐 수납 가능하다. 그러나 이 경우에도 이용료는 일반아동에게만 받을 수 있으며, 국민기초생활보장 수급권자, 차상위·조손·다문화·장애·한부모 아동에게는 이용료를 받지 않는다.

프로그램으로는 지역사회 아동보호, 학습지도, 문화체험, 상담 및 지역사회 연계 등의 통합적 복지서비스를 제공하는 기본프로그램과 주말·공휴일 프로그램, 가족기능 강화 프로그램, 야간보호프로그램의 특성화 프로그램으로 구성되어 있다.

- 초등돌봄교실(방과후학교)

초등돌봄교실은 방과후 보육교육을 통한 학부모의 사교육비를 경감하고, 학생의 전인적 성장 발달 도모를 목적으로 한다. 초등돌봄교실은 초등학교 저학년(1~2학년) 학생 위주로 운영하되, 학교 실정에 따라 모든 학년으로 확대 가능하고, 저소득층·맞벌이가정 자녀, 기타 지원대상자(한부모가족 자녀, 다자녀가정 자녀, 조손가정 자녀 등)를 대상으로 한다.

돌봄교실 수강료는 학교운영위원회의 심의(자문)를 거쳐 결정하고, 저소득층 자녀의 경우는 단위학교의 여건을 고려하여 수강료를 적극 지원한다. 운영방법은 학교장이 직영하거나, 외부 보육기관이나 민간기관 위탁운영 중 택일(영리업체 위탁금지)한다.

초등돌봄교실의 운영시간은 돌봄수요에 따라 아침돌봄, 오후돌봄, 저녁돌봄, 토요돌봄, 온종일돌봄 등으로 유연하게 운영되고, 학부모 수요와 지역의 여건을 고려하여 운영시간을 결정하되, 반드시 온종일 돌봄교실의 취지에 맞게 운영해야 하며, 연간 지도 계획을 수립하고 이를 근거로 주간 교육 계획안을 작성하여 지도해야 한다.

- 청소년 방과후 아카데미

초등학교 4학년 이상(초등 4학년~중등 3학년)의 저소득층 청소년을 대상으로 청소년 방과후 아카데미를 운영하고 있다. 청소년 방과후 아카데미는 여성가족부 및 지방자치단체가 사업주체가 되어 청소년 수련관 등 공공시설에 설치·운영하며 전문 체험활동, 학습지원활동, 자기개발활동 등의 서비스를 제공하며 그 외 캠프, 부모교육, 급식 및 상담 등을 지원한다.

(2) 현금급여 지원

① 기초생활보장사업

한국에서 저소득층이 받을 수 있는 가장 대표적인 공공부조제도는 기초생활보장제도이다. 법에서 정한 소득기준 이하의 소득인정액과 부양의무자 기준을 만족시켜야 하는데, 소득인정액은 한부모 당사자의 소득과 재산을 모두 고려하며, 부양의무자는 1촌의 직계혈족 및 그 배우자로 규정되어 이들의 부양능력이 심사대상이 된다.

기존의 기초생활보장제도는 '수급자'에게 생계급여, 주거급여, 교육급여, 해산급여, 의료급여 등 각종 급여를 일괄 제공하여, '빈곤의 덫'의 문제를 가져온다는 비판이 지속적으로 이루어졌고, 이에 2015년 8월부터는 각 급여가 비교적 독립적으로 운용, 지급되는 '맞춤형 급여' 체계로 전환되었다. 이와 같은 전환에 따라 수급자 선정기준도 '최저생계비'에서 '중위소득' 대비 비율로 변화하였고, 실질적으로 생계급여와 분리되지 않아 현금급여로서의 성격을 가지던 주거급여의 현물급여로서의 성격이 강화되었다.

② 아동양육비 및 청소년 한부모 자립지원사업

한부모에 의해 양육되는 만 18세 미만의 자녀를 키우는 가족은 「한부모가족지원법」에 기반하여 복지급여를 받을 수 있다. 복지급여를 받을 수 있는 한부모가족 선정기준은 소득인정액 기준중위소득 52% 이하 가구이면 해당된다(여성가족부, 2021b). 저소득 한부모가족 선정은 국민기초생활보장사업의 부양자 기준에 영향을 받지 않아, 한부모원가족의 재산이나 소득에 영향을 받지 않는다. 한부모가족지원제도에서 제공하는 다양한 급여 중 현금급여는 2005년부터 2012년까지 아동양육비 5만 원으로 지속되다가 2013년에 7만 원, 2015년도에는 10만 원, 2017년도 12만 원, 2018년도 13만 원, 2019년에는 20만 원으로 상향 조정되었다. 그동안 수혜대상 아동의 연령층은 지속적으로 확대되어 2012년에는 만 12세 미만 아동까지 아동양육비를 받을 수 있었으나, 반면 지급액 5만 원은 2012년까지 무려 8년간 변동이 없어 지원의 비현실성이 지적되어 온 바 있다(김은지·황정임, 2013).

2012년에는 신규사업으로 추가 아동양육비, 중고등학생 학용품비, 생활보조금이 지원되기 시작하였다. 추가 아동양육비로 만 25세 이상 미혼 한부모가족 및 조손가족의 만 5세 이하 아동에 대해서 자녀 1인당 5만 원(만 25세 이상 34세 이하 청년 한부모가족의 만 5세 이하 아동의 경우 월 10만 원, 만 25세 이상 34세 이하 청년 한부모가족의 만 6세 이상 18세 미만 아동은 월 5만 원), 중고등학생 자녀의 아동교육지원비로 자녀 1인당 연 8.3만 원, 한부모가족복지시설에 입소한 저소득 한부모가구에 대하여 생활보조금으로 가구당 월 5만 원이 지급되고 있다. 이 또한 모든 급여는 소득인정액이 기준중위소득 52% 이하인 가족을 지원대상으로 하고 있다. 또한 성인 한부모와 달리 청소년 한부모에게만 해당하는 사업도 존재한다. 청소년 한부모 자립지원사업은 2010년에 신설되었는데, 청소년 한부모의 학업과 양육을 지원하기 위해 기존 저소득 한부모지원사업보다 지원대상과 지원폭을 확대하였다. 지원대상을 중위소득 60%로 확대하였고, 청소년 한부모가족 아동양육비로 월 35만 원을 제공(단, 「한부모가족지원법」상 아동양육비로 월 20만 원을 받고 있는 가구의 경우에는 차액으로 월 15만 원만 지급)하고 있다. 이와 함께 기준중위소득 60% 이하 청소년 한부모가구이면서, 신청일 기준 최근 1년 내 학업(초·중·고·대학교·대학원 등 학교재학, 검정고시학습, 비인가 대안학교 학습)·직업훈련·취업활동 등을 통해 자립활동에 참여한 실적이 있는 가구에 대해서는 청소년 한부모 자립지원촉진수당을 지급(월 10만 원)하고 있다.

③ 양육비이행 지원

비양육부모들의 양육비이행 책임을 강화하기 위한 제도 개선은 2000년대 후반부터 지속적으로 이루어져 왔다. 우선 2007년, 2009년 두 차례의 「민법」 개정으로 협의 이혼 시 자녀양육사항 합의 의무화와 양육비부담조서 작성 의무화가 도입되었다. 2009년에는 자녀양육비 직접지급명령과 담보제공명령을 주요 내용으로 「가사소송법」이 개정되었고, 2012년에는 자녀양육비 산정기준표가 제정·공표되었다. 또한, 여성가족부는 「한부모가족지원법」에 근거해 2007년부터 양육아동을 둔 이혼가족·미혼모부자가족 등 한부모가족을 대상으로 자녀양육비 청구소송 및 이행확보 무료법률지원서비스를 시행해 왔으며, 2012년에는 대한법률구조공단 등 유관기관과 협력해 법률구조단을 운영하였다.

이와 같이 법·제도 도입 및 개선으로 자녀양육비 이행제도가 점차 강화되고 있으나, 여전히 법원의 이행결정이 제대로 지켜지지 않아, 양육비 이행관리를 전담하는 기관의 필요성이 제기되었다. 이에 따라 2014년 제정된 「양육비 이행확보 및 지원에 관한 법률」이 2015년 3월부터 시행되면서, 여성가족부 산하 양육비 이행 전담기구인 양육비이행관리원이 신설되어 관련 업무를 총괄하는 업무를 수행하고 있다.

(3) 직업훈련·교육 및 고용지원

① 취업 및 직업훈련

고용노동부 사업으로는 고용디딤돌(청년취업인턴제), 취업성공패키지, 국가기간·전략산업직종훈련, 근로자직업능력개발훈련, 내일배움카드제(직업능력계좌제) 등이 있으며, 여성가족부에서 새일센터를 통하여 실시하는 각종 경력단절 여성 대상 직업훈련 프로그램 및 고용지원 프로그램도 이용할 수 있다.

② 청소년 한부모 교육비 지원

2010년도 신설된 청소년 한부모 자립지원사업의 일환으로 아동양육비 등 현금급여뿐 아니라, 검정고시학습비와 고교생교육비 등 교육비 지원이 이루어지고 있다. 청소년 한부모가 검정고시 학원을 이용하거나 학교 재학 시 일정 비용을 지원하는데, 이는 학업중단을 경험했을 가능성이 상대적으로 높은 청소년 한부모들의 학업지원을 위한 중요한 정책이라 할 수 있다.

(4) 주거지원

① 한부모가족시설

「한부모가족지원법」에 근거하여 저소득 한부모가족이 이용할 수 있는 생활시설로는 모자가족복지시설, 부자가족복지시설, 미혼모자가족복지시설, 일시지원복지시설이 있다.

한부모가족시설 유형별 제공되는 서비스는 다음과 같이 정리할 수 있다.

「한부모가족지원법」에 근거한 생활시설은 무료숙식 혹은 무료로 주거공간이 제공된다는 특성이 있으며, 시설에 거주하면서 기초생활보장급여, 「한부모가족지원법」에 근거한 복지급여를 받을 수 있다. 기초생활보장대상자의 경우 시설에서 제공되는 주거비와 식비와 관련된 부분을 고려하여 시설수급자 급여를 받게 된다. 다음 <표 11-1>에는 각 시설의 수혜대상과 거주기간, 입소정원이 제시되어 있다. 한부모가족복지시설의 거주기간은 6개월에서 최대 5년까지로 제한되어 있기 때문에 한부모에게 일시적으로 주거공간을 제공하는 효과가 있다.

표 11-1 한부모가족복지시설 개요

<table>
<tr><th colspan="2">시설유형</th><th>시설 수
(132개소)
*2020년 12월 기준</th><th>입소대상 및 기능</th><th>입소기간
(연장가능기간)</th><th>입소정원</th></tr>
<tr><td rowspan="3">모자가족복지시설
(47)</td><td>기본생활지원</td><td>42</td><td>만 18세 미만의 자녀를 양육하는 무주택 저소득 모자가족</td><td>3년(2년)</td><td>971세대</td></tr>
<tr><td>공동생활지원</td><td>3</td><td>독립적인 가정생활이 어렵고 일정 기간 공동으로 가정을 이루어 생활하면서 자립을 준비하고자 하는 모자가족</td><td>2년(1년)</td><td>45세대</td></tr>
<tr><td>자립생활지원</td><td>2</td><td>만 18세 미만의 자녀를 양육하는 무주택 저소득 모자가족, 기본생활지원형에서 퇴소한 모자세대로서 자립준비가 미흡한 모자가족</td><td>3년(2년)</td><td>31세대</td></tr>
<tr><td rowspan="3">부자가족복지시설
(3)</td><td>기본생활지원</td><td>2</td><td>만 18세 미만의 자녀를 양육하는 무주택 저소득 부자가족</td><td>3년(2년)</td><td>40세대</td></tr>
<tr><td>공동생활지원</td><td>1</td><td>독립적인 가정생활이 어렵고 일정 기간 공동으로 가정을 이루어 생활하면서 자립을 준비하고자 하는 부자가족</td><td>2년(1년)</td><td>5세대</td></tr>
<tr><td>자립생활지원</td><td>-</td><td>기본생활지원형에서 퇴소한 부자세대로서 자립준비가 미흡한 부자가족</td><td>-</td><td>-</td></tr>
<tr><td rowspan="3">미혼모자가족복지시설
(65)</td><td>기본생활지원</td><td>22</td><td>미혼의 임신 여성 및 출산 후(6월 미만) 지원을 요하는 여성</td><td>1년(6월)</td><td>561명</td></tr>
<tr><td rowspan="2">공동생활지원</td><td>41</td><td>3세 미만의 영유아를 양육하는 미혼모
(*휴지 1개소 포함)</td><td>2년(1년)</td><td>328세대</td></tr>
<tr><td>2</td><td>출산 후 해당 아동을 양육하지 아니하는 미혼모</td><td>2년(6월)</td><td>15명</td></tr>
<tr><td colspan="2">일시지원복지시설(9)</td><td>9</td><td>배우자의 학대로 인하여 아동의 전전 양육과 모의 건강에 지장을 초래할 우려가 있는 모와 아동
(*휴지시설 1개소 포함)</td><td>6월(6월)</td><td>257명</td></tr>
<tr><td colspan="2">한부모가족
복지상담소(8)</td><td>8</td><td>한부모가족에 대한 위기·자립상담 및 문제해결지원
(*미운영 1개소 포함)</td><td colspan="2">이용시설</td></tr>
</table>

출처: 여성가족부(2021c). 2021년도 한부모가족 지원사업 안내. p. 229.

② 저소득 한부모를 위한 주택정책

저소득 한부모의 경우, 수급자격이 충족될 경우 타 부처의 주거지원서비스도 이용할 수 있다. 대표적인 것이 국토교통부의 저소득층 주거지원정책으로, 저소득 한부모가족에게 영구임대주택, 다가구 매입주택 등에 입주 우선권을 부여하고 있다. 구체적으로, 정부가 공공기금의 지원을 받아 공급하는 공공주택은 크게 신규건설임대주택과 매입임대주택으로 구분할 수 있다. 신규건설임대주택은 영구임대주택, 국민임대주택, 장기전세, 행복주택 등이 있으며, 매입임대주택은 기존주택 전세임대와 기존주택 매입임대가 있다.

③ 주거비 지원 정책

공급자 지원이 아니라 주택 수요자에 대한 주거비지원정책으로는 주거급여제도와 주택 전월세자금 지원제도가 있다. 주거급여는 2014년 1월 24일 「주거급여법」 제정과 2015년 맞춤형 급여체계 개편에 따라 개별급여로 분리·독립되었으며, 지원대상과 방법이 바뀌었다. 앞서 언급한 바와 같이 기존 통합급여 방식하에서 주거급여는 생계급여와 분리되지 않고 함께 지급되었으나, 이러한 방식의 문제점이 지적되어 별도의 급여기준선과 소관부처를 가진 급여로 개편되었다. 개편 주거급여 제도는 임차 수급자에게는 임차급여를 지급하고, 자가 수급자에게는 주택 노후도에 따라 맞춤형 주택 개보수가 가능하도록 수선유지급여를 지급하는 방식으로 운영되어 현물급여로서의 성격이 한층 강화되었다. 주거급여 외에도 주택 전월세 자금 지원으로 버팀목 대출과 주거안정 월세대출 등 대출지원제도가 있다.

(5) 건강 및 상담서비스 지원

① 임신·출산·초기양육기 병원비·건강서비스 지원

한부모가 임신·출산 시 이용할 수 있는 사업으로는 영양플러스 사업 및 출산 및 양육 시 위기지원이 대표적이다. 먼저, 영양플러스 사업은 대상자에게 영양교육 및 상담, 보충식품 공급, 정기적 영양평가 등을 제공하는 사업으로, 사업운영 보건소별 관할지역 내 거주하는 가구 규모별 기준중위소득 80% 이하인 만 6세 미만의 영유아, 임신부, 출산부, 수유부가 지원대상이다. 수혜

대상 선정 시 영양이나 의학적인 측면에서 위험요인이 고려되고, 한부모가구일 경우에도 우선순위가 주어진다(보건복지부 · 한국건강증진개발원, 2018).

이와 함께, 미혼모·부자지원기관에서는 미혼모·부자가족을 대상으로 출산 및 양육 시 위기지원서비스를 제공하고 있다. 지원내용은 출산비 및 아이의 입원·예방접종비 등 모와 아이의 건강을 위해 필요한 병원비와 생필품 관련 비용이며, 그 금액은 연간 가구당 70만 원 이하(단, 자녀가 2명 이상인 경우 최대 140만 원 지원 가능)로 지원한다.

한편 기초생활보장 수급자가 아닌 차상위계층에 대해서는 과거 의료급여 수급자로 선정하여 지원하다가 현재는 건강보험제도 내에 포괄하여 건강보험료를 감면하는 방식으로 지원하고 있어, 소득수준이 낮은 한부모가족이 이용할 수 있다.

② 심리·정서 지원 및 상담서비스

취약 한부모가족의 경우, 역량강화서비스 및 상담서비스를 이용할 수 있다. 먼저, 기준중위소득 100% 이하 한부모가구의 경우, 가족역량강화지원사업의 지원대상이 될 수 있으며, 전국 93개소(2022년 기준)의 사업수행기관을 통해 심리·경제적 자립을 위한 상담, 교육프로그램 및 자조모임 운영 등을 통한 지속적인 사례관리를 받을 수 있다.

이와 함께, 한부모가족복지시설에 입소할 경우, 심리·정서적 상담 및 치료지원을 받을 수 있다. 그러나 한부모가족복지시설에서 제공하는 심리·정서지원 서비스의 경우 복지시설 입소자를 중심으로 제공되기 때문에 시설 퇴소 후, 혹은 시설을 경유하지 않을 경우 접근이 용이하지 않다는 한계를 가지고 있다.

한편, 여성가족부에서는 청소년사업의 일환으로 인터넷·스마트폰 중독 예방·해소사업을 실시하고 있다. 저소득, 취약계층에게 우선적인 지원자격이 주어지며, 인터넷·스마트폰 중독의 발굴, 상담, 치료연계 서비스가 제공된다.

2) 한부모가정 아동을 위한 복지정책 개선 방향

(1) 한부모가족의 특성을 반영한 전달체계 마련

두 번째 생계부양자가 존재하지 않는 한부모가족의 경우 본질적으로 모성보호제도를 이용할 수 있는 기제가 부모가 둘 다 있는 양부모 가구에 비해 더욱 낮다. 육아휴직 기간 동안 일부 급여를 지급하여 줄어든 소득을 보전하고 있으나, 임금대체율이 매우 낮기 때문에, 휴직을 결정하기가 쉽지 않다. 이를 고려할 때, 한부모 가구주가 모성보호제도 이용 시 추가적인 인센티브를 제공하는 것이 필요하다는 판단하에 고용노동부에서는 2020년부터 한부모 육아휴직 급여 상한액을 250만원(첫 3개월)까지 인상한 바 있다.

하지만 '2021년 한부모가족 실태조사'의 연구 결과, 모성보호제도를 이용하지 않은 이유를 살펴보면, '그 당시에 일을 하고 있지 않아서 대상이 아니었음' 45.1%, '일은 하고 있었지만 모성보호제도를 쓸 수 있는 자격이 안 되어서'라는 응답이 23.1%에 달하고 있어, 모성보호제도 자체를 개선하는 효과는 일부 집단에만 적용될 것으로 판단된다. 따라서 모성보호제도의 실질적 효과를 증진하기 위해서는 경제활동을 하지 않는 한부모 가구주와 모성보호제도 자격조건에 부합하지 않는 일자리를 가진 한부모 가구주에게도 일과 육아를 병행할 수 있는 환경 조성이 요구된다.

이에 대한 논의의 연장선상에서 상병수당이나 (자녀)긴급돌봄에 대한 지원에 대해서도 정책적 고민이 필요하다고 볼 수 있는데, 질병 등의 건강 문제로 근로 능력을 (일시적으로) 잃을 경우 그 충격이 여느 가족에 비해 더욱 즉각적이고 크게 다가올 수 있으며, 자녀에게 긴급한 돌봄이 필요한 상황이 생길 때에도 양부모 가구에 비해 대처에 어려움을 겪을 가능성이 크다. 이러한 점을 고려해 볼 때 일자리를 가진 한부모 가구주들이 본인 또는 자녀의 건강 문제 등 우발적인 상황이 발생하였을 때 보다 원만히 대처할 수 있도록 정책적인 지원이 필요하다.

(2) 한부모가족의 고용유지 및 근로에 따른 지원탈락 방지 방안 마련

한부모가족의 고용유지를 위한 정책적 고려가 필요하다. 경제활동을 하고 있는 한부모의 비율은 상대적으로 높은 것으로 집계되지만 평균적으로 이들의 임금(소득) 수준은 높지 않은 것으로 판단되며, 소규모 사업장 또는 임시/일용근로자의 형태로 고용된 경우가 많은 것으로 나타나고 있다. 모성보호제도를 활용한 경험이나 이용가능성 또한 높지 않은 것으로 판단되는 등 일자리를 가지고 있다고 할지라도 노동취약계층에 속할 가능성이 높다고 할 수 있다. 이들을 위한 정책적 지원의 필요성 또한 상당하다고 할 수 있는데, 소규모 일자리 또는 불안정한 고용 형태로 근로를 하고 있는 이들이 많은 만큼 고용보험이나 산재보험과 같은 사회보험에 가입되어 있지 않은 경우가 상당할 수 있다. 이와 함께 병가, 휴가 등을 제대로 활용하지 못하는 경우도 종종 발생할 것으로 생각된다. 한부모의 경력 유지 등을 지원하기 위한 사회보험료 지원이나 유급병가 지원과 같은 프로그램이 사업장의 부담을 크게 늘리지는 않는 상황에서 한부모의 고용유지에 도움이 될 것으로 기대되는 만큼 정책적 고민이 필요하다.

(3) 양육비 이행을 위한 제도 발굴 및 개선 노력

여성가족부는 최근 자녀의 비양육부모로부터 양육비 이행률을 증가시키기 위해 다양한 노력을 기울여 왔다. 2018년 9월 「양육비이행법」을 시행하여 한시적 양육비 긴급지원 시 양육비 채무자의 동의가 없어도 소득 및 재산을 조회할 수 있게 하고, 긴급지원 기간을 최대 9개월에서 12개월로 연장하였다. 또한 2020년부터는 주민센터에서 양육비 이행 지원서비스를 신청할 수 있도록 안내하는 등 이용자의 접근성을 높이기 위해 노력하였다.

'2021년 한부모가족 실태조사'의 연구 결과, 양육비이행관리원에 대한 인지도는 절반 수준('매우 + 조금 알고 있음' 응답률 47.0%)에도 못 미치는 것으로 나타났고, 양육비이행관리원 서비스를 이용할 의사가 있는지 확인한 결과, 의향이 있는 응답자는 전체의 16.9%에 불과하였다. 양육비 이행을 위한 제도적 노력은 고도화되고 있으나, 근본적으로 비양육부모와 얽히는 것 자체가 싫거나, 비양육부모의 경제 여건상 받을 수 없는 등의 한계가 존재하여, 이를 보완한 양육비 정책 개선이 요구된다.

(4) 한부모가족의 건강 및 여가 증진 관련 정책 발굴

'2021년 한부모가족 실태조사' 결과에서 한부모의 건강증진 및 여가 관련 활동이 상대적으로 취약할 가능성이 확인되었다. 한부모의 연령층이 상대적으로 젊은 층에 속함에도 불구하고 본인이 지각하는 평소 건강상태에 대해 응답자의 1/4가량은 자신이 건강하지 않다고 느끼고 있는 것으로 나타났으며, '현재 건강상의 문제나 신체 혹은 정신적 장애로 일상생활 및 사회활동에 제한을 받고 있다'고 응답한 한부모 또한 10명 중 1명이 넘었다(11.3%). 병의원에 가고 싶었지만 가지 못한 경우 또한 23.2%로 조사되어 병의원 미충족의료율이 8.8%로 집계된 「2016년 국민건강통계」 자료 수치와 비교해 볼 때 상당한 수준임을 알 수 있다. 이에 반해 국민건강보험공단에서 제공하는 일반 건강검진 이외의 건강검진을 받았다는 이들은 많지 않았으며, 여가활동 경험이나 여가시간 등이 전반적으로 낮게 나타나 한부모 본인을 위한 활동(자기돌봄 등)은 상대적으로 부족할 수 있음을 유추해 볼 수 있다.

또한 한부모의 성별에 따른 자녀 돌봄 및 관계적 취약성이 뚜렷하게 발견되어 향후 한부모가족 내부의 다양성을 고려한 보다 촘촘한 정책 설계가 필요하다. 이번 조사에서 부자가구의 경우, 자녀와 함께 보내는 시간이 현저히 적고, (미취학)자녀를 직접 돌볼 시간의 부족이나, 자녀와의 대화에 어려움이 있다고 응답한 비율이 뚜렷이 높았으나, 현행 한부모가족지원정책에서 이들을 지원할 수 있는 정책은 매우 부족한 실정이다. 이와 관련해서는 현재 취약·위기가족에게 제공되는 가족역량강화지원사업의 지원 대상 및 지원내용의 확대 등을 검토해 볼 수 있다.

(5) 한부모가족의 자산형성 지원 및 금융활용 가능성 제고 방안 마련

한부모가족의 경우 전반적으로 (순)자산액 자체가 많지 않을 뿐만 아니라 '저자산-저부채' 형태의 가계재무상태에 놓여 있는 경우가 많을 가능성이 상당한 것으로 판단된다. 이들은 사업을 위한 용도나 투자, 자산형성 목적으로의 부채가 아닌 상대적으로 저자산 보유 가구의 생계나 생활비 목적의 대출이 많을 것으로 짐작해 볼 수 있다.

'한부모가족 실태조사'에서 빚을 지게 된 이유에 대해서 세부적으로는 묻지 않았으나 보기 항목 중 '생활비 때문에'를 꼽은 이들이 40.7%에 달하는 것을 보더라도 생활비 충당 목적의 대출(부채)이 적지 않을 것임을 짐작할 수 있는데, 부채가 있는 가구를 응답자의 특성별로 나누어 살폈을 때 저학력, 임시/일용직이나 비취업상태 등 사회경제적 지위가 낮은 부채 보유 가구의 경우 가구의 경제적 충격 등에 더욱 취약할 수 있음을 이야기하는 것이라 할 수 있다.

이는 상환능력(소득이나 자산)을 바탕으로 한 현행 금융(대출)제도 하에서는 한부모가족의 경우 소외계층으로 놓여 있을 가능성이 상당함을 보여주는 것일 수 있는데 이들이 보다 안전하게 금융을 활용할 수 있도록 금융복지 차원의 고민도 필요하다. 이들의 채무가 주로 생계형 대출이 주를 이루고 있을 가능성이 큰 상황이라면 악성부채가 늘어나는 것을 막고, 재무설계·상담 등과 복지서비스 연계를 통해 한부모가구가 보다 안정적인 생활을 영위하도록 유관기관과의 연계를 통한 정책적 방안 마련이 검토될 필요가 있다(여성가족부, 2021b: 611-620).

CHAPTER 12

다문화가족 아동

수천 년 동안 단일민족이라 여겼던 한국에 외국인이 들어오기 시작한 배경은 본격적인 국가 개발이 시작된 1970년대부터이다. 다양한 국가와의 수교정책에 따라 각양각색의 외국인이 한국 사회에 유입되었으며, 특히 취업을 목적으로 한국으로 오는 외국인들이 계속해서 늘어나는 추세이다. 이렇듯 우리 한국 사회는 다문화사회로 진입하게 되었다.

계속해서 증가하고 있는 다문화가족을 위하여 여러 부처에서 동시다발적으로 각종 사업 및 정책들을 추진하고 있다. 하지만 수많은 지원기관, 다양한 사업으로 인하여 다문화가족 자녀들은 정확히 어디에서 혜택을 받아야 하는지 헷갈려 하며 오히려 혼란만 가중되고 있다. 교육부, 여성가족부, 법무부 등 여러 부처에서 내놓고 있는 정책들이 과연 효과가 있는지, 또한 중복되지는 않는지, 무엇보다 연령별, 한국어 능력 수준에 맞춘 정책인지에 대한 검토가 필요하다.

1. 다문화가족 아동의 개념

다문화가족이라는 용어는 국제결혼이라는 용어가 내포한 내국인 간의 결혼과 외국인과의 결혼으로 구분하는 국적에 따른 차별성 대신 한 가족 내에 다양한 문화가 공존하고 있는 가족을 의미한다.

다문화가족은 한국인 남성과 결혼한 이주여성 가족, 한국인 여성과 결혼한 이주남성 가족, 이주민 가족(노동자, 유학생)을 포함한다. 더불어 소위 '혼혈아'로 불리던 한국인과 결혼한 이주자 가족의 자녀들에 대해서도 다문화가족의 자녀로 부르는 것이 바람직하다.

1) 다문화가족의 개념

다문화가족이란 이주노동자, 유학생 난민 등 우리와 다른 민족, 문화적 배경을 가진 사람들로 구성된 가족을 통칭하고 다문화가족에 대한 법적 개념은 결혼이민자를 중심으로 정의되고 있다. 또한 최근 국내에 거주하는 외국인 근로자 가족과 국제결혼에 의한 결혼이민자 가족이 급증하면서 우리 사회는 점차 다문화사회로 빠르게 진행되고 있는 시점에서 다문화가족이라는 말에 대해 접할 기회가 많아지고 그에 따라 다문화가족에 대한 사회적인 관심이 높아지고 있다.

교육부의 경우 다문화가족을 정의할 때 '우리와 다른 민족·문화적 배경을 가진 사람들로 구성된 가족'을 통칭한다고 말했으며, 과거에는 다문화가족을 '혼혈아가족', '국제결혼가족' 등으로 표현했다. 하지만 이러한 용어들은 '혼혈'이라는 단어가 가지는 부정적인 의미와 '국제결혼'이라는 단어가 특정한 결혼 형태에만 초점을 맞춘다는 점에서 한계가 있었다. 사회가 다양해지면서 다양한 문화를 가진 사람들이 모여 사는 가정이 늘어나는 이러한 변화에 맞춰 기존의 용어를 대체하고, 모든 문화를 포용할 수 있는 새로운 용어가 필요하게 되었다. 2003년, 30여 개의 시민단체로 구성된 '건강가정시민연대'가 기존의 차별적인 용어 대신 '다문화가족'이라는 용어를 사용할 것을 제안하고 이 제안은 사회적으로 널리 공감을 얻어 '다문화가족'이라는 용어는 공식적인 용어로 자리 잡게 되었다.

「다문화가족지원법」 제2조에 의하면 다문화가족이란 「재한외국인 처우 기본법」 제2조제3호의 결혼이민자와 「국적법」 제2조부터 제4조까지의 규정에 따라 대한민국 국적을 취득한 자로 이루어진 가족 또는 「국적법」 제3조 및 제4조에 따라 대한민국 국적을 취득한 자와 같은 법 제2조부터 제4조까지의 규정에 따라 대한민국 국적을 취득한 자로 이루어진 가족을 말하며, 「다문화가족지원법」 개정(2011년 개정)으로 인해 2012년부터는 혼인귀화자 외에 기타 사유 국적취득자(인지·귀화)도 다문화가족에 포함하고 있다.

다문화가족이라는 용어는 이제 사회적으로 일반적으로 통용되고 있으며, 학교, 각 기관에서도 사용되고 있다. 그러나 학교 현장에서 보았을 때 다문화가족이라는 용어가 다른 학생들과 구분 짓는 또 하나의 용어이기 때문에 일각에서는 부정적인 의견도 있지만 대체용어의 부재로 다문화가족이라는 용어는 계속 사용되고 있으며, 다문화라는 용어의 의미 자체를 부정적으로 보는 것이 아닌, 편견을 배제하고 사용하여야 할 것이다.

2) 다문화가족의 유형

우리는 흔히 다문화가족 하면 외국인, 즉 한국인이 아닌 사람들이라고 떠올리기 쉽다. 하지만 다문화가족의 개념이 존재하듯 다문화가족의 범위가 존재하고 있으며, 우리나라에서 다문화가족을 분류할 때 과연 어디까지 다문화가족으로 인정하느냐를 가지고 아직까지 의견이 분분하다.

현재 다문화 관련 법령은 총 세 가지로 분류할 수 있으며 다음의 세 가지 법령을 보면 다문화가족 범위에 대해 정리할 수가 있다. 여성가족부의 「다문화가족지원법」은 결혼이주민을 대상으로 안정적인 가족생활을 할 수 있도록 하고 있으며, 법무부의 「재한외국인 처우 기본법」은 다문화정책 시행에 있어 상위법적인 지위를 가지고 외국인 정책의 중장기 기본방향을 설정하도록 하고 있다. 또한 「국적법」에 따라 다문화가족의 범위가 명시되고 있는데, '다문화가족'이란 대한민국에 거주할 목적을 가지고 합법적으로 체류하고 있는 자, 대한민국 국민과 혼인한 적이 있거나 혼인관계에 있는 재한외국인, 부모가 대한민국 국적을 가진 자녀, 대한민국에서 출생한 자, 그 외에 「국적법」의 귀화 절차에 따라 귀화 허가를 받은 자를 다문화가족으로 정리할 수 있다(임정문 외, 2018: 381).

3) 다문화가족 아동의 유형

다문화가족 아동이 두 가지 이상의 언어와 문화를 가진 가족 내에서 양육·성장하는 아동을 의미할 때, 다문화가족 아동은 <표 12-1>에서와 같이 세 부류로 나눌 수 있다. 첫째, 국제결혼가족이고, 둘째, 외국인근로자가족을 말한다. 셋째, 중도입국자녀이다.

표 12-1 다문화가족 아동 유형

유형	다문화가족 아동
국제결혼가족	• 한국인 아버지와 외국인 어머니 사이에서 태어난 아동·청소년 • 한국인 어머니와 외국인 아버지 사이에서 태어난 아동·청소년
외국인근로자가족	• 외국인 근로자가 한국에서 결혼하여 태어난 아동·청소년 • 본국에서 결혼하여 형성된 가족이 한국에 이주한 가정의 아동·청소년
중도입국자녀	• 결혼이민자가 한국인 배우자와 재혼하여 본국의 자녀를 한국에 데려온 경우 • 국제결혼가정 자녀 중 외국인 부모의 본국에서 성장하다 재입국한 아동·청소년 • 외국인 부모와 동반 입국한 자녀(외국인근로자 자녀) • 근로 및 학업의 목적으로 청소년기에 입국한 외국인 무연고 아동·청소년 • 북한이탈민이 외국인과 제3국에서 출생한 자녀를 데려온 경우

출처: 배은영 외(2022: 242).

2. 다문화가족 아동 현황

한국 사회에서 다문화가족의 증가는 1950년 한국전쟁 이후 생겨난 미군 병사와 한국 여성 간의 결혼으로부터 시작해 1980년대 이후 외국에서 유입된 노동자 중심으로 구성된 가족이 나타났다. 그 이후 1980년대 말 시작된 한국 농촌 남성들과 중국의 조선족과의 결혼이 이루어졌으며, 1990년대 중반 이후 베트남, 필리핀을 비롯한 아시아 국가 여성들과의 국제결혼 등으로 확산되었다.

1) 다문화가족의 일반적 현황

(1) 다문화가족의 특성

① 가구 특성

'2021년 다문화가족 실태조사'에 의하면 전국의 다문화가구는 전체 346,017가구이며 결혼이민자 가구가 82.4%(285,005가구), 기타 귀화자 가구가 17.6%(61,012가구)이다. 거주지역별로는 수도권(서울·경기·인천) 거주는 56.1%로 2018년(55.6%) 대비 0.5%p 증가하였고, 동 지역 거주자(76.8%)가 읍·면 지역 거주자(23.2%)에 비해 3배 이상 많아, 수도권 집중이 뚜렷한 것으로 나타났다.

② 가구원 구성

다문화가족의 가구원 구성은 다음과 같은 특징을 보인다.

첫째, 평균 가구원 수는 2.82명으로, 2018년(2.92명), 2015년(3.16명)보다 감소하였다. 특히 2인 가구의 비중이 39.2%로 2018년(27.7%)에 비해 눈에 띄게 증가하였다. 1인 가구 비중은 8.3%이다.

둘째, 가구 구성은 부부+자녀가 35.5%, 부부가구 30.0%, 본인(결혼이민자·귀화자) 1인 가구가 8.3%, 배우자+자녀가 7.8% 등으로 나타났다. 부부만으로 구성된 비중이 2018년 17.0%에서 30.0%로 13.0%p 증가하였다. 한부모가구의 경우, 배우자+자녀(7.8%)는 증가한 반면, 본인+자녀(3.1%)는 감소하였다.

셋째, 가구원 중 등록장애인이 있는 비율은 7.3%로 이 비율은 계속 증가 추세로 가구 내 장애인 중 배우자의 비율(2018년 42.6%, 2021년 54.1%)이 눈에 띄게 증가하였다.

(2) 다문화가구 자녀의 특성

① 평균 자녀의 수와 연령

다문화가구의 평균 자녀 수는 2021년 0.88명으로 2018년(0.95명), 2015년(1.02명)과 비교해서 지속적으로 하락하며, 무자녀 비중이 42.0%로 지속적으로 상승하고 있다. 다문화가족 자녀의 평균 연령은 9.93세로 2018년(8.32세)보다 증가하였다. 특히 8세 미만 구간의 비율이 줄고, 9세 이상 연령대 비율이 일제히 증가하고 있는데, 자녀 연령의 증가는 국제결혼 감소 및 다문화 출산 건수 감소의 영향이나, 부부 2인 가구의 급속한 증가로 볼 때, 다문화가구 내에서의 저출산 현상도 포착된다고 할 수 있다. 따라서 다문화 출생 건수의 감소로 향후에도 자녀의 평균 연령은 상승할 것으로 예상된다.

② 교육/돌봄

만 5세 이하 미취학 자녀 중 ECEC(Early Childhood Education and Care: 유아교육 및 보육) 참여율은 71.9%이다. 23.3%는 교육/돌봄 시설에 자녀를 보내지 않은 채 양육수당을 수령하고, 교육/돌봄 시설에 보내지 않으면서 양육수당도 받지 않는 가구는 2.6%를 차지하고 있는데, 만 3~5세의 경우에는 91.8%가 돌봄 및 교육(ECEC)에 참여함으로써 동일 연령 대상 우리나라 전체 아동의 ECEC 참여율과 유사하다. 팬데믹으로 인해 다문화가구에서도 아동 돌봄의 부담이 증가한 것으로 확인되는데, 팬데믹 이전보다 이후 영유아 돌봄기관(이전 42.5%, 이후 40.9%)이나 학원(이전 6.1%, 이후 3.2%)에 보내는 비율은 감소하는 반면 부모(이전 75.7%, 이후 79.0%)나 조부모·친인척(이전 26.8%, 이후 27.4%)의 돌봄 비율이 증가하고 있다.

③ 여가

전체 저학년 자녀의 42.4%가 평일에 혼자 방치되는 시간이 있다. 주중 기준으로 평일 방치시간은 평균 1.10시간으로 2018년 조사(평균 1.30시간)보다 감소하고 있다.

④ 취학률

다문화가구 자녀들의 순취학률(NER)을 집계한 결과, 초등학교 취학률 95.3%, 중학교 95.7%, 고등학교 94.5%, 고등교육기관 40.5%로 나타났다. 초·중·고 모두 국민 일반(초 98.4%, 중 97.9%, 고 96.1%)에 비해 미달이고, 상당히 근사한 수준으로 올라왔으나 고등교육 취학률이 국민 일반 대비 31.0%p 낮아 이에 대한 면밀한 원인 파악과 정책적 관심이 필요하다. 교육부가 '2021년 다문화가정 학생 현황'을 조사한 결과 2019년보다 137,225명보다 증가한 160,058명이 재학하고 있다고 밝혔다.

<표 12-2>에서 보는 바와 같이 학교급별로 살펴보면, 초등학생 72.0%(33,792명), 중학생 20.5%(9,647명), 고등학생 7.5%(3,515명)로 여전히 초등학생 비율이 높지만, 전년보다 중·고등학생 비율이 늘어나고 있다.

표 12-2 다문화 학생 수

(단위: 명)

연도	초등학교	중학교	고등학교	각종학교	합계
2021	111,371	33,950	14,308	429	160,058
2020	107,694	26,773	12,478	433	147,378
2019	103,881	21,693	11,234	417	137,225

주) 다문화 학생: 국제결혼가정의 국내 출생 자녀와 중도입국 자녀, 외국인가정 자녀
출처: 배은영 외(2022: 242).

(3) 가정생활

① 부모와 의사소통 및 관계

아버지와의 대화시간을 살펴보면, 전체적으로 30분 미만이라고 응답한 비율이 34.7%로 가장 많고, 30분~1시간 미만이라고 응답한 비율이 29.4%로 두 번째로 많으며, 1~2시간 미만이라는 응답이 14.6%, 2시간 이상이라는 응답이 10.8%이고, 전혀 대화하지 않는다는 응답이 10.5%로 나타났다. 어머니와의 하루 평균 대화시간은 30분~1시간 미만이라는 응답이 27.0%로 가장 많고, 다음이 30분 미만이라는 응답이 23.7%, 1~2시간 미만이 20.5%, 2시간 이상이 16.8%이며, 전혀 대화하지 않는다는 응답이 11.9%로 나타났다.

② 관계만족도

초·중등학생 다문화가족 자녀의 부모와의 관계만족도는 5점 척도 기준, 아버지는 3.50점, 어머니는 3.78점으로 어머니와의 관계만족도가 더 높게 나타났는데, 이를 초·중등학생 일반과 비교한 결과, 초·중등학생 일반의 아버지와의 관계만족도는 3.90점, 어머니와의 관계만족도는 4.27점으로 다문화 초·중등학생의 관계만족도가 더 낮은 것으로 나타났다.

③ 다문화 정체성

다문화가족으로서의 자긍심에 대해서는 응답자의 37.8%가 좋고, 보통이 51.5%로 나타났다. 전반적으로 2018년 대비 부정적으로 응답한 비율이 9.3%에서 10.8%로 증가하였다.

④ 이중언어 환경

다문화가족 자녀 중 외국 출신 부모 나라 언어를 더 잘하는 비율은 3.7%로 5.9%인 2018년보다 줄어들었다. 외국 출신 부모의 모어에 대한 태도를 조사한 결과, 전반적으로 2018년과 2015년 대비 지지 수준이 지속적으로 낮아지고 있다.

(4) 학교생활

① 학교 재학 현황

92.3%가 한국에 있는 학교에 재학 중이고 재학 자녀의 비율은 2018년 대비

감소하였다. 한국에서 학교를 다니다 그만둔 주된 이유를 보면, 그냥 다니기 싫어서가 54.5%로 가장 높고, 돈을 벌거나, 편입학 준비 등이 그다음으로 나타났다. '친구나 선생님과의 관계 때문에' 학교를 그만두었다고 응답한 비율은 2018년 23.4%에서 2021년 8.3%로 크게 감소하였다.

② 학교폭력 경험

학교폭력 피해 경험은 2.3%로 나타났는데, 이는 지난 2018년(8.2%) 대비 급격히 낮아졌다. 폭력 유형으로는 집단따돌림(왕따)이 전체의 49.1%로 가장 높고, 그다음이 말로 하는 협박과 욕설로 응답자의 43.7%가 경험을 했다고 보고하였다. 집단따돌림의 경우는 2015년 34.1%, 2018년 33.4%에서 2021년에 49.1%로 상승하였고 채팅이나 SNS, 이메일, 휴대폰 등으로 욕설과 비방을 당했다는 응답은 2015년 10.9%, 2018년 11.4%에서 2021년 8.3%로 감소하였다.

③ 학교폭력 대응 방안

부모님 등 가족에 알렸다 66.0%, 학교에 알렸다 30.4%, 친구·선배와 상의했다 8.6%, 117 상담센터에 알렸다 3.4% 등으로 대응 태도가 보다 적극적 방향으로 증가한 것으로 보인다. 2018년 조사 결과에 비해 '부당하다고 생각했지만 참았다', '별다른 생각 없이 그냥 넘어갔다'고 응답한 비율은 감소했다.

④ 학교생활과 학업

재학 자녀의 학교 적응은 4.23점 수준으로 높은 편이다. 그러나 이전 조사 대비 지속적으로 낮아지는 형태를 보인다. 학교생활에 잘 적응하지 못하는 이유로는 학교 공부가 어렵거나(56.2%), 친구들과 어울리지 못해서(55.4%)가 다수를 차지하였다. 학교 공부보다 친구와 어울리지 못해서의 비율이 증가하고 있다.

(5) 정서 및 사회생활

① 자아존중감

다문화가족 자녀의 자아존중감은 5점 척도 중 3.63점으로 높은 수준이 아니며, 2018년(3.87점)과 비교해서도 낮아졌다.

② 사회적 차별 경험

다문화가족 자녀의 2.1%는 지난 1년간 차별 경험이 있다고 응답하였는데, 이는 2018년 조사 결과(9.2%)와 비교할 때, 7.1%p가 감소한 것이다. 차별은 주로 친구로부터 받는 경우(69.2%)가 가장 많으며, 그다음으로는 모르는 사람 23.7%, 선생님 20.2%, 이웃 18.7% 등의 순으로 나타났다. 차별 시, 거의 절반에 해당하는 다문화가족 자녀들은 옳지 않다고 생각했지만 참았다(53.4%)고 응답했으며, 별다른 생각 없이 그냥 넘어간(24.4%) 경우도 1/4에 달하고 있다. 참는 비율은 2018년 당시에도 42.7% 가장 높은 비율을 보였으나, 2021년 조사에서 그 비율이 53.4%로 10.7%p 증가하였다.

(6) 교육 지원 및 진로

① 지원시설 인지율 및 지원서비스 수혜율

다문화가족 자녀들이 이용할 수 있는 각종 청소년시설의 인지율을 비교한 결과 각종 서비스에 대한 인지율이 2018년에 비하여 확연히 향상되었는데, 조사된 모든 기관에 대해 50% 이상의 서비스 인지율을 보였다. 다만, 지원서비스 수혜율은 높지 않게 확인되었는데, 가장 높은 수혜율을 보인 학습지원의 경우 34.8%이며, 가장 낮은 수혜율을 보인 서비스는 한국 사회 적응교육 7.1%였다. 2018년 조사와 비교할 때, 진로상담, 학습상담, 외국 부모님 나라의 문화이해교육은 증가한 반면, 외국 출신 부모님 나라 언어교육이나 한국어 등 언어교육 수혜율은 감소하였다.

② 지원서비스의 필요성

가장 요구가 높은 서비스는 학습지원(3.42점)이며, 진로상담 및 진로교육(3.31점), 외국 출신 부모님 나라 문화이해교육(2.99점), 학습/관계 상담(2.96점), 외국 출신 부모님 언어교육(2.96점) 등의 순으로 나타났다. 모든 서비스 요구도가 2018년보다 전반적으로 증가하여 다문화 청소년들의 지원 욕구가 높아짐을 알 수 있다.

(7) 경제활동과 비재학·비취업(NEET)

① 경제활동

만 15~24세 이하의 다문화가족 자녀들의 고용률은 20.9%로 청소년 일반(27.0%)에 비하여 낮은 편이나, 2018년(18.6%) 대비 2.3%p 상승하였다.

② 비재학·비취업(NEET) 청소년의 비율

만 15~24세 다문화 청소년의 NEET 비율은 14.0%로 2018년(10.3%) 대비 3.7%p 증가하였다. 전반적인 연령 비율이 높아진 것도 영향을 미쳤을 것이나, 코로나 영향이 높을 것으로 판단된다. 특별히 하는 일 없다고 응답한 비율은 10.2%로 2018년도(45.8%)와 큰 차이를 보이며, 49.0%는 취업준비를 한다고 응답하였다. 향후 3년 이내 진로 계획을 질문한 결과, 취업이 83.4%로 가장 높고, 그 외 응답은 모두 10% 미만으로 나타났는데, 대다수의 NEET 청소년들이 학업이나 다른 진로보다는 취업에 관심이 크다는 것을 알 수 있다.

3. 다문화가족 아동을 위한 복지정책

1) 다문화가족 지원을 위한 정부지원 서비스

(1) 시·도별 다문화가족지원센터 설치 현황

'다문화가족지원센터'는 「다문화가족지원법」의 시행에 따라 지역의 결혼이민자가족지원센터가 개편된 기관으로 다문화가족의 안정적인 정착과 가족생활을 지원하기 위해 한국어 문화교육, 가족교육 상담, 자녀지원, 직업교육 및 다문화 인식개선 등 다양한 프로그램을 통합적으로 제공 및 연계하는 원스톱 서비스 기관이다. 다문화가족지원센터는 다문화가족을 대상으로 한국어 교육, 다문화사회 이해교육, 가족교육, 자조집단 육성 및 다문화가족 역량 강화 등의 종합서비스를 지원하여 다문화가족의 조기 적응 및 사회경제적 자립지원을 도모하는 것을 목적으로 하고 있다.

다문화가족 아동과 관련되어 운영하고 있는 프로그램으로는 방문교육사업의 일환으로 운영되는 다문화가족 언어교육, 다문화가족 양육지원 등 이외에 다문화가족 자녀 언어발달 지원 프로그램, 이중 언어교실 등이 있다. 다문화가족지원센터에서 운영하는 다문화가족 자녀 언어발달 지원 프로그램은 다문화가족의 자녀에 대한 체계적이고 전문적인 언어발달 지원을 통해 이들이 건강한 사회구성원, 나아가 글로벌 인재로 성장할 수 있도록 지원하는 것이다. 이를 위해 다문화가족 자녀 언어발달 전문인력인 다문화 언어지도사를 다문화가족지원센터로 파견하고 있다(임정문 외, 2018: 384).

(2) 중앙정부의 다문화 지원 서비스

현재 우리나라에서 시행하고 있는 중앙부처의 다문화가족 지원정책을 가족생활주기적 접근을 통해 조사·연구한 김유경(2013)의 결과를 통하여 살펴보면 다음과 같다(김유경 외, 2008: 25-43).

① 결혼준비 및 적응기

국제결혼이 최근 급격하게 증가하면서 이와 비례적으로 결혼생활 부적응으로 인한 이혼이나 가족해체현상이 발생하고 있다. 따라서 결혼 전 혹은 여성결혼이민자의 입국 초기에 결혼적응도를 높이고 결혼 이후에 야기될 수 있는 부적응 문제를 예방하기 위해 법무부에서 결혼이민자와 그 배우자를 대상으로 각각 결혼과 한국생활의 초기 적응에 요구되는 '국제결혼안내 프로그램'과 '해피스타트 프로그램'을 실시하고 있다.

② 가족형성기

다문화가족은 결혼으로 인한 이주와 첫 자녀의 임신과 출산이 행해지는 시기로 새로운 언어와 문화에 대한 이해, 이주생활에 따른 적응, 그리고 적응을 위한 자원과의 연계 등이 가족형성기의 주된 과업이 될 수 있다. 따라서 결혼 초기 가족형성기에는 한국 사회 적응에 중요할 수 있는 한국어교육을 지원하는 것에 여성가족부와 법무부에서 비중을 두고 있다.

가족형성기에는 크게 임신·출산지원정책과 초기한국생활 적응지원 등으로 구분할 수 있다.

첫째, 임신·출산지원정책은 다문화가족을 포함하여 건강보험 피부양자와 소득수준 50% 이하의 가정 등 가정에 대한 지원으로 다문화가족 또한 일반 가정과 동일한 혜택을 받을 수 있는 지원 정책이다.

둘째, 초기한국생활 적응지원으로 초기한국생활을 지원함에 있어 한국어지원 외에 다양한 정보제공을 위한 콜센터 운영과 결혼이민자 네트워크를 통해 연계망을 형성하고 있다.

③ 자녀양육 및 교육기

가족 형성 후 자녀 출산 이후의 가족의 주된 과업은 자녀의 건전한 양육이다. 다문화가족의 경우 부모와 자녀의 이중문화와 이중언어가 양육 과정에서 강점으로 작용해야 함에도 이중언어의 발달이 원활하지 않은 것으로 보고되고 있다. 또한 일부 다문화 자녀의 경우 언어발달의 지체로 학교생활에 어려움을 겪기도 한다.

다문화가족 자녀의 양육지원과 관련된 정책을 학령전기와 학령기로 구분하여 살펴보면 다음과 같다.

- 자녀 아동기: 학령전기

다문화가족의 생활주기상 자녀양육기 중 학령전기 아동에 대한 지원은 다문화가족 자녀의 영유아보육지원, 인지능력 향상과 언어영재, 학교생활 초기적응지원을 하고 있다. 학령전기 아동을 위한 중앙부처의 정책은 보건복지부와 여성가족부를 중심으로 행해지고 있다.

첫째, 영유아보육지원으로 다문화가족의 자녀뿐만 아니라 전 계층을 대상으로 만 5세 이하의 아동에게는 무상보육이 실시되고 있다.

둘째, 아동 인지능력 및 언어영재 지원으로 아동의 인지 및 독서 능력 향상을 위해 독서도우미가 파견되고 있으며, 특별히 일반가족과 함께 다문화가족을 명시하고 있다. 아동의 언어발달과 관련하여 다문화가족의 만 3세 이상부터는 이중언어 능력을 향상하기 위한 언어영재교실에 참여할 수 있다.

셋째, 학교생활 초기적응지원으로 초등학교 입학 전에 입학 후 학교생활의 안정적인 적응을 지원하기 위해 여성가족부, 문화체육관광부, 교육부에서 학령 전 다문화가족 아동에 대한 입학 전 프로그램 및 예비학교를 운영하고 있다.

- 자녀 아동기: 학령기

다문화가족 자녀의 학령기 주요 과업은 학교와 지역사회 적응이다. 학령기의 다문화가족 자녀의 언어능력 향상과 학업성취도 증진 그리고 인종과 문화 차이로 인한 따돌림 예방을 위해 학교생활 적응을 위한 자녀의 지원뿐만 아니라 자녀의 건전 양육을 도모할 수 있도록 부모를 대상으로 하는 양육지원과 학교와 지역사회의 인식개선을 위한 지원이 요구된다. 자녀 아동기(학령기)의 서비스로 취약계층아동 지원, 다문화가족 아동의 언어발달 및 학습지원을 들 수 있다.

첫째, 취약계층아동 지원으로 '드림스타트'와 '지역아동센터'가 있다. 두 사업의 특성은 방과 후 혹은 방학 중 아동을 대상으로 한 전인적인 발달개입을 한다는 점에서는 유사성이 있으나 드림스타트는 12세 이하를 대상으로 하므로 주로 초등학교의 아동을 위한 것이며, 지역아동센터는 초중고교 재학생이 대상이기 때문에 청소년기에도 이용할 수 있는 특성이 있다.

둘째, 다문화가족 아동의 언어발달 및 학습지원으로 언어발달을 지원하는 서비스는 만 12세까지 지원하고 있으며, 학교생활 적응지원을 위해 다문화가족 자녀를 대상으로 방문교육서비스와 대학생 멘토링 서비스가 제공되고 있다.

셋째, 부모교육서비스로서 학령전기 및 학령기 자녀를 위한 부모교육서비스의 경우 만 3세~12세 이하의 자녀를 양육하는 결혼이민자를 대상으로 부모자녀 관계, 가정생활 전반, 건강 및 영양관리와 관련된 교육을 제공하고 있다.

- 자녀 청소년기

다문화가족 자녀를 대상으로 한 청소년기 지원정책은 진학 및 진로지도와 더불어 고등학교 학생을 대상으로 하는 직업교육프로그램이 운영되고 있다. 최근에는 중도입국자녀들의 학교생활 부적응 문제가 대두되면서 이들만을 대상으로 하는 별도의 교육지원체계를 구비하고 적응을 지원하고 있다. 첫째, 중도입국자녀 적응지원으로 이들에 대한 한국어교육 등 한국 사회 문화 적응을 위한 지원과 자립지원이 주요한 과제로 대두되고 있다. 둘째, 진학 및 진로지도이다.

- 다자녀에 대한 지원정책

다자녀에 대한 지원정책은 가구를 대상으로 하는 지원으로 다문화가족을 포함하여 혜택을 받을 수 있는 정책이다. 다자녀에 대한 정책은 출산율 제고를 위해 다자녀가구에 대해서 전기요금 감면, 세금 추가공제, 주거 안정지원 및 저소득층 둘째 자녀 이상에 대한 교육비 지원 등이 해당된다.

④ 가족역량 강화기: 결혼이민자의 사회경제 진출 확대기

결혼을 위한 이주 과정을 통해 한국 사회의 초기 적응 과정과 출산 및 자녀 양육 과정을 거치면서 가정생활의 적응과 안정을 경험하기도 하며, 가정생활의 해체와 부적응을 경험하기도 한다. 가족관계에서 갈등, 개인적인 심리사회적인 적응상의 문제, 자녀 양육부담, 사회경제적인 활동 및 참여의 욕구 등 다양한 욕구와 문제를 통해 다문화가족의 역량이 강화되며 가족과 개인의 탄력성이 증진되도록 지원함이 요구된다.

- 다문화가족 위기 및 긴급지원

다문화가족의 위기상황에 대한 지원을 통해 가족의 안전과 역량을 강화하기 위해 여성가족부에서 이주여성 긴급지원센터와 이주여성보호시설을 운영하고 있다. 또한 갑작스러운 위기상황으로 생계가 곤란할 경우 가구 중심으로 지원되는 긴급지원의 혜택을 받을 수 있다. 더불어 다문화가족 위기지원으로 결혼이주여성의 인권과 관련된 피해자 보호 정책으로 다문화가족의 위기지원서비스가 실시되고 있다.

긴급지원은 위기상황에 처한 대한민국 모든 가구에 해당되는 것이기 때문에 다문화가족의 경우에도 예외 없이 자격여건에 부합되면 지원받을 수 있다.

- 다문화가족 주거안정지원

한국토지주택공사 등의 공공기관 또는 민간업체에서 '국민주택 등'에 해당하는 공동주택을 공급(분양)할 때 「주택공급에 관한 규칙」 제19조제1항제7의2호에 의거 무주택세대주인 다문화가족에 대한 특별공급을 알선하고 있다.

이상에서 살펴본 바와 같이 중앙부처 정책은 다문화가족의 한국 사회 적응을 지원하는 데 의의가 있으나 건강한 다문화가족의 형성을 돕기에는 여러 문제점이 나타나고 있다. 다문화가족을 지원하는 여러 중앙부처 정책은 다문화가족의 생애주기별 욕구를 포괄하지 못하여 사각지대가 발생하고 있고, 프로그램 또한 유사 및 중복되며, 이러한 부처 간에 유사한 사업은 중복되어 책임소재가 불분명하고, 사업 수행과 성과 기준에 있어서도 편차가 발생한다. 또한 다문화가족 형성과 발달주기에 따른 부처별 예방적·전문적 차원의 지원이 제한적으로 수행되는 문제점이 있다. 그러므로 유사 및 중복사업에 대한 일원화 또는 책임부처의 명확화, 행정과 전달체계의 일원화 등이 요구된다.

(3) 기초지방자치단체 다문화가족 지원서비스

기초자치단체의 다문화정책사업은 2016년 기준 총 881개이고, 그중 반수가 넘는 483개(54.8%)의 사업이 한국교육과 한국문화 적응교육과 관련된 것들이다. 그 외에도 경제적·금전적인 직접지원사업은 32개(3.6%), 이주여성 본인뿐만 아니라 남편과 다문화가족 자녀를 위한 교육지원사업은 168개(19.1%), 보건복지, 센터 조성 및 제도 마련과 실태조사 등이 120개(12.5%)가 있다. 반면, 모국문화에 대한 교육 또는 모국문화나 언어를 활용하는 사업은 21건으로 전체의 2.4%에 불과하다.

표 12-3 기초자치단체의 다문화 사업

사업분야 / 광역별	합계	적응		교육			지원		제도 마련			네트워크		모국문화	기타
		한글	한국문화	인적자원개발	남편	자녀	경제지원	보건복지	센터운영	제도마련	실태조사	결연	행사		
서울	19	3	7	2	0	0	11	6	0	0	0	0	0	0	0
부산	78	12	31	1	1	5	0	11	0	1	2	1	0	2	0
대구	14	5	5	1	1	0	0	0	2	0	0	0	0	2	0
인천	17	5	6	2	1	0	0	2	0	0	0	0	0	1	0
광주	4	0	1	1	1	1	0	0	0	0	0	0	0	0	0
울산	14	4	7	1	1	0	0	1	0	0	0	0	0	0	0
경기도	132	34	50	9	6	10	2	13	3	1	1	3	2	0	0
강원도	112	22	37	6	9	10	8	11	3	0	0	2	7	1	2

충청도		117	21	42	12	5	12	3	5	2	0	0	2	5	3	0
전라도		146	30	43	19	6	11	7	13	2	0	1	2	6	9	1
경상도		211	54	56	10	5	15	0	21	2	2	2	27	5	4	1
제주도		17	2	6	1	1	2	32	1	1	0	1	1	0	1	0
사업별	수	881	192	291	65	37	66	3.6	84	415	4	7	38	25	21	4
	%	100	21.8	33.0	7.4	4.2	7.5	32	9.5	1.7	0.5	0.8	4.3	2.8	2.4	0.5
분야별	수	881	483		168			3.6		120			63		21	4
	%	100	54.8		19.1					12.5			7.2		2.4	0.5

출처: 여성가족부(2021).

2) 다문화가족 아동을 위한 복지정책 방향

앞서 살펴본 바와 같이 다문화가족의 아동이 직면한 문제는 매우 다양하다. 다문화가족의 성공적 사회적응과 통합을 위해 그동안 우리 사회는 다양한 정책과 사업을 펼쳐 왔다. 다문화가족 아동을 위한 정책적 시사점을 살펴보고자 한다(여성가족부, 2021a: 817-820).

(1) 다문화가족 자녀의 다양성을 고려한 세밀한 정책 마련

다문화가족 자녀를 위한 정책의 방향은 정책의 세밀화, 고도화가 되어야 할 것이다. 다문화가족 자녀는 연령, 성장배경, 가족 특성 등에서 매우 다양하고 복잡한 특성을 가지고 있어서 하나의 일률적 지원 방안으로 효과를 기대하기 어렵다. 지금까지의 다문화가족 자녀에 대한 정책은 다문화가족 자녀의 집단 내 다양성에 대한 고려에서 부족한 측면이 있다. 초기에는 다문화가족 자녀를 동질적인 집단으로 인식하고 일률적 정책을 지원하였으나, 다문화가족 자녀가 증가하던 초기와 달리 성장배경과 연령을 모두 고려한 세밀한 정책방안 모색 등이 필요하다.

성장배경에 따른 요구를 분석하여 학습지원, 심리지원, 한국어지원 등 각각 집단에 맞는 지원정책을 마련하되 각 연령대별로 좀 더 집중해야 하는 정책과제와 추진방안을 세밀하게 마련할 필요가 있다.

(2) 학교밖 청소년의 욕구 파악 및 학업중단 예방을 위한 노력

학교에 다니지 않는 다문화 청소년들의 욕구를 파악하고 학업중단 예방을 위한 적극적 노력을 기울일 필요가 있다. 전반적으로 학교에 다니는 경우 그렇지 않은 경우보다 여러 영역에서 더 긍정적인 결과를 보이고 있다. 여러 연구에서도 나타나는 결과로 가능한 학령기에 있는 청소년들의 경우 학업을 중단하는 데 영향을 미치는 요인들을 파악하고 대비하는 방안을 모색하여 제공할 필요가 있다. 한 예로, '2021년 다문화가족 실태조사' 결과에서, 학업중단의 요인으로 친구관계의 어려움과 공부의 어려움이 산출되었다. 그렇다면, 일반적인 청소년들이 겪는 교우관계나 학업의 어려움 이외에 어떤 요인이 있는지, 이러한 문제를 해결하기 위하여 어떤 방법을 찾을 수 있는지 등을 고려한 지원방안들이 다각적으로 모색될 필요가 있다.

(3) 효과적 학습지원 방안 모색

다문화가족 자녀들이 고민하는 부분으로 공부에 대한 고민이 매우 큰 부분을 차지하고 있고, 학업중단의 요인으로서도 공부에 대한 어려움이다. 사실상 청소년 시기의 학업은 발달단계에서 가장 중요한 과업 중 하나로 향후 청소년들의 진로에도 영향을 미치는 중요한 요인이므로 부모나 교사 못지않게 당사자들도 학습역량 강화에 관심이 많다. 그러나 다문화가족 자녀들의 경우 학습지원에 대한 욕구를 충분히 지원받지 못하는 경우가 많다. '2021년 다문화가족 실태조사' 결과에서도 다문화가족 자녀들의 사교육 경험이나 일주일 평균 사교육 시간이 청소년 일반집단에 비하여 낮은 수준인 것으로 나타난 바 있다. 청소년기에 반드시 학습능력만을 키워야 하는 것은 아니지만, 당사자들이 가장 고민으로 생각하는 부분을 효과적으로 지원해 줄 수 있는 방안을 보다 적극적으로 모색할 필요가 있다. 현재 중앙부처에서 추진하는 학습지원 방안은 기초학습능력 제고를 위한 대학생 멘토링이 있으나, 요구하는 다문화가족 자녀의 수에 비하여 대학생의 수가 매우 부족하고, 읍면지역의 경우 대학생이 접근하기 어렵다. 또한 방문교육서비스도 있지만, 이는 유아나 초등 저학년기 연령층을 대상으로 하는 교육이고, 본격적인 학습지원은 아니다. 따라서 다문화가족 자녀들이 원하는 학습지원을 위하여 보다 효과적이고 실질적인 지원방안이 모색될 필요가 있다.

(4) 효과적인 이중언어 환경조성 방안 모색

이중언어교육 및 이중언어 환경조성사업은 좀 더 체계화될 필요가 있다. '2021년 다문화가족 실태조사' 결과에서, 대다수가 한국어를 더 잘하고, 외국계 부모 나라 언어를 배우고 있거나 향후 배우고 싶다고 생각하는 비율은 낮다. 그럼에도 불구하고 향후 필요한 지원서비스로서 외국 출신 부모님 나라의 언어와 문화에 대한 욕구는 낮은 편이 아니다. 이로 보건대, 현재 이중언어교육, 이중언어말하기 대회 등 이중언어교육 강화를 위한 정책사업들이 있지만, 글로벌 인재로서 다문화가족 자녀를 성장시키는 데는 좀 더 정책적 보완이 필요하다. 다문화가족 자녀들이 외국계 부모의 모어에 대한 지원 요구가 있다는 것은 욕구는 있으나, 가족 내 환경이 조성되지 못한 문제가 있다고 보인다. 그간 다문화가족의 이중언어 활성화를 위해 정책적 관심을 기울여 왔음에도 불구하고 가족 내 이중언어 환경이 개선되지 못하는 것에 대해서는 단순히 양적 사업의 확대만이 아니라, 다문화가족 내에서 이중언어를 취급하는 다양한 역동에 대한 심층적인 이해가 선행될 필요가 있으며, 이에 적중한 사업 방향을 모색하고, 가족 내 이중언어 지지환경을 조성할 필요가 있다.

(5) 다문화가족 자녀의 진로체험 기회 확대

'2021년 다문화가족 실태조사'에서 다문화가족 자녀들은 또래 청소년들에 비해 진로체험 정보에 대한 관심이 큰 것으로 확인되며, 이는 여성, 15~17세, 18~24세, 비재학 자녀, 외국에서 주로 성장한 자녀, 한국 국적이 없는 자녀에게서 두드러진다. 이와 관련하여 제3차 다문화가족정책 기본계획에서도 진로체험지원센터 설치·운영 확대, 다문화학생 중심 진로체험처 발굴 확대 등을 추진하고 있다. 다만, 앞서 제시한 바와 같이 진로체험 정보와 관련해서는 다문화가족 자녀의 특성과 관계없이 대체로 높은 수준의 필요성이 확인된바, 현재 학교밖 청소년이나 중도입국 청소년을 주요 대상으로 시행하고 있는 관련 서비스 대상을 확대하는 방안을 검토할 필요가 있다. 아울러 외국에서 주로 성장했거나 한국 국적이 없는 다문화가족 자녀와 같이 관련 지원시설/서비스에 대한 인지도, 접근성이 제약될 가능성이 있는 경우를 위해 관련 제도, 서비스 홍보를 강화하는 한편, 성별에 따른 서비스 수혜 차이나 편향이 발생하지 않는지 지속적인 점검도 필요할 것으로 보인다.

CHAPTER 13

시설보호아동

우리나라 현대사회의 아동복지는 크게 아동구호시대(1960년까지), 아동보호시대(1970년~1980년대 중반) 및 아동복지시대(1980년대 중반 이후)로 구분된다.

해방 이후 곧 이은 한국전쟁은 수많은 전쟁고아와 기아, 미아의 문제를 발생시켰으므로 1950년대의 아동복지는 응급구호적인 성격을 띠었다. 이 시기에는 국가에 의한 사회적 보호가 미비해 다수의 외국기관이 국내에 들어와 활동하며, 아동후원사업을 전개하였는데, 기독교 아동복리회, 선명회세계본부, 양친회 등이 대표적이다. 이들 기관 및 민간 독지가를 중심으로 전쟁고아의 보호, 수용, 입양 등을 위해 설립된 수용시설 중심의 아동보호사업은 1950년에 급속히 증가해 1960년에 아동복지시설은 472개로 전체 사회복지시설의 80%에 달하였다. 그러나 1950년대까지의 아동복지는 국가 주도하의 원칙에 따른 서비스 제공보다는 민간과 해외 원조에 의존한 빈곤아동 구호의 차원에 머물렀다. 1960년대와 1970년대는 선별주의 원칙에 입각한 잔여적 형태의 서비스가 이루어진 단계로, 국내외 입양사업이 확대되고 해외 입양이 지속적으로 증가했으며, 취업여성의 증가로 보육에 대한 서비스도 증가했다. 1960년대에는 수용시설의 종류가 다양해지면서 영아원, 육아원, 모자원, 부랑아보호시설, 직업보도시설 등이 계속 증가하였고, 1970년대에도 국가 개입을 최소화하는 잔여적 복지정책이 지속되었다. 그러나 외원기관의 점진적인 철수로 아동복지시설 운영에 국가의 개입이 불가피해짐에 따라 아동보호정책도 점차 국가 중심 체제로 전환되었으며, 이에 따라 1973년 「모자보건법」, 1976년 「입양특례법」(현: 국내입양에 관한 특별법), 1977년 「소년원법」과 「특수교육진흥법」이 차례로 공포되었다. 1980년대에는 요보호아동을 대상으로 한 선별주의 단계는 시설수용보호에서 벗어나 보편주의에 입각하여 가정위탁사업, 국내 입양, 아동결연사업, 영유아보육사업 등으로 아동복지 형태가 다양하게 전환되었다(임정문 외, 2020: 368).

1. 시설보호의 이해

1) 시설보호의 개념

시설보호란 여러 가지 이유로 양육자가 없는 아동이나 있다 하더라도 여러 가지 이유로 아동을 직접 양육하지 못할 때 하루 24시간 집단보호를 제공하는 서비스이다. 시설보호는 입양사업, 가정위탁사업과 함께 부모가 아동을 양육·보호할 능력을 상실하였거나 그 역할을 회피할 때 제공되는 완전한 대리보호사업이다(배은영, 2022: 257). 즉, 부모의 문제로 인하여 아동이 안정된 양육보호를 받지 못하는 경우 혹은 아동 자신의 문제로 인하여 친가정에서의 양육보호가 어려운 경우 제공되는 대리적 서비스이며, 대리양육 등과 같은 가정위탁, 입양 등의 서비스 대상으로 적합하지 않은 아동을 시설에 입소시켜 건전한 사회인으로 성장·발달시키는 것을 목적으로 하는 아동복지서비스를 의미한다(조미숙, 2022: 407).

시설보호의 목적은 시대에 따라 변화해 왔는데, 과거에는 사회적 보호가 필요한 아동을 장기적으로 집단 수용하는 것이었다면, 현재는 아동을 일시적으로 보호하면서 아동과 그 가족에 대한 치료서비스를 제공함으로써 아동을 가족으로 복귀시키는 것이다(Kadushin & Martin, 1988).

2) 보호대상아동의 정의

보호대상아동이란 보호자가 없거나 보호자로부터 이탈된 아동 또는 보호자가 아동을 학대(방임 포함)하는 경우, 기타 보호자가 아동을 양육하기에 적당하지 아니하거나 양육하기 어려운 경우의 아동을 의미한다(아동복지법 제3조).

넓은 의미로는 빈곤이나 부모의 수감·실직 등으로 경제적·정서적 어려움 등을 겪고 있거나 어려움에 처할 위험이 높은 취약아동을 포괄한다. 예를 들어, 빈곤가구 아동, 저소득 한부모·조손 가구, 부모의 수감·알코올중독·약물중독 등으로 인해 방임되고 있거나 방임 위기에 있는 아동, 저소득 다문화가족 아동 등이다.

2. 아동복지시설의 정의

1) 아동복지시설의 정의 등

(1) 정의

아동복지시설이란 「아동복지법」 제50조에 따라 설치된 시설이다.

(2) 목적

보호대상아동을 건전한 사회인으로 자랄 수 있도록 보호조치하기 전 일시보호하거나 가정복귀, 입양, 가정위탁이 어려운 아동을 보호 및 양육하고 아동복지시설을 퇴소한 사람에게 취업준비기간 또는 취업 후 일정 기간 동안 보호함으로써 자립지원을 목적으로 한다.

(3) 근거 법령

「아동복지법」 제3조(정의), 제4조(국가와 지방자치단체의 책무), 제15조(보호조치), 제15조의3(보호대상아동의 양육상황 점검), 제16조(보호대상아동의 퇴소조치 등), 제16조의2(보호대상아동의 사후관리), 제50조(아동복지시설의 설치), 제51조(휴업·폐업 등의 신고), 제52조(아동복지시설의 종류), 제54조(아동복지시설의 종사자), 제55조(아동복지시설종사자의 교육훈련), 제56조(시설의 개선, 사업의 정지, 시설의 폐쇄 등), 제57조(아동복지시설의 장의 의무), 제59조(비용 보조), 「국민기초생활 보장법」 제4조제3항(급여의 기준 등), 제7조(급여의 종류), 제10조(생계급여를 실시할 장소), 제14조의2(급여의 특례), 「의료급여법」 제3조(수급권자)이다.

2) 시설보호의 유형

시설은 서비스 기간과 서비스 기능에 따라 분류할 수 있는데, 전자의 경우 일시보호시설과 장기보호시설로 구분되며, 후자의 경우 넓은 의미의 양육·보호·교정·치료의 기능을 수행하는 시설로 구분된다. 물론 이러한 경우에도 장기간 수용되거나 부모나 가족 및 아동이 당면하고 있는 문제가 심각한 수준인 경우는 여러 가지 기능을 동시에 수행하게 되며, 장기간 보호받게 된다(배은영 외, 2022: 258).

3. 보호아동의 입·퇴소 및 지원 등

1) 입·퇴소 등 관리(아동복지법 제15조)

(1) 입소대상자

① 아동양육시설 및 아동일시보호시설

보호자가 없거나 보호자로부터 이탈된 아동, 보호자로부터 학대받은 아동, 보호자의 질병, 가출 등으로 가정 내에서 보호하기 어려운 아동, 시·도지사 또는 시장·군수·구청장이 특별히 보호가 필요하다고 인정하는 아동이 입소 대상자이다.

② 아동보호치료시설(아동에게 보호 및 치료 서비스를 제공하는 시설)

불량행위를 하거나 불량행위를 할 우려가 있는 아동으로서 보호자가 없거나 친권자나 후견인이 입소를 신청한 아동, 가정법원·지방법원소년부지원에서 보호위탁된 19세 미만인 사람(「소년법」 제32조제1항제6호 처분), 정서적·행동적 장애로 인하여 어려움을 겪고 있는 아동 또는 학대로 인하여 부모로부터 일시 격리되어 치료받을 필요가 있는 아동이다.

③ 자립지원시설

자립지원시설은 보호종료아동 중 취업(우선), 취업 준비 중 29세 이하 기초생활보장 수급자가 지원 대상자이다(이용 아동 생계비 지원 대상 파악 및 지원). 시장·군수·구청장 및 시설장은 이용 아동 실태를 파악하여 국민기초생활 보장지원이 가능한 대상자에게는 수급지원이 되도록 적극 안내(지원)하여야 한다. 또한 지역 내 퇴소아동에 대한 홍보를 강화하여 이용 확대를 유도하며, 시장·군수·구청장은 자립준비청년(보호종료아동)이 자립 시까지 주거공간 제공을 위해 공공임대주택 지원을 노력해야 한다.

(2) 입소 절차

① 「실종아동 등의 보호 및 지원에 관한 법률」 제6조에 따라 사회복지시설을 포함한 보호시설의 장 또는 그 종사자, 사회복지전담공무원, 업무·고용 등의 관계로 사실상 아동을 보호·감독하는 사람 등은 그 직무를 수행하면서 실종아동 등임을 알게 되었을 때에는 경찰신고체계(실종아동찾기센터 182번)에 지체 없이 신고 등 조치하여야 한다. 지자체의 장(시·군·구 아동보호전담요원)은 보호자가 불명확한 아동에 대해서는 신상을 기록한 신고접수서를 작성하여 경찰신고체계로 제출한다.

② 시·도지사 또는 시장·군수·구청장이 「아동복지법」의 보호조치가 적합하지 아니한 보호대상아동에 대하여 보호조치를 하기 전에 아동일시보호시설 또는 일시위탁 베이비박스 영아 등을 다른 시설에 임시 보호조치 불가 원칙을 통해 보호할 수 있으며, 보호대상아동에 대한 상담, 건강검진, 심리검사 및 가정환경에 대한 조사를 실시한다.

③ 시·도지사 또는 시장·군수·구청장은 입소 대상 아동의 신상카드(아동카드)를 작성하고, '복지대상자 시설입소(이용) 신청서를 제출 받아 아동복지시설의 장에게 입소를 의뢰한다. 아동에게 최상의 이익이 달성될 수 있도록 사례결정위원회의 심의를 거쳐 결정한다. 다만, 보호조치는 입양, 가정위탁 등 가정적 형태의 보호를 우선으로 추진하며 아동카드를 제출하지 아니하는 시설의 경우 해당 아동 급여 신청을 하지 아니한 것으로 간주하여 해당 수급자 수만큼 생계비 지급을 중지한다.

④ 시설장이 보호자로부터 버려진 아동 등 긴급히 보호할 필요가 있는 아동을 발견하였을 때에는 우선 해당 아동을 보호할 수 있으나, 지체 없이 관할 시·도 및 시·군·구에 보고하고, 관할 시·도지사 또는 시장·군수·구청장은 보호조치를 할 때까지 필요하면 아동일시보호시설 등에서 보호하게 하고, 아동의 최상의 이익을 고려하여 보호조치를 결정한다.

(3) 타 지역 입소 의뢰에 대한 조치

시·도지사 또는 시장·군수·구청장은 아동의 특성과 여건에 따라 타 시·도지사 또는 시장·군수·구청장으로부터 아동 보호 양육 의뢰(전출·입 등)를 받은 경우에는 이를 적극 검토·수용하여 아동의 이익이 최우선적으로 고려되도록 조치한다.

(4) 이탈 아동 보호조치

① 시·도지사 또는 시장·군수·구청장은 18세 이전에 정상적인 보호종료(원가정 복귀, 타시설 전원 등) 절차를 거치지 않고 시설을 이탈하여 1개월 이상 연락이 두절된 아동의 현황을 정기적(최소 연 2회 이상)으로 파악한다. 필요시 지역 내 아동복지센터, 청소년쉼터, 아동보호전문기관 등과 유기적으로 협력하여 아동의 이익을 위한 최상의 조치가 이루어지도록 노력한다.

② 아동복지시설 학교 밖 청소년: 아동이 학교를 이탈한 경우 이를 지자체로 연계하는 것으로 아동복지시설 운영자가 대상 청소년 발생 시 지자체(또는 '학교 밖 청소년 지원센터')로 해당 내용을 통보한다.

③ 「소년법」 제4조에 따라 아동복지시설장이 통고할 때는 '소년통고실무'에 따른 적정한 절차를 준수해야 한다.

(5) 퇴소 및 보호기간 연장

① 퇴소

시설장은 보호 중인 아동이 18세에 달하였거나(연장 의사가 있는 경우에는 25세에 달한 경우), 보호 목적이 달성되었다고 인정되는 아동의 경우에는 관할 시·도지사 또는 시장·군수·구청장에게 퇴소 신청서를 제출한다.

② 보호기간 연장 및 추가 연장

시설장은 보호 중인 아동 중 보호기간의 연장을 요청한 아동의 연장을 관할 시장·군수·구청장에게 보호기간 연장을 신청한다. 보호기간 추가 연장이 가능하다. 일시보호시설의 경우 보호기간은 3개월 이내, 1회에 한해 3개월 이내 연장이 가능하다. 또 자립지원시설은 입소 후 29세까지 이용 가능하며(입소대상 연령이 25세 미만) 입소 후 보호기간은 1년 이내로 하며, 필요시 연장이 가능하다(보건복지부, 2024: 202).

4. 아동복지시설의 현황

1) 아동양육시설

우리나라에서 아동을 보호하는 대표적인 시설은 아동양육시설이다. 오랫동안 '고아원'으로 불리던 아동시설은 정확하게는 아동양육시설로 구분할 수 있다. 보호대상아동을 입소시켜 보호, 양육 및 취업훈련, 자립지원 서비스 등을 제공하는 것을 목적으로 하는 시설이다. 아동양육시설에서 아동을 보호하는 것을 일반적으로 시설보호라 한다(공계순 외, 2013: 362).

보건복지부의 자료 '2024년 아동복지시설 현황'을 보면 양육시설 243개소에 보호아동은 8,991명이 생활하고 있다.

표 13-1 아동복지시설 현황(생활시설 4종 및 이용시설 2종) 보호아동 현황(2023.12.31. 현재)

(단위: 개소, 명)

구분	계(현원)		아동양육시설		아동보호 치료시설		자립지원시설		아동일시 보호시설		아동 상담소	아동 전용 시설
	시설	인원	시설	인원	시설	인원	시설	인원	시설	인원		
계	306	9,893	243	8,991	12	442	16	230	17	230	10	8
서울	45	1,844	35	1,606	3	126	4	63	2	49	1	
부산	20	720	17	687	1	17	1	13	1	3		
대구	22	614	17	519	2	55	2	30	1	10		
인천	15	477	9	449					1	28	4	1
광주	15	424	10	378			1	12	2	34	1	1
대전	13	396	11	294	1	92	1	10				
울산	3	122	1	111			1	10	1	1		
세종	1	20	1	20								
경기	35	952	27	862	1	40			3	50	3	1
강원	11	260	8	224			1	23	2	13		
충북	16	448	11	407	1	33	1	8				3
충남	15	546	13	531			1	15				1
전북	17	532	14	461	1	50	1	9	1	12		
전남	25	861	22	833	1	10	1	17	1	1		
경북	19	697	18	675					1	12		

경남	26	746	24	727	1	19						1
제주	8	234	5	207			1	20	1	7	1	

출처: 보건복지부(2024: 1).

2) 아동보호치료시설

아동보호치료시설은 아동에게 보호 및 치료 서비스를 제공하는 시설이다.

첫째, 불량행위를 하거나 불량행위를 할 우려가 있는 아동으로서 보호자가 없거나 친권자나 후견인이 입소를 신청한 아동 또는 가정법원, 지방법원소년부지원에서 보호위탁된 19세 미만인 사람을 입소시켜 치료와 선도를 통하여 건전한 사회인으로 육성하는 것을 목적으로 하는 시설이다.

둘째, 정서적·행동적 장애로 인하여 어려움을 겪고 있는 아동 또는 학대로 인하여 부모로부터 일시 격리되어 치료받을 필요가 있는 아동을 보호·치료하는 시설이다.

보건복지부의 자료 '2024년 아동복지시설 현황'을 보면 아동보호치료시설은 123개소에 보호아동은 442명이 생활하고 있다.

3) 아동일시보호시설

아동일시보호시설은 보호대상아동을 일시보호하고 아동에 대한 향후의 양육대책 수립 및 보호조치를 행하는 것을 목적으로 하는 시설이다. 보건복지부의 자료 '2024년 아동복지시설 현황'을 보면 아동일시보호시설은 17개소에 보호아동은 230명이 생활하고 있다.

4) 공동생활가정

공동생활가정은 보호대상아동에게 가정과 같은 주거여건과 보호, 양육, 자립지원서비스를 제공하는 것을 목적으로 하는 시설이다. 1997년부터 시범사업을 실시하여 「아동복지법」상 아동복지시설 종류에 공동생활가정을 추가하였다(2004년 1월).

5) 자립지원시설

자립지원시설은 아동복지시설에서 퇴소한 사람에게 취업준비기간 또는 취업 후 일정 기간 동안 보호함으로써 자립을 지원하는 것을 목적으로 하는 시설이다. 보건복지부의 자료 '2024년 아동복지시설 현황'을 보면 자립지원시설은 16개소에 보호아동은 230명이 생활하고 있다.

6) 아동상담소

아동상담소는 아동과 그 가족의 문제에 관한 상담, 치료, 예방 및 연구 등을 목적으로 하는 시설이다. 보건복지부의 자료 '2024년 아동복지시설 현황'을 보면 아동상담소는 10개소이다.

5. 시설보호아동을 위한 서비스의 과제

시설보호아동은 가정 해체, 학대, 방임 등의 이유로 가정에서 생활할 수 없는 아동들을 위해 마련된 시설에서 생활하는 아동을 의미한다. 이러한 시설은 아동들에게 숙식과 기본적인 보호를 제공하지만, 가정적인 환경과는 거리가 있기 때문에 여러 가지 문제점이 발생할 수 있다.

1) 시설운영방식으로서 기능의 다양화

아동보호시설은 가정 해체, 학대, 방임 등의 이유로 가정에서 생활할 수 없는 아동들을 보호하는 시설이다. 과거에는 단순히 숙식 제공에 초점을 맞춘 대규모 수용시설의 형태가 주를 이루었지만, 아동의 다양한 욕구와 발달 단계를 고려해야 한다는 인식이 확산되면서 그 기능이 점차 다양화되고 있다.

(1) 아동보호시설 기능 다양화의 배경

아동보호시설 기능 다양화의 배경은 첫째, 아동 중심의 복지 패러다임 변화이다. 과거에는 시설 중심의 획일적인 보호가 이루어졌지만, 현재는 아동의 개별적인 욕구와 권리를 존중하는 아동 중심의 복지 패러다임으로 변화하고 있다.

둘째, 가정적인 환경의 중요성이 강조되고 있으므로 아동의 정서적 안정과 건강한 발달을 위해서는 가정과 유사한 환경에서 생활하는 것이 중요하다는 연구 결과들이 나오면서 소규모 시설 및 가정위탁의 중요성이 부각되고 있다.

셋째, 다양한 문제와 욕구의 증가이다. 학대, 방임, 정서적 어려움 등 아동들이 겪는 문제의 유형이 다양해짐에 따라 이에 맞는 전문적인 서비스 제공의 필요성이 증가하고 있다.

넷째, 시설 중심 보호의 한계이다. 대규모 시설에서의 집단생활은 아동 개개인의 특성을 고려한 양육과 교육에 한계가 있으며, 사회적응 및 자립에도 어려움을 초래할 수 있다는 점이 지적된다.

(2) 기능 다양화의 발전 방향

아동보호시설 기능의 다양화 방안은 다음과 같다.

첫째, 개별 아동 중심의 서비스를 제공하여야 한다. 시설보호아동 중심의 서비스 제공은 아동복지 패러다임의 중요한 변화를 반영한다. 과거 시설 중심의 획일적인 보호에서 벗어나, 아동 개개인의 고유한 욕구와 발달 단계를 고려한 맞춤형 서비스를 제공하는 것이 필요하다. 이는 아동의 권리를 존중하고, 건강한 성장과 발달을 지원하기 위한 핵심적인 방향이다.

둘째, 전문적인 서비스의 제공이 필요하다. 아동의 정서적 어려움을 해소하고 심리적인 안정을 지원하기 위해 개별상담 및 심리치료 서비스의 제공이 필요하며, 아동의 학습능력 향상 및 학업성취를 지원하고, 개별적인 적성과 흥미를 고려한 진로지도를 제공할 수 있는 교육 등 각 분야의 전문가들이 협력하여 질 높은 서비스를 제공해야 한다.

셋째, 가정과 같은 환경 조성이 필요하다. 가능한 한 가정과 유사한 환경에서 아동들이 안정감을 느끼며 성장할 수 있도록 해야 한다. 즉, 가능한 한 가정과 유사한 환경에서 안정감을 느끼며 성장할 수 있도록 소규모 그룹홈 형태의 시설을 확대하고, 가정위탁을 적극적으로 활용하는 것이 중요하다. 가능한 경우, 가족관계 회복을 위한 상담 및 프로그램을 제공하고, 가정복귀를 지원해야 한다.

넷째, 지역사회와의 연계를 강화해야 한다. 아동이 지역사회의 일원으로 성장할 수 있도록 다양한 사회활동 및 체험 프로그램 참여를 지원하고, 지역사회 자원과의 연계를 통해 아동의 사회적응 및 통합을 지원해야 한다.

다섯째, 지속적인 질 관리 및 평가가 필요하다. 서비스의 질을 향상하기 위한 지속적인 모니터링 및 평가가 필요하다. 이를 위해서는 아동의 개별적인 욕구에 맞는 전문적인 서비스를 제공할 수 있는 전문인력 양성이 필요하며, 질 높은 서비스 제공을 위한 충분한 예산확보 및 지원의 확대가 필요하다.

2) 시설운영 주체의 다원화

아동보호시설 운영의 다양화는 단순히 시설의 숫자를 늘리는 것이 아니라, 아동의 다양한 욕구와 상황에 맞춰 여러 형태의 시설을 운영하고, 운영방식 또한 획일적인 방식에서 벗어나 아동 중심의 유연한 방식으로 변화시키는 것을 의미한다. 이는 아동들이 더 나은 환경에서 성장하고 행복한 삶을 살아갈 수 있도록 하기 위한 중요한 과제이다.

우리나라의 시설운영 주체는 사회복지법인이라는 민간 비영리법인 중심으로 운영되고 있고, 그 외 약간의 공공시설, 영리시설, 미신고시설 등이 존재한다. 우리의 실정에서도 시설운영의 합리성과 서비스의 향상, 경쟁력 강화를 위하여 운영 주체의 다원화를 추진하는 것이 필요하다. 운영 주체의 다원화를 가져오기 위해서는 공공운영시설, 비영리법인의 시설, 영리 부문의 시설, 신고에 의한 비영리시설이 공존하는 체제가 되어야 한다. 각각의 운영 주체는 그 특성과 장점이 활용되어야 할 것이다. 공공운영시설은 민간 부문이 운영하기 어려운 비행아동보호치료시설 등에서 운영될 필요가 있으며, 민간 비영리 부문과 영리 부문은 그 효율성에 따라 자율적으로 설립되고 운영될 수 있는 제도적 지원이 필요하다(조미숙, 2022: 428).

3) 시설보호아동의 권리보장

시설보호아동의 권리보장은 단순히 법률 조항을 나열하는 것을 넘어, 아동 개개인이 안전하고 행복하게 성장할 수 있는 환경을 조성하는 것을 의미한다. 이를 위해서는 법적, 제도적 개선뿐만 아니라 사회적 인식개선과 실질적인 지원체계 구축이 함께 이루어져야 할 것이다.

우리나라 「아동복지법」 및 관련 법령은 시설보호아동의 권리를 명시적으로 보장하고 있다. 또한, 「아동학대범죄의 처벌 등에 관한 특례법」은 아동학대 행위에 대한 처벌을 강화하고 있다. 그렇지만, 법 조항만으로는 모든 문제가 해결되지 않는다. 현실에서는 여전히 시설 내 학대 발생, 부적절한 양육환경, 퇴소 후 자립 어려움 등의 문제가 발생하고 있다. 이러한 문제들을 해결하기 위해서는 다음과 같은 법적, 제도적 개선 방안이 필요할 것이다.

첫째, 아동 중심의 법령 정비가 필요할 것이다. 현행 법령이 아동의 권리를 충분히 반영하고 있는지 검토하고, 아동의 목소리를 반영하여 법령을 개선해야 할 것이다. 특히, 아동의 참여권 및 의견 표명권을 강화하는 방향으로 법 개정이 이루어져야 한다.

둘째, 시설운영기준의 강화가 필요하다. 시설의 인력배치 기준, 운영방식, 안전관리 기준 등을 강화하여 아동들이 안전하고 질 높은 환경에서 생활할 수 있도록 해야 한다. 특히, 소규모 그룹홈 형태의 시설 확대를 위한 제도적 지원이 필요하다.

셋째, 학대신고 및 처리시스템의 개선이 필요하다. 아동이 학대 사실을 쉽게 신고할 수 있는 시스템을 구축하고, 신고 접수 후 신속하고 공정하게 조사가 이루어질 수 있도록 처리 절차를 개선해야 한다. 또한, 학대피해아동에 대한 전문적인 치료 및 지원 서비스를 제공한다.

넷째, 퇴소 후 자립지원을 강화해야 한다. 퇴소 후 아동들이 안정적으로 사회에 정착할 수 있도록 주거, 취업, 경제관리 등을 지원하는 자립지원 프로그램을 강화해야 할 것이다. 또한, 퇴소 후에도 지속적인 상담 및 멘토링을 제공하여 사회적응을 도울 수 있어야 할 것이다.

4) 자립준비 프로그램과 퇴소 후 사회적응 프로그램의 제공

시설보호아동의 자립준비 및 퇴소 후 사회적응은 매우 중요한 과제이다. 시설에서 생활하다가 사회에 처음 발을 내딛는 아동들은 주거, 경제, 사회적 관계 등 여러 면에서 어려움을 겪을 수 있기 때문에, 체계적인 준비와 지원이 필수적이다.

자립준비 프로그램은 시설 내에서 퇴소를 앞둔 아동들을 대상으로 자립에 필요한 지식과 기술을 습득하도록 돕는 프로그램으로 주거, 경제, 요리 및 가사, 건강관리를 포함한 생활기술교육과 진로상담, 직업교육, 구직활동지원, 인턴십 및 직장연계프로그램을 포함한 취업지원이 있다. 더불어 대인관계기술 훈련, 지역사회자원 활용 교육, 문화체험활동을 포함한 사회적응훈련과 개별상담 및 집단상담, 멘토링 프로그램을 포함한 정서적 지원이 제공되고 있는데, 이를 지원하기 위한 전문적인 전담 직원의 배치·양성과 더불어 지속적인 교육이 필요할 것이다.

퇴소 전 자립준비 프로그램과 더불어 퇴소 후 사회적응을 도울 수 있는 제도적 장치가 마련되어야 한다. 퇴소 후 사회적응 프로그램은 시설에서 퇴소한 아동들이 사회에 안정적으로 정착할 수 있도록 지원하는 프로그램으로 다음과 같은 내용을 포함하여 지속적으로 제공되어야 할 것이다.

첫째, 주거지원으로 임대주택 알선, 주거비용 지원 등 안정적인 주거공간 마련 지원과 주거문제 발생 시 상담 및 해결을 지원하는 주거유지 관리지원이 필요하다.

둘째, 경제적 지원으로 초기정착자금, 생활용품 지원 등 경제적 어려움의 해소를 지원하는 생활비 지원, 취업 후 직장 적응 및 고용유지를 위한 취업유지 지원이 필요하다.

셋째, 사회적 관계망 형성지원으로 지역사회 프로그램 참여를 통해 사회적 관계망의 형성을 지원하는 지역사회 연계 프로그램 참여 지원, 퇴소 아동 간의 자조모임을 통해 정서적 지지 및 정보를 공유하는 자조모임 운영이 필요하다.

넷째, 정신건강지원으로 정신건강 상담 및 치료 연계로서 필요시 정신건강 전문가와의 상담 및 치료의 연계가 필요하다.

다섯째, 사례관리로서 퇴소아동의 상황을 지속적으로 모니터링하고 필요한 서비스를 제공하여야 할 것이다.

CHAPTER 14

아동복지의 과제와 전망

우리는 본서를 통해 아동복지의 기초 이론부터 실천 분야에 대해 제1장부터 제13장까지 학습했다. 그동안 내가 살아오면서 느꼈던 것과 비교해 보면 우리에게 너무나도 익숙하기도 하고, 무시되기도 했던 것이 아동복지가 아니었나 생각하며 반성해 본다. 당연히 부모의 소유물로, "예"라고 대답하는 아이가 되어 주길 바랐으며, 공부만 잘하기를 요청해 왔다. 아동의 생각과 권리는 무시해 버리고 부모의 생각과 환경 속에서 학원과 학교를 오가며 지배를 당하게 되었던 것이다. 참으로 가슴 아프고 안타까운 일이다. 내가 살아온 환경 속에 나도 모르게 빠져 있고, 성장 과정 속에 부모, 학교, 사회 속에서 내가 겪은 것들을 나도 모르게 자녀에게 무의식 속에서 전달하고 있는 것이다. 이는 무서운 일인 것이다.

환경을 선택할 수 없는 아동에게 "부모가 자랄 때 폭력, 약물중독, 빈곤한 가정환경과 정규교육을 다 이수하지 못한 부모, 사회에 적응하지 못한 부모"를 만난다면 그 아동에게는 가난의 대물림과 성장환경의 대물림(폭력, 약물중독 등)을 끊기란 쉬운 일이 아니라는 것이다. 이러한 환경을 변화시켜 주기 위해, 환경을 선택할 수 없는 아동에게 앞날의 보장된 정책이 잘 정립이 된다면 모든 아동에게 미래에 대한 선택의 권한이 주어지게 되지만, 성장환경을 변화시켜 줄 수 없는 처지에 있는 아동에게는 미래에 대한 꿈을 주기에 너무도 부족한 것이 우리의 현실이다. 그래서 가난을 대물림하면 안 된다고 하지만, 현실은 그렇지 못하다. 이에 본인은 이러한 아동들에게 보다 체계적인 사회복지서비스가 도입되어 정립되어야 가난의 대물림을 끊을 수 있다는 것이다. 이는 아동, 청소년, 노인, 가족, 장애인, 각 분야별로 나뉘어 있는 복지정책들의 통합적인 체계구축과 일관된 정책의 실현만이 우리나라 앞날의 희망과 꿈을 심어 줄 수 있을 것이다. 담당자가 바뀌고, 정책연구자가 바뀐다고 모든 것이 바뀌는 것이 아닌 일관된 복지정책의 구축이 지금부터라도 우리 사회복지사들로 하여금 마련되는 기틀이 있어야 한다는 것이다. 사회복지의 희망과 꿈을 가진 사회복지전문가가 해당 정책을 입안하고 시행하며 책임의식을 가지고 진행할 때 보다 더 준비된 사회복지정책, 아동복지정책이 시행될 수 있다는 것이다.

이에 본 14장에서는 아동복지의 과제와 전망을 제시하며, 아동에게 꿈을 심어줄 수 있는 나라, 복지 대한민국의 미래를 우리가 만들어 나가 미래 사회의 주역인 꿈나무 육성에 복지일꾼으로서 역할을 다해 주길 바라는 마음으로 마치려고 한다.

1. 아동복지의 과제

1) 아동복지 관련 법의 개정

아동복지의 가장 근본적인 문제는 제1장에서도 살펴보았듯이 아동과 관련된 연령의 정의와 관련 기관들의 통합이 선행되어야 할 것이다. 아동과 청소년 관련 제도와 인력 더 나아가 지원제도를 통합하여 사회구성원으로서 아동의 위치와 아동의 지역사회 문화프로그램이 시행되어 방과 후 아동들의 스트레스와 꿈을 펼칠 수 있는 문화공간으로 활용되어야 할 것이다.

(1) 가족과 가족서비스 제도 강화와 법의 개정

1인 가구 등의 증가와 독신, 저출산 그리고 고령화 등으로 가족과 가족기능이 상실되고 있다. 하지만 현재 우리나라의 모든 복지체계는 가족 중심의 서비스로 이루어지고 있으므로 가족과 가족서비스 제도를 법적으로 더 강화하여 지원이 이루어져서 가족해체와 가족기능이 상실되지 않도록 노력해야 한다.

(2) 아동학대 규정의 강화와 법의 개정

아동이 가정에서 학대받거나 아동의 복지가 위기에 처한 상황에서는 가정이나 부모에 대하여 강제적인 공권력의 개입이 이루어질 수 있는 사회적 인식의 확대와 법적·제도적 장치의 강제성이 강화되어야 한다.

(3) 공동생활가정 지원 강화

보호가 필요한 아동을 위한 효과적인 대리보호 형태로 존재하고 있는 공동생활가정에 대한 체계적인 지원과 관리를 더욱 강화하여야 한다.

(4) 지역아동센터 지원 강화

지역아동센터가 최근에 다함께돌봄센터 등의 유사기능을 갖춘 기관으로 운영되고 있다. 하지만 지역아동센터는 「아동복지법」에 의한 지역사회 아동의 보호·교육, 건전한 놀이와 오락의 제공, 보호자와 지역사회 연계 등 아동의 건전 육성을 위하여 종합적인 아동복지서비스를 제공하는 전문 돌봄기관이다. 관련 법으로 운영되는 유사 돌봄기관을 지역아동센터로 통합관리하고 나아가 지역아동센터의 프로그램을 전문화, 다양화하고, 지역아동센터를 확대 설치하는 등 적극적인 지원 정책이 필요하다.

(5) 저출산 극복과 관련 법의 개정

우리나라의 급속한 저출산 현상이 진행됨에 따라 종합적인 가정육아 및 차세대 아동의 육성 지원 대책을 추진하는 관점에서 저출산 대책 수립과 추진체계를 확립하기 위한 관련 법의 개정과 국가적인 정책 추진이 필요하다. 또한 국무총리 중심의 저출산위원회의 전문성을 강화하고 제도를 관리할 수 있는 전문인력 양성과 지원이 강화되어야 한다.

2) 아동복지서비스의 다양화

(1) 요보호아동을 위한 서비스의 개발

① 버림받는 아동 관련 지원 활성화

2025년에도 어김없이 신림동에 위치한 주사랑공동체교회에서 운영하는 베이비박스에 영유아 유기는 여전히 발생되고 있으며, 2024년 하반기 21명(7월 1명, 8월 10명, 9월 2명, 10월 3명, 11월 3명, 12월 2명)이 들어온 것으로 확인되었다. 장애를 안고 태어나거나 산모가 장애나 정신질환 등을 앓고 있을 때에도 취약계층 산모와 영유아에 대한 양육지원이 시행되어 버림받는 아동이 죽거나 유기되지 않고 보호받을 수 있는 제도가 마련되어야 한다.

② 입양과 가정위탁제도의 활성화

아동은 가능하면 가정과 같은 환경에서 성장하는 것이 바람직하다. 즉, 가정 우선 아동보호 원칙(원가정보호의 원칙)에 의하여 가정위탁과 입양과 같은 제도를 더욱 활성화할 필요가 있다. 이를 위해서 실천현장에서는 「아동복지법」에서 명시하였듯이 대리양육을 원하는 연고자에 대하여 그 가정에서 보호, 양육할 수 있도록 조치를 하고, 시설보호에서 가정위탁보호로의 전환을 적극적으로 해 나가야 한다. 따라서 국민 의식의 전환과 함께 위탁가정과 입양가정에 대한 국가의 지원을 현실적 수준으로 상향 조정해야 하며, 이를 정책적으로 정착시켜 나가기 위한 노력이 반드시 선행되어야 할 것이다.

③ 장애아동을 위한 조기 진단과 치료

아동의 신체, 인지, 정서와 관련한 문제는 조기에 발견하여 개입하는 것이 가장 효과적이다. 이를 위해서 지역사회 내에 주택 서비스와 시설 서비스의 알선, 장애인복지센터나 클럽 운영, 아동진료소 등과 같은 전문시설을 보강하고 사회복지사, 심리치료 전문가, 물리치료사 등 다양한 전문인력과 의사, 사회복지사, 심리학자, 교육자 등의 팀별 접근을 통해서 이들을 재활하며 사회로의 통합을 촉진해야 한다.

④ 정서장애아동을 위한 정신건강 서비스

행동 면에서 공격적·자폐적·신경증적 문제를 지니고 있는 아동은 심한 경우에는 법적 보호 대상이 되어 가정이나 사회환경에 적응하지 못하게 된다.

이들을 위해 이미 선진국에서는 지역사회 정신건강증진센터나 아동진료소, 정서장애자 단기치료센터를 설치하여 문제를 해결하고 있지만, 우리의 경우는 이들에 대한 예방이나 진단 또는 치료조차 매우 미약한 상태에 있다. 정서장애아동을 위한 정신건강 서비스 전달체계가 마련되어야 한다.

(2) 일반아동을 위한 서비스 개발

① 영유아보육서비스의 정비 및 다양화

우리나라는 보육사업 확충 계획에 따라 보육시설이 증가하여 양적인 측면에서는 어느 정도 충족되고 있지만, 질적인 측면에서는 아직도 열악한 상황이다. 보육시설 환경과 보육교사의 전문성 향상은 중요한 정책과제라 할 수 있다. 보육서비스가 기존의 맞벌이가정의 일과 출산·양육의 양립 지원을 중심으로 전개하던 서비스의 영역에서 비취업모가정까지 포함하는 지역 내 양육지원을 포함하는 관점으로 방향을 전환해야 한다. 그리고 다양한 형태의 보육료 지원을 통해 보육료 부담을 줄이고 방과 후 장애아동 보육 등 특별보육의 지속적인 확충도 필요하다. 또한 보육서비스의 질적 측면의 향상을 위한 시설종사자의 전문화, 우수 보육 프로그램의 개발과 보급, 보육기준과 내용의 내실화를 기해야 한다.

② 부모교육 및 통합적 종합복지 강화

건강한 가정교육을 위해서는 부모와 성인을 위한 교육이 이루어져야 한다. 부모교육 및 통합적 종합복지를 강화하여 부모가 자녀양육의 어려움에 처했을 때 보호 및 조치 받을 수 있는 종합적인 서비스가 시행되어야 한다.

③ 아동가정상담 지원사업

아동가정상담 지원사업은 아동이 가진 문제 또는 아동의 욕구, 아동이 처해 있는 환경의 상황 등을 정확히 이해하고, 개별 아동이나 가족에게 가장 효과적인 개입을 통하여 아동의 복지를 도모함과 동시에 아동의 권리를 보장하는 것이다. 상담사업은 아동, 가정, 지역사회 상호 연계에 의해 지역사회 내의 양육 기능을 강화하여, 실제 아동을 양육하는 데 부모들이 겪는 어려움과 갈등을 해소하고 아동양육의 불안이나 스트레스를 감소시켜 원활한 부모 자녀 관계를 확보할 수 있는 체제의 정비를 지원하는 것이다.

④ 보건소 및 건강보건지원센터 사업

지역 내 보건소는 아동, 임산부의 보건에 관한 지식의 보급, 건강상담, 건강진료, 보건생활지도, 건강진단과 조사, 지역 내 보건 위생 등의 사업을 실시하는 곳이다. 저출산시대의 보건소 역할은 가정의 출산·양육지원의 분담으로 모자보건 서비스 부분(모자건강수첩, 건강검진, 건강방문지도 등)을 담당하는 일이라 할 수 있다. 이는 아동, 가정, 지역사회의 상호 연계를 통하여 부모의 자녀 출산·양육의 신체적·정신적 안정의 지지와 육아 불안의 해소를 도모하고, 학대나 왕따 등의 사회적 문제를 조기에 대응할 수 있도록 지원하는 것을 의미한다. 또한 영유아 양육지도를 하거나 모자보건지도 등도 필요하다. 가족 상황에 따라 기본적인 생활능력 향상을 지원할 필요가 있는 경우 개개의 발달단계나 가정의 상황에 적합한 교육훈련을 지도하는 간호사, 작업치료사 등 전문직원 파견사업도 고려할 필요가 있다.

⑤ 육아휴직제도의 정비

육아휴직제도는 어머니가 갖는 모성적 기능(출산·육아) 보호를 통한 출산정책의 하나이다. 출산·육아에 대한 사회적 배려는 다음 세대를 이을 아동을 낳고 기르는 기능을 단순히 노동자 개인의 책임 문제가 아닌, 사적 노동에서 사회적 노동으로, 즉 육아의 사회화(집단적·사회적 보육)를 발전시키는 기본이 된다. 국제적으로는 1965년 ILO 123호 조약이 가족적 책임을 갖는 여성 노동자의 부담을 경감하는 시책으로 출발하였고, 미국의 경우에는 임신·출산에 대한 법적 보호를, 영국의 경우에는 고용보호법에 의한 출산·육아 이후의 직장 복귀의 권리와 사회보장법에 의한 임신·출산 휴가 중의 소득보장에 관한 권리의 규정으로 가족 책임과 노동의 조화를 도모하는 다양한 휴가제도와 조치를 취하고 있다. 우리나라의 경우 「남녀고용평등법」에 의하여 육아휴직제도를 실시하고 있으나 일부 기업과 관공서를 제외하고는 제대로 정착하지 못하고 있다. 이러한 육아휴직제도는 부모의 자녀양육지원을 통해 저출산을 극복하는 방법으로 지원되고 있으며, 우리나라도 법률상의 조건 정비를 기반으로 기혼 여성의 노동권익 확보와 남녀 차별 철폐의 관점과 함께 일과 출산·육아의 양립을 위한 대책으로 자리매김해야 할 것이다.

⑥ 아동문화·전용시설의 정비 및 지역복지 강화

아동전용시설 규정에는 어린이공원, 어린이놀이터, 아동회관, 체육·연극·영화·과학실험 전시시설, 아동휴게숙박시설, 야영장 등 아동에게 건전한 놀이·오락, 그 밖의 각종 편의를 제공하여 심신의 건강유지와 복지증진에 필요한 서비스를 제공하는 것을 목적으로 하는 시설들이 포함되어 있다. 그러나 이러한 시설의 부족은 물론이고 안전성 문제에 많은 우려를 제기하고 있는 실정이다. 또한, 진행 지도원의 상주 여부도 불확실하고 설치기준은 있으나 운영기준에 대한 법적 기준은 갖추어지지 않은 상황이다.

⑦ 학교사회복지제도의 활성화

학교는 아동을 위한 가장 기본적인 복지서비스의 장이라 할 수 있다. 학교부적응, 학교폭력, 가정문제, 또래관계의 문제, 약물 남용, 비행 등 아동과 관련된 전반적인 문제는 학교에서 상당 부분 관찰이 가능하며, 해결 역시 학교에서 이루어질 때 그 효과는 배가될 수 있다. 일부 학교에서는 학교사회복지사나 상담교사가 상주하면서 학생들의 문제를 해결하고 있으나 아직은 부분적으로 실시되고 있다. 아동의 문제는 조기개입이 가장 효과적이라는 측면에서 모든 학교에 학교사회복지사를 배치하여 부모와 가족 지원, 아동상담 및 치료, 교사 및 지역사회자원과의 연계와 같은 서비스를 실시해 나가야 하며, 무엇보다도 교육부, 보건복지부 등 관련 부서가 함께 노력하여 학교사회복지사업이 제도화되도록 노력해야 한다.

3) 아동복지 행정서비스 변화

(1) 아동복지 전달체계의 일원화

아동복지의 과업을 실천하기 위해서는 현재의 아동복지 전달체계가 재정비되어야 한다. 아동복지의 공적 전달체계, 민간 전달체계, 중간체계 성격인 연합회와 협회, 아동복지 관련 학회 등의 조직과 기능이 적절하게 개선되어야 할 것이며 또한 이 조직체들의 일선에서 일하고 있는 아동복지 종사자들의 자질 향상에 대한 노력이 강구되어야 한다. 즉, 우리나라의 아동복지서비스 전달체계는 공적인 아동복지를 담당하는 중앙부서인 보건복지부, 여성가족부, 교육부, 고용노동부, 법무부 등으로 산재되어 있어 부처 간에도 정책의 일관성이 없고, 심각한 경우에는 극심한 부처 이기주의가 발생한 사례가 적지 않은 실정이기 때문이다. 특수한 경우를 제외하고 공적인 전달체계를 일원화하는 방안이 마련되어야 한다. 또한 사적인 전달체계의 연결하에 민·관이 합동하는 전달체계가 수립되면 서비스의 중복성이나 낭비적 요소를 줄일 수 있을 뿐만 아니라, 민간기관의 전문성을 적극 활용하여 보다 효율적인 복지서비스를 제공할 수 있을 것이다.

(2) 재정 자립

복지에 대한 사명의식을 가진 사람이 운영할 수 있도록 법인의 자유로운 인수인계, 항목 구별 없이 총괄 예산으로 지원하는 등 사회복지법인의 시설 운영에 있어서 자율성을 보장하여 시설의 특성화도 촉진할 수 있도록 해야 한다. 또한, 복지사업을 경영하고 있는 각종 민간 법인이나 단체 등의 관심을 자체 수익사업을 개발하는 데 집중시켜 국가나 후원단체의 지원을 최소화하여 재정적으로 자립할 수 있는 활로를 모색하게 해야 한다.

(3) 시설 변화와 전문성 확보

아동복지시설에 대한 새로운 체제, 개념 및 기능의 적용이 필요한데, 이를 위해서는 지금까지의 시설에 대한 수용 보호적인 개념에서 정상화, 재활사회 통합 등 시설의 의의를 강조하는 경향으로 나아가야 된다. 또한 전문적인 예방, 치료, 재활, 교육, 상담 등의 기능을 강화하는 방향으로 발전시킴과 동시에 이를 뒷받침할 수 있는 전문인력의 확보와 활용이 이루어져야 한다. 이용형, 통원한 상담형, 수용형 등 시설의 체계적 분류, 통합 및 세분화 과업이 요청되며, 시설 종별에 따른 위치, 구조, 설비 기구 등을 확보해야 한다. 시설에서도 아동의 보호와 교육을 일반가정 이상으로 보장하여 아동이 건전한 집단생활 환경을 통해 성장할 수 있도록 그 기능을 수행해야 한다. 따라서 앞으로의 아동시설은 아동의 생활공동체로서 그들의 개성을 발전시켜 건전한 성장, 발달을 보장할 수 있는 환경으로 변모시켜야 할 것이다.

2. 아동복지의 전망

1) 아동 중심의 복지

아동복지에서 아동 중심의 접근은 가정을 기반으로 하여 개별적인 아동과 가족의 욕구 충족을 도모하는 프로그램과 서비스가 개발되어야 한다는 것이다. 이는 보호적 서비스의 강화를 통해 아동과 가족의 문제를 사전에 예방하는 효과를 가질 수 있다. 아동의 양육과 보호를 지원하는 프로그램을 개발하고 전문인력이나 자원봉사자를 참여시켜 아동이 원가정 또는 대리가정에서 생활하면서 치료와 서비스를 받을 수 있는 형태가 활성화되어야 하며, 재가아동과 장애아동에 대한 상담, 치료, 교육훈련, 지역사회와의 교류 및 여가 활동 등을 가족 중심으로 지원할 수 있는 방안이 강구되어야 할 것이다.

2) 지역사회 중심의 복지

국가가 모든 국민의 요구나 생활을 보장하거나 책임지기 어렵다는 측면에서 일정한 지역사회를 기반으로 자체적으로 지역주민의 생활권 보장과 지방의 균형적 발전에 기여할 수 있는 복지 시스템을 확립시켜 나가야 한다. 이는 지역사회를 기반으로 공공기관, 민간기관 및 가족이 함께 참여하는 다원주의적 복지서비스를 강화하는 것이다. 즉, 가족 중심의 접근과 민간복지서비스의 강화를 일컫는다. 이러한 커뮤니티 케어는 지역사회의 기초단위인 가족 중심적 접근이나 서비스로서 우리나라에서도 재가복지라는 새로운 개념의 서비스가 중요한 정책과제로 등장하고 있으며, 재가복지의 정책이나 제도가 점차 강조되어 개발되고 있다.

3) 아동복지에 대한 새로운 패러다임의 적용

최근 아동복지의 개념은 과거의 자선적·인도적 사고와는 달리 좀 더 국가 발전에 호응하는 이념, 즉 목적과 가치를 갖는 것으로 그 사업을 위해 전문적 지식이나 개념을 새롭게 해야 한다. 아동복지의 목적은 국가 발전의 원동력, 국가 부강의 기본 및 국가 안정의 바탕이라고 할 수 있다. 한편 아동복지는 인격 완성의 기초를 마련해 주며, 아동의 기본권을 보장해 주는 것이라 할 수 있다.

(1) 실천적 접근방법

아동복지는 사회복지의 한 분야로서 사회복지사의 적극적 활동 분야라는 확신을 가진 좀 더 정규적인 훈련과 경험을 쌓은 아동복지 전문가들에 의해서 사업이 수행되어야 한다. 무엇보다 중요한 점은 아동복지사업에서 잔여적·보편적 관점의 두 가지 패러다임이 함께 통합되어야 한다는 것이다. 사회복지실천의 발달 과정을 살펴볼 때, 잔여적 접근방법인 개별사회복지 이론과 실천의 발달은 사회복지 전문직을 정립하는 계기가 되었으나, 개인의 심리문제나 특정 아동의 보호에 집중함으로써 전제적인 변화를 가져올 수 없었으며, 결과적으로 사회복지 내에 과도한 전문 분화를 야기하였다.

(2) 제도적 접근방법

다양한 요인이 복합적으로 작용하는 실천 영역에 대해서는 효과적으로 대처하지 못한다는 한계를 낳았다. 따라서 이러한 한계를 보완하기 위해서는 아동복지를 개인적인 미시적 혹은 사회환경적인 거시적 차원에서만이 아니라 개인과 집단, 지역에 대한 통합적·시스템적 접근방법(개인 + 집단 + 지역통합적 접근방법)으로 실행되어야 한다.

참고문헌

강선우(2024). 아동학대 예방과 대응을 위한 정책제안. 2024국정감사정책자료집.

공계순·박현선·오승환·이상균·이현주(2003). **아동복지론**. 학지사.

______________________(2013). **아동복지론**. 학지사.

______________________(2016). **아동복지론**. 학지사.

국토교통부(2021). 2020년도 주거실태조사 결과.

김경희·문혁준·김선영·김신영·김지은·김혜금·서소정·안선희·안효진·이희경·정선아·황혜원(2013). **보육학개론**. 창지사.

김귀환·나직균(2008). **사회복지정책론**. 21세기사.

________(2009). **사회복지정책론**. 21세기사.

김유경 외(2008). 다문화시대를 대비한 복지정책 방안 연구. 한국보건사회연구원.

김은지·장혜경·최인희·김소영·선보영·최혜진·김재아·김나연(2013). 한부모가족 실태조사. 여성가족부.

김정래(2002). **아동권리향연**. 교육과학사.

김정현(2002). **복지정책론**. 대명.

김주아·류현수·최용득(2012). **아동복지론**. 동문사.

김태완·한수진·이주미(2022). 2022년 빈곤통계연보. 한국보건사회연구원.

박석돈(2006). **사회보장론**. 양서원.

배은영·김순옥·박은주·원명순·주현경·최종구(2022). **아동복지론**. 동문사.

배은영·윤춘모·조순래·노미향(2022). **아동복지론**. 동문사.

보건복지가족부(2008). 아동복지사업안내.

보건복지부(2008). 2008년도 아동복지사업안내.

______(2021). 2021년 아동분야 사업안내.

______(2022). 2022년 드림스타트 사업안내.

______(2022). 2022년 지역아동센터 지원 사업안내.

______(2024). 2023년 국내외 입양 통계. 아동정책과.

______(2024). 2023년 아동학대 주요 통계. 아동정책과.

______(2024). 2024년 아동보호서비스 업무 매뉴얼. 아동정책과.

______(2024). 2024년 아동복지시설 현황. 아동정책과.

______(2024). 2024년 아동분야사업안내.

______(2024). 2024년 지역아동센터 지원 사업안내.

보건복지부·한국건강증진개발원(2018). 2018년 지역사회 통합건강증진사업안내.

송근원·김태성(2004). **사회복지정책론**. 나남출판.

송정애(2022). **아동복지론-이해와 실천**. 양서원.

여성가족부(2021a). 2021년 다문화가족 실태조사. 다문화가족과.

_________(2021b). 2021년 한부모가족 실태조사. 여성가족과.

_________(2021c). 2021년도 한부모가족 지원사업 안내.

유진성(2022). 소득계층별 출산율 분석과 정책적 함의. **한국사회과학연구, 41**(3).

윤석범(1994). **한국의 빈곤**. 세경사.

윤혜미 · 김혜래 · 신영화(2006). **아동복지론**. 청목출판사.

이소희 · 김영희 · 최남례 · 윤지영 · 이송이(2004). **영유아복지론**. 현학사.

이순형 외(2006). **아동복지: 이론과 실천**. 학지사.

이양희(2004). 유엔 아동권리위원회 활동과 아동권리 쟁점. 아동권리학회 학술대회자료집.

이영실(2016). **가족복지론**. 양서원.

이재연 · 김경희(1990). **부모교육**. 양서원.

이정우(2013). **사회복지정책**. 학지사.

임정문 · 김숙경 · 나직균 · 이승현 · 한현지(2018). **가족복지론**. 동문사.

임정문 · 신미애 · 원유나 · 이지복 · 나직균(2020). **사회복지정책론**. 동문사.

장동일(1996). **사회복지법의 이해**. 학문사.

장인협 · 오정수(2000). **아동 · 청소년복지론**. 서울대학교출판부.

____________(2002). **아동 · 청소년복지론**. 서울대학교출판부.

장인협 · 이혜경 · 오정수(2001). **사회복지학**. 서울대학교출판부.

장영인 · 최영신 · 백선희 · 임유경(2007). **아동복지론**. 나눔의 집.

조미숙(2022). **아동복지론**. 동문사.

최옥채 · 박미은 · 서미경 · 전석균(2003). **인간행동과 사회환경**. 양서원.

통계청(2020). 2019년 인구주택총조사 등록센서스 방식 집계결과.

통계청(2020). 2020년 사회조사 결과.

통계청(2021). 2021년 4/4분기 연간(지출) 가계동향조사 결과 발표.

표갑수(1993). 아동학대의 원인론과 대처방안. **한국아동복지학 창간호**.

한국보건사회연구원(2023). 2023 아동종합실태조사. 보건복지부.

한국사회복지행정학회(2014). **사회복지정책론**. 양서원.

한미현 · 문혁준 · 강희경 · 공인숙 · 김상희 · 안선희 · 안효진 · 양성은 · 이경열 · 이경옥 · 이진숙 · 천희영 · 조한숙(2016). **아동권리와 복지**. 창지사.

Andrews, A. B., & Ben-Arieh, A. (1999). Measuring and Monitoring Children's Well-being across the World. *Social Work, 44*(2), 105-114.

Bronfenbrenner, U. (1995). The biological model from a life course perspective Reflections of a participant observer. In P. Moen, G. H. Elder, Jr., & K Luscher (eds.), *Examining lives in context*. Washington, DC: American Psychology Association.

Cherlin, A. (1996). *Public and private families: An introduction*. Boston: MacGraw Hill.

Despert, J. L. (1965). *The emotionally disturbed child-then and now*. N.Y.: Robert Brunner.

DiNitto, D. M. (1995, 2000). *Social welfare: Politics and public policy*. Boston: Allyn and Bacon.

Downs, S., Moore, E., McFadden, E., & Costin, L. (2000). *Child welfare and family services*. Allyn and Bacon.

Garbarino, J. (1992). *Children and families in the social environment*. NY: Aldine Publishing Company.

Hendrick, H. (2005). *Child welfare and social policy*. Bristol, UK: The Policy Press.

Hepworth, D. H., & Larsen, J. A. (1993). *Direct social work practice: Theory and skills* (4th ed). CA: Brooks/Cole.

Kadushin A., & Martin, J. (1988). *Child welfare services* (4th ED.). N.Y.: Macmillan. Publishing Co.

Kadushin. A. (1984). *Child welfare service*. N.Y.: Macmilan Publishing Company.

___________ (1988). *Child welfare service*. N.Y.: Macmillan.

Kaufman, J., & Zigler. E. (1997). Do abused children become abusive parents? *American Journal of Orthopsychiatry, 57*, 186-192.

Marshall, T. H. (1970). *Social policy in the twentieth century*. London: Hutchinson University Library.

Meyer, C. H. (1993). *Assessment in social work practice*. NY: Columbia University Press.

NASW (1995). *Encyclopedia of social work* (19th ed.). Washington, DC: National Association of Social Workers.

OECD (2021). LFS - Sex and Age Indications, OECD.

Papalia, D. E., Olds, S. W., Feldman, R. D. (1998). *Human development*. McGraw-Hill.

Pasick, P. L., & Pasick, R. S. (1985). *The Developing child. A handbook of child welfare: Contest, knowledge, and Practice*, edited by J. Laird and A. Hartman. New York: Free Press.

Pecora, P. (1995). Assessing the Impact of family-based services. In J. Hudson & B. Galaway (Eds), *Child welfare in Canada: Research and policy implications*. CA: Brooks/Cole Publishing Company.

Petr, C. G. (1998). *Social work with children and their families; pragmatic foundations*. NY: Oxford University Press.

Picton, C., & Boss, P. (1981). *Child welfare in Australia: An introduction*. Sydney, Harcourt Brace Jovanovich.

Remley, T. (1990). Counseling records: legal and ethical issues. In B. Herlihy and L. Golden (Eds.), *Ethical standards casebook*(162-169). VA: American for Counseling and Development.

Spiegel, S. (1989). *An Interpersonal approach to child therapy*. 이부덕 외 역. **아동치료의 새로운 접근**. 인간과 복지.

Tompson, C., & Rudolph, L. B. (2000). *Counseling children*. 천성문 외 역. **아동상담의 이론과 실제**. 시그마프레스.

Webb, N. B. (1996). *Social work practice with children*. NY: The Guilford Press.

Wilson, W. J. (1987). *The truly disadvantaged: The inner city, the underclass, and public policy*. Chicago: University of Chicago Press.

Zietz, D. (1969). *Child welfare: Services and perspectives*. NewYork: John Wiley & Sons.

[웹페이지 및 기사]

교육부(https://www.moe.go.kr)

국가통계포털(https://kosis.kr)

드림스타트(https://www.dreamstart.go.kr)

법제처 국가법령정보센터(https://www.law.go.kr)

보건복지부(https://www.mohw.go.kr)

사회보장위원회(https://www.ssc.go.kr)

서울시가정위탁지원센터(https://www.seoul-foster.or.kr)

아동권리보장원(www.ncrc.or.kr)

연합뉴스(2017.11.23.). "아동학대는 가족문제 아닌 사회범죄" 인식 바뀐다. https://www.yna.co.kr/view/AKR20171123065100017.

한경뉴스(2017.11.23). 아동학대, '사회적 문제'라는 인식 확대되다. https://www.hankyung.com/news/article/201711232031o.

찾아보기

인명

내용

저자소개

■ 임정문

성결대학교 대학원 사회복지학 박사
전) EBS교육방송 강사
　 고려직업전문학교 교수
　 경민대학교 교수
현) 성흥교회 담임목사
　 별빛지토작은도서관 관장

■ 김예경

영남대학교 사회학 박사졸업
전) 대신대학교 외래교수
　 성덕대학교 교수
현) 부산과학기술대학교 사회복지학과 교수

■ 김지은

동아대학교 교육대학원 미술교육학 석사
인제대학교 교육대학원 특수교육학과 석사
온석대학원대학교 사회복지학 석사
전) 베리굿갤러리 관장
현) 부산과학기술대학교 문화예술복지과 교수

■ 이은성

호남대학교 대학원 사회복지학 박사
전) 한영대학교 사회복지과 외래교수
　 고구려대학교 재활복지상담과 교수
현) 나주대학교 라이브커머스복지과 교수

■ 전은주

경북대학교 아동가족학과 박사
전) 선재아동가족상담연구소 전문상담원
현) 계명문화대학교 사회복지상담과 교수

아동복지론

초판 1쇄 인쇄 / 2025년 8월 20일
초판 1쇄 발행 / 2025년 8월 25일

•

공저자 / 임정문 · 김예경 · 김지은
이은성 · 전은주
발행인 / 이 중 수
발행처 / **동 문 사**

•

서울특별시 서대문구 홍제원 1길 12
(홍제동 137-8)
Tel : 02)736-3718(대), 736-3710, 3720
Fax : 02)736-3719
등록번호 : 1974.04.27. 제9-17호
가격 : 20,000원

•

ISBN : 979-11-6328-665-3 (93330)
E-mail : dong736@naver.com
www.dongmunsa.com